재난문명

경제·환경·기후 복합위기와 탈성장 대안

NANAM
나남출판

포스텍 융합문명연구원
문명과 담론 총서 10

재난문명

경제·환경·기후 복합위기와 탈성장 대안

2022년 6월 20일 발행
2022년 6월 20일 1쇄

지은이 박지형
발행자 조완희
발행처 나남출판사
주소 10881 경기도 파주시 회동길 193, 4층(문발동)
전화 (031) 955-4601(代)
FAX (031) 955-4555
등록 제 406-2020-000055호(2020.5.15)
홈페이지 http://www.nanam.net
전자우편 post@nanam.net

ISBN 979-11-92275-03-1
ISBN 979-11-971279-4-6 (세트)

책값은 뒤표지에 있습니다.

이 책은 2021년도 포스텍 융합문명연구원의 지원을 받아 연구되었음.

포스텍 융합문명연구원 문명과 담론 총서 10

재난문명

경제 · 환경 · 기후 복합위기와 탈성장 대안

박지형 지음

NANAM
나남출판

Disaster Civilization

Multiple Crises of Economy, Environment, and Climate and Degrowth Alternatives

by

Ji-Hyung Park

NANAM

감사의 말

이 연구는 포스텍 융합문명연구원의 학술 연구비를 지원받아 수행되었습니다. 1년이라는 짧은 기간 내에 책 한 권을 저술하는 일이 쉽지 않았지만, 제안서 평가부터 최종 출판까지 융합문명연구원의 체계적 행정 지원을 통해 계획대로 과제를 잘 마칠 수 있었습니다. 난삽한 원고의 가독성을 높이기 위해 애써 주신 나남출판 민광호 부장과 황현경 편집자에게 감사드립니다. 원고 작성을 핑계로 가정에 소홀한 남편과 아빠를 이해하고 지지해 준 아내와 딸에게 미안한 마음을 담아 감사의 말을 전합니다.

이 책의 초고를 끝낸 직후에 저자의 연구진이 금강에서 환경 조사를 하던 중 불의의 사고를 당했습니다. 금강 하굿둑을 통과하던 중에 갑문 조작이 잘못되어 연구진이 타고 있던 조사선이 갑문에 부딪혀 전복되었습니다. 이 사고로 대학원 첫 학기를 마친 어린 제자가 영영 우리 곁을 떠나게 됐습니다. 이 책을 통해 생명을 파괴하는 자본주의 산업문명의 총체적 위기를 분석했는데, 사고 발생과 이후의 수습 과정을 통해 우리의 일상 곳곳에 도사린 생명을 경시하는 잘못된 제도와 관행을 절감했습니다. 환경 연구의 유일한 목적이 '살림'에 있다고 믿어 왔지만, 이번 사고를 통해 깊은 좌절감을 느꼈습니다.

바다로 흘러간 강물이 다시 수증기와 비의 모습으로 물순환의 흐름을 잇듯이, 짧은 지상에서의 시간을 벗어난 제자의 순수한 영혼이 영구한 자연의 순환 속에서 참된 자유와 평화를 얻길 기원합니다. 살림의 문명을 찾는 노력의 작은 열매인 이 책을 허진희의 영전에 바칩니다.

2022년 4월

박 지 형

프롤로그

홀린 사람들의 재난문명

한 강력한 마법사가 왕국 전체를 파괴하려는 마음을 먹고 백성 모두가 이용하는 우물에 마법의 물약을 풀어 놓았다. 이 물을 마시는 이는 누구나 미치게 된다.

… 절망에 빠진 왕은 왕좌에서 물러나려고 준비했지만, 왕비가 그를 막으며 말했다. 백성들이 먹는 도성의 물을 마시면 그들과 같아질 거라고. 왕과 여왕이 광기의 물을 마시자마자 이상한 소리를 내기 시작했다. 그들의 신민들은 즉시 회개하며 소리쳤다. 이제 왕이 저런 지혜로움을 내비치는데 그가 나라를 계속해서 다스리는 걸 누가 반대한다는 말인가?

— 파울로 코엘료, 〈광기의 우물〉 1

코엘료가 들려주는 우화 속 "광기의 우물"은 가상의 나라에만 있을까? "영혼까지 끌어모아" 빌린 돈으로 아파트를 장만하고 주식에 투자하는 사람들이 늘고 있는 나라에선 어떤 우물이 '경제적 광기'를 퍼뜨리는 걸까? 코엘료는 우화의 형식을 빌렸지만, 나는 과학자의 시각으로 문헌과 통계자료에 기초하여 '무한성장'이라는 광기의 물을 마시고 '홀린 사람'●의 세계를 분석하고자 한다. 인간이 지구의 정복자가 된 '인류세 Anthropocene'에 과도한 경제 활동으로 인해 불평등과 환경 문제가 갈수록 심해지는 후기 자본주의 산업문명을 '재난문명'이라 칭하고, 세계경제와 지구환경이 직면한 구조적 위기의 원인과 대안을 탐색하려 한다. 이 책에서 나는 여러 복잡한 사회 현상과 환경 문제를 다루지만 결국 한 가지 질문에 답하고자 한다. 홀린 사람의 시대는 언제까지 지속될 수 있을까?

자본주의적 세계화 과정을 통해 인간과 인간, 그리고 인간과 자연 사이의 분열이 임계점을 넘어 더 이상 균형을 회복할 수 없는 상태로 치닫고 있다. 그러나 이른바 전문가들은 촘촘

● 1989년에 발표된 기형도의 시 〈홀린 사람〉에서 정치권력에 의해 조정되는 비이성적 대중을 의미하는 시어를 여기서는 성장 논리에 매몰된 자본주의적 경제인의 의미로 사용함.

한 분업화의 그물에 갇힌 채 세계를 복잡하게 얽매고 있는 그물이 어떤 위험을 직조하는지 제대로 설명하지 못한다. 이성의 원칙이 아닌 시장의 논리로 짜인 그물이 세상과 대학을 뒤덮고 있지만, 자신을 가두고 있는 그물에서 벗어나려 애쓰는 이는 토론과 소통이 사라진 현실에 좌절할 뿐이다. 이런 좌절감을 극복하려는 노력의 일환으로 전작 《스피노자의 거미》에서 "근대는 이성의 시대"라는 환상을 깨기 위해 근대 사회와 자연생태계를 비교하는 무모한 도전을 시작했다. 무엇보다 사익 추구라는 '보이지 않는 손'에 의해 움직이는 합리적 개인들이 사회계약에 기반하여 자본주의적 세계질서를 형성했다는 근대의 신화를 비판하고, 생태계의 '자율 구성self-organization' 원리에 기초한 '자연의 민주주의'를 대안으로 탐색했다.

이 책에서 나는 근대성의 신화에 대해 새로운 질문을 제기하고자 한다. 차가운 경제적 이성이 지배한다는 21세기에도 우리는 여전히 신앙인으로 살아가고 있는 것은 아닐까? 이전 시대와는 믿는 신의 이름이 다르고 자신의 신앙을 표현하는 방식이 다를 뿐이다. 21세기의 자본주의 신도들은 중세의 대성당보다 더 거대한 자본주의의 성전을 짓고 있다.

유발 하라리가 말한 것처럼 "현존하는 가상의 질서를 변화시키려면 그 대안이 되는 가상의 질서를 먼저 믿어야" 한다.[2] 자본주의라는 가상의 질서를 떠받치는 믿음에 따르면, 중세의 신앙인은 지상에 신의 나라를 세우려 한 반면에, 이성의 빛으로 "계몽된 근대인"은 경제적 합리성이 지배하는 "소유의 공화국"을 꿈꾼다.[3] 자본주의 사회가 경제적 합리성에 의해 유지된다는 근대의 신화를 탄생시킨 정신적 기원을 파악하면 성장주의가 초래하는 체제의 위기를 더 잘 이해할 수 있다. 무한성장의 신화를 유포하는 현재의 자본주의적 세계체제는 소수의 사익 추구가 결국에는 공동체 전체의 생산성을 저하시키기 때문에 비효율적일 뿐만 아니라, 인간과 자연에 대해 약탈적 경제가 초래하는 사회적 비용과 생태적 피해를 고려하면 '반생명적 비합리성'이 경제적 비효율보다 더 심각한 문제를 초래한다.

이 책의 목표는 자본주의 세계체제라는 가상의 질서를 제대로 이해하고 대안을 찾는 데 도움이 될 새로운 시각을 제시하는 것이다. 막스 베버Max Weber, 1864~1920의 생각과 달리, 자연의 제약을 무시하고 무한히 성장할 수 있다는 종교적 차원의 맹신이 경제적 합리성보다 더 '자본주의 정신'에 가까운지 모른다. 이러한 비판의식에 따라 경제의 물적 토대에 가해지는 물리적 제약을 무시한 채 무한성장을 추구하는 자본주의적 생산에 의해 초래되는 경제와 환경의 위기를 인간과 자연의 복합체인 '사회-생태 시스템social-ecological system'의 총체적 위기로 파악하고자 한다.

서론에서는 이 책과 이후 지속될 후속 작업의 이론적 토대를 제시한다. 먼저 트럼프Donald Trump 현상과 베버와 마르크스Karl Marx, 1818~1883의 이론을 통해 자본주의 정신의 실체를 고찰한다. 이후 자연의 '물질순환'과 자본주의 경제의 '원형순환'을 비교하여 물리적 한계를 고려하지 않는 무한성장의 허구성을 비판하고, '탈성장degrowth' 대안의 기본 개념을 소개한다.

본문의 3부는 에너지, 물질대사 및 탄소라는 세 주제어를 중심으로 구성되며, 총 9장에서 자본의 무한 축적을 위해 자연과 인간을 약탈하는 자본주의적 사회-생태 시스템의 물리적 한계와 그로 인해 초래되는 '경제 · 환경 · 기후 복합재난'에 대해 과학적 분석을 실시한다. 이러한 분석을 통해 자본주의 산업문명의 총체적 위기가 코로나19가 초래하는 일시적 충격 이상으로 심화될 수밖에 없는 이유를 설명한다. 마지막으로 탈성장과 생태사회주의를 중심으로 성장주의 발전모형의 대안을 탐색한다.

마르크스주의 지리학자 데이비드 하비David Harvey는 자본의 순환을 지구의 물순환과 비교하며 자본의 무한 증식이 왜 비자연적 현상인지를 설명한다.[4] 생태계의 물질순환을 탐구하는 연구자로서 자본주의 경제가 추구하는 무한성장이 자연의 순환 과정을 단절시키며 이러한 "끊어진 순환broken cycles"[5]이 결국 자본주의 세계체제의 존립을 위태롭게 함을 경고하고자 한다. 이러한 관점에서 코로나 팬데믹은 자본주의적 약탈에 대한 자연의 경고로 보아야 할 것이다. 하비의 말처럼 코로나19는 폭력적이며 통제되지 않은 "신자유주의적 약탈주의"가 40년 이상 자연을 대규모로 남용한 것에 대한 "자연의 보복"인 것이다.[6]

엥겔스Friedrich Engels는 이미 1876년에 한 미완성 원고에서 "자연에 대한 인간의 승리"가 결국에는 "자연이 우리를 보복"하게 되는 원인이 될 것이라고 경고했다.[7] 코로나 팬데믹과 '기후위기climate crisis'로 실체를 드러내고 있는 복합재난은 자본주의의 구조적 위기가 인간사회와 지구생태계의 복잡한 관계에 갈수록 더 심한 혼란을 초래할 수밖에 없다는 주장의 물증을 제공하고 있다.

현재의 위기가 돌이킬 수 없는 재앙으로 발전하는 것을 막기 위해서는 코로나 팬데믹의 원인을 약탈적 자본주의 생산체제에서 찾는 과학자들의 주장에 귀를 기울여야 한다. "코로나19와 자본의 순환"이라는 논문은 앞으로 제 2, 제 3의 팬데믹을 초래할 수밖에 없는 자본주의 생산체제의 약탈성을 고발한다. "코로나바이러스 같은 다수의 병원체는 자본 생산의 변경에서 발생한다. 인간을 감염시키는 신규 감염체의 최소 60%는 야생동물로부터 지역 공동체로 유출spilling over되는 과정에서 발생한다(이후 더 성공적인 병원체는 세계 전역으로 확산된다)."[8]

코로나바이러스 감염자가 오랫동안 후유증을 겪는 현상을 의학계에서는 "장기 코로나Long COVID"라고 부른다.[9] 이렇게 개인이 오래 후유증을 겪는 것처럼 사회적 차원에서도 재난이 반복되며 피해를 회복하는 것이 쉽지 않은 '장기 코로나 시대'를 맞이할 가능성이 높아지고 있다. 왜 이렇게 재난이 일상화된 시대가 도래하게 되었을까? 이 질문에 제대로 답하기 위해서는 일종의 '역사적 거리두기'를 통해 통시적 관점에서 문제의 원인을 살펴보아야 한다. 코로나 팬데믹과 기후위기로 구체화되고 있는 재난문명은 세계 자본주의체제라는 지킬 박사가 몰락기의 어둠을 맞아 변신한 하이드의 모습이다. 과연 '자본주의에도 불구하고' 갈수록 심화하는 경제 · 환경 · 기후 복합재난 속에서 미래세대와 사회적 약자들도 공존할 수 있는 '안전하고 공정한' 세상을 만들 수 있을까? 이 책을 통해 우리가 처한 위기 상황을 총체적으로 파악할 수 있는 객관적인 자료를 제시함으로써 독자가 오웰 같은 비관론자의 내기를 받아들일지 말지 마음을 정하는 데 도움이 되고자 한다.

> 만일 내가 개인적인 이익을 배제하고 단순히 확률만 계산하는 마권업자라면, 앞으로 몇백 년 이내에 문명 유지가 멈출 것이라는 데 걸겠다.
>
> — 조지 오웰10

차례

3장 성장 vs. 쇠퇴

제 2 부 물질대사

4장 생태계의 물질대사

5장 사회의 물질대사

9장 녹색 성장 vs. 탈성장

일러두기

1. 참고문헌과 대부분의 부연설명은 미주에 넣었으나, 일부 용어설명은 본문 아래에 각주로 표시함.
2. 맞춤법과 띄어쓰기는 국립국어원 표준국어대사전을 따랐으나, 일반적으로 붙여 쓰는 전문 용어(예: 탄소순환)나 이 책에서 새로 정의한 용어(예: 재난문명)는 표준국어대사전의 띄어쓰기 원칙과 다를 수 있음.
3. 이 책에서 새로 정의하거나 강조하는 용어는 처음 사용되는 자리에 작은따옴표로 표시했으며, 참고문헌이나 언론 등에서 인용된 용어나 표현은 따옴표로 인용 여부를 표시함.
4. 외래어나 외국인명은 국립국어원 표기법을 준수하되, 번역서의 저자명이 표기법과 차이가 있을 경우에는 널리 쓰이는 표기를 따름.
5. 책에 소개되는 외국인명 대부분에 원어명을 병기했으나, 주요 인물에 대해서만 생몰연대를 추가함.

서론

순환과 무한

백 달러? 백 가지 악마! Hundred dollars? - hundred devils!

— 허먼 멜빌, 《사기꾼》[1]

백 달러 지폐에 등장하는 인물인 벤자민 프랭클린Benjamin Franklin은 미국 독립을 이끈 정치인이었을 뿐만 아니라 숱한 발명품을 만든 과학자이자 자수성가한 사업가였다. 막스 베버는 《프로테스탄티즘의 윤리와 자본주의 정신》에서 프랭클린을 '자본주의 정신'을 구현한 인물로 소개한다. 베버가 다른 이의 글을 인용하며 '탐욕의 철학'으로 소개한 프랭클린의 자본주의 정신은 "신용 있는 신사의 이상, 그중에서도 특히 자기 목적으로 전제된 자본 증식에 대한 관심을 개인의 의무로 여기는 사고방식"으로 나타난다. 성공한 자본가 프랭클린은 《젊은 상인에게 주는 충고》에서 단지 "부자가 되고자 하는 사람들"뿐만 아니라 자본주의 체제에 의문을 가지게 된 사람들의 관심을 끄는 의미심장한 메시지를 전한다. "신용이 돈임을 명심하라. … 돈은 그 본성상 번식력과 생산력이 있다는 것을 명심하라. 돈은 돈을 낳을 수 있고 그 새끼는 더욱 많은 돈을 낳을 수 있으며 이러한 과정은 지속된다."[2]

서론은 이 책과 이후 지속될 후속 작업의 이론적 배경을 제시한다. 먼저 트럼프 현상을 분석한 후, 자본주의 정신에 대한 마르크스와 베버의 관점을 비교하여 베버가 상상했던 탈주술화

disenchanted된 "근대 경제 인간"이 사실은 성장주의에 홀린 사람이 아닌지 질문한다. 또한 자연의 물질순환과 일종의 '악무한'인 자본순환을 비교하여 프랭클린이 생각한 대로 돈이 돈을 낳는 과정이 영원히 지속될 수 없는 이유를 설명한다. 마지막으로 자본주의 세계경제의 위기를 극복할 수 있는 탈성장 대안을 탐색하는 데 필요한 기본 개념과 함께 '넋누리'와 생태경제학의 '삶의 경제' 개념을 소개한다.

생산력의 성장, 사회적 관계의 파괴, 그리고 사상의 형성은 모두 끊임없는 운동이다. 변하지 않는 것은 운동이라는 추상뿐 — 불멸의 죽음mors immortalis.

— 칼 마르크스[3]

"당신의 이익은 우리의 위기Your benefits, our crisis"[4]

2020년 10월, 미국 대통령 선거전 막바지에 트럼프 대통령은 큰 위기를 맞았다. 코로나19를 대수롭지 않게 생각하고 소극적 대응으로 일관해서 감염병 확산을 초래했다고 비난을 받던 차에 본인이 감염된 것이다. 이 소식을 듣고 트럼프 본인보다 더 절망한 사람이 인도에 있었다. 30대 농부 크리슈나가 트럼프의 감염 소식을 접하고 심한 우울증을 겪다가 급기야 심장마비로 사망했다.[5] 크리슈나는 4년 동안 트럼프를 신으로 숭배해 왔다. 그는 트럼프 신당을 차려 놓고 매일 기도를 올렸으며, 어디를 가나 트럼프의 사진이 든 액자를 들고 다녔다.

왜 이 인도 농부는 미국의 대통령을 신으로 섬기게 되었을까? 그의 이야기는 그것이 종교이든 아니면 정치이든 어떤 신념에 홀린 사람이 공통적으로 보여 주는 광신적 믿음의 과정과 증상을 잘 보여 준다. 크리슈나는 4년 전쯤 트럼프 대통령이 나오는 꿈을 반복해서 꾸게 된다. 트럼프 꿈을 꾼 어느 날 여느 인도인처럼 크리켓 경기에 열광하던 그에게 너무나 기쁜 일이 일어났다. 인도 대표팀이 숙적 파키스탄을 이긴 것이다. 그때부터 그는 행운의 신 트럼프를 숭배하기 시작했다. 벽에 트럼프 사진을 붙여 놓고 기도를 하는 소극적 숭배가 점차 광기를 띠게 된다. 이 홀린 사내는 트럼프 신을 믿으면 행복해진다는 복음을 널리 퍼트리기 위해 트럼프의 얼굴이 찍힌 티셔츠를 입고 다녔으며, 신당을 짓고, 커다란 트럼프 조각상까지 세웠다.

2021년 1월 6일, 끝까지 선거 패배를 인정하지 않던 트럼프가 지지자들을 부추기자 폭도로 변한 시위대가 워싱턴의 국회의사당에 난입하여 난동을 부리는 참사가 발생했다. 바로 다음 날 미국의 한 신문에서 트럼프의 즉각적 사퇴를 요구하는 논설을 실었다. 이 신문사는 한때 트럼프를 지지했던 세계 최대의 언론 재벌 루퍼트 머독Rupert Murdoch이 소유한 〈월스트리트저널〉이다. "도널드 트럼프의 마지막 날들"이라는 제목의 사설에서 〈월스트리트저널〉의 편집진은 "자신을 포함한 모든 사람을 위해 트럼프가 조용히 자리에서 물러나는 것이 최선의 길이다"라며 트럼프의 퇴진을 요구했다.6 같은 날 〈뉴욕타임스〉의 한 칼럼은 폭도들의 국회의사당 난동 사건 직후 트럼프를 지지했던 많은 기업가들이 그들의 지지를 철회하는 모습을 비판하며, 트럼프의 친기업적 경제 정책을 가짜 금인 황철석에 빗대어 "바보의 금"이라고 비꼬았다.7

트럼프의 즉각적 퇴진을 요구하는 〈월스트리트저널〉이나 바보의 금에 홀려 트럼프를 지지했다고 얘기하는 기업가들이 벽 뒤에 숨어 꼭두각시 정치인의 망나니짓으로 덕을 보다가 정치 상황이 급변하자 폐물 정치인의 용도 폐기를 소리 높여 외치는 막후 실세는 아닐까? 문제는 이들 1%의 막후 실세가 자신들의 이익을 좇아 세계경제를 좌지우지함에 따라 경제위기는 되풀이해서 발생하며, 99%의 대다수는 위기의 피해자가 된다는 데 있다. 2008년 금융위기 이후 붕괴될 위기에 처한 금융권을 구제하기 위해 막대한 공적 자금이 투입되었을 때도 막상 문제의 원인을 제공한 금융권에서는 정부의 '양적완화' 조치로 인한 유동성 증가가 주식시장의 호재로 작용해 주식 자산가들의 재산 증식에 좋은 기회가 됐다. 반면에 각국 정부가 경제위기에 대응하기 위해 공공 부문의 재정지출을 축소함으로써 대다수 국민들이 고스란히 경제위기의 피해를 떠

안아야 했다.

2011년 5월 15일 마드리드에서는 금융위기 이후 스페인 정부의 긴축 정책으로 인해 실업과 빈부격차가 심화된 것에 분노한 시민들이 대규모 반정부 시위를 시작했다. 이후 수년간 지속된 이 '인디그나도스Indignados'(스페인어로 '분노한 자들'을 의미) 운동에서 표어로 내건 "당신의 이익은 나의 위기"라는 말은 계속해서 되풀이될 수밖에 없는 자본주의 시스템의 근본 문제가 무엇인지를 잘 알려 준다. 그 근본 문제는 바로 '로더데일 패러독스Lauderdale Paradox'에 있다. 8대 로더데일 백작인 제임스 메이틀랜드James Maitland가 주장한 바에 따르면, 개인들이 사적 이익을 추구하면 할수록 사회 전체의 공동의 부는 줄어들 수밖에 없다.8 인디그나도스의 표어와 로더데일 패러독스는 이기적 개인들의 사익 추구가 공동체 전체의 이익을 증진한다는 자본주의 신화에 의문을 제기한다. 고전 경제학의 창시자 애덤 스미스Adam Smith에게 영감을 준 네덜란드 출신의 영국 의사 버나드 맨더빌Bernard Mandeville의 풍자시 《꿀벌의 우화》(1714)에는 "개인의 악덕, 사회의 이익"이라는 부제가 달려 있다. 지난 3세기의 경제사는 이 자본주의 신화에 반하는 사례들로 넘쳐 난다.

인간사회가 신화에 기반한 "상상의 질서"를 통해 유지된다는 유발 하라리의 말처럼, 존재하지 않는 것을 꾸며 내서 다른 사람과 함께 믿는 것이 인간이라는 종의 가장 고유한 특징이다. 9 종교나 자본주의나 제국이나 다 인간이 꾸며 낸 가상의 질서이며, 인간은 이 가상의 질서를 현실에서 완성하는 헛된 꿈을 꾼다. 문명비평가 루이스 멈퍼드Lewis Mumford에 따르면, "호모 심볼리쿠스*Homo symbolicus*"인 인간을 다른 종과 구별하는 것은 바로 "이상의 존재와 존속"이다. 10 코로나19라는 전대미문의 지구적 팬데믹은 인류 전체를 피해자로 만들었을 뿐만 아니라, 우리가 믿고 있는 상상의 질서가 사실은 굳건한 물질적 토대 위에 구축된 것이 아니기에 믿음이 흔들리는 위기 상황에서는 존립 자체가 위태로워질 수 있다는 메시지를, 마치 전 세계를 배경으로 촬영된 재난 블록버스터처럼 생생하게, 그것도 실시간으로 전해 주었다. 바이러스가 초래한 생물학적 재난은 안 그래도 심각한 체제의 위기를 전례 없는 수준으로 심화시켰다. 이런 점에서 코로나19나 그보다 더 파괴적일 수 있는 기후 위기는 재난문명의 원인이 아니라 구조적 모순을 드러내는 징후에 불과하다. 탈성장 연구자 새뮤얼 알렉산더Samuel Alexander의 말을 빌리자면, 팬데믹은 단지 "후기 자본주의의 관에 못하나"를 더 박았을 뿐이다.

코로나 팬데믹의 와중에 우리 사회를 휩쓴 투기 광풍과 극우파 기독교 세력의 정치적 광기는 두 얼굴을 가진 야누스와 닮았다. 시장과 교회라는 다른 공간에 존재하며 전혀 무관한 세력처럼 보이지만, 이들은 믿음이 존재의 이유인 홀린 사람이라는 공통점을 가지고 있다. '빚투'와 '영끌'의 투기 광풍은 주식과 부동산 가격은 끝없이 오를 것이라는 거의 종교적 차원의 믿음이 만들어 내는 현상이며, 그 믿음은 무한성장이라는 자본주의 신화에 뿌리가 닿아 있다. 자신에게 불리한 모든 언론 보도를 가짜 뉴스라 치부하는 트럼프에 열광하는 미국의 기독교 지지자들에게서 정치와 종교의 잘못된 만남을 선동하는 맹목적 신앙의 광기를 확인할 수 있다. 이 장에서는 심화하는 자본주의 재난문명의 위기를 분석하고 대안을 탐색하는 데 필요한 주요 이론과 이론가들을 소개한다. 먼저 자연의 순환 원리에서 벗어나 무한성장을 추구하는 자본주의 사회를 이해하는 데 도움이 될 '번영신학prosperity theology'의 세계관을 살펴보고, 자본주의 정신에 대한 베버와 마르크스의 시각을 비교한다.

마몬mammon의 악무한

트럼프가 벌인 두 번의 대통령 선거전은 양극화된 미국 사회의 혼란상과 함께 미국식 대의제 민주주의의 한계를 고스란히 드러냈다. 투표 통계는 미국 사회의 정치적 양극화가 종교적 기원을 가진다는 사실을 수치로 보여 준다. 2020년 11월 3일에 치러진 미국 대통령 선거 직후 실시된 AP통신과 미국 시카고대 '여론연구센터'의 조사 결과에 따르면, 백인 기독교 복음주의 유권자 10명 중 8명이 트럼프 대통령을 지지한 것으로 나타났다.[11] 미국인 4명 중 1명은 복음주의 기독교도이므로, 이들의 표심을 얻은 후보는 선거전에 유리한 고지를 점하게 된다.[12] 이 여론조사 결과가 놀라운 것은 4년 전 대선에서도 백인 기독교 복음주의자들의 80%가 트럼프를 지지했기 때문이다.[13] 트럼프 대통령이 임기 4년 동안 벌인 각종 스캔들과 코로나19 대응 실패에도 불구하고 이른바 '콘크리트 지지층'인 백인 복음주의자의 대다수가 트럼프에 대한 지지를 철회하지 않은 것이다.

왜 백인 기독교 복음주의자들은 부도덕하고 심지어 인종주의자라고 비난받는 트럼프를 지지한 것일까? 2020년 선거를 앞둔 2월에 '퓨 리서치센터'가 실시한 여론조사에서 복음주의자들의 67%는 "자신의 종교적 신념을 수호할" 대통령이 매우 중요하다고 생각했다. 트럼프가 양심적이며 신앙심이 깊은 인물은 아니지만, 그들의 신념을 지켜 줄 대통령이기 때문에 지지한다는 것이다.14

트럼프 대통령의 종교 고문인 폴라 화이트Paula White 목사는 보수적 기독교 세력의 이념적 지향을 대변하는 존재이다. 화이트 목사는 "트럼프 대통령은 지옥에서 나오는 모든 전략과 모든 적의 전략을 극복하고 그의 소명과 운명을 완수할 것"이라며, 악의 세력으로부터 미국을 지키는 성전에 지지자들이 동참할 것을 촉구했다.15 트럼프 지지자들은 무엇보다 미국 사회에서 오랫동안 누려 왔던 권력을 외부의 "모든 적"에게 빼앗기고 싶지 않은 것이다. 폴라 화이트와 트럼프는 여러 가지 면에서 닮은꼴로 세인의 주목을 받았다. 둘 다 미국 개신교나 정치권에서 비주류에 속했고, 성공신화의 주인공이며, 숱한 스캔들로 사람들의 이목을 끌었다. "부와 건강의 하나님"을 설교하는 번영신학을 정통 개신교 신앙으로 받아들이지 않는 이들이 많아서, 화이트 목사의 백악관 입성은 큰 논란이 되기도 했다.16

자본주의가 신앙인의 믿음과 다르지 않다고 생각한 마르크스는 《자본》 1권에 이렇게 적었다. "인간은 종교를 통해서 자신의 머리로 만들어 낸 작품의 지배를 받는 것처럼, 자본주의적 생산을 통해서는 자신의 손으로 만들어 낸 작품의 지배를 받는다."[17] 자본주의에 내재된 종교적 특성을 비판한 마르크스와 달리, 막스 베버는 《프로테스탄티즘의 윤리와 자본주의 정신》에서 근대 자본주의 사회의 발전을 종교적 세속화와 자본주의적 합리화의 관점에서 설명했다. 베버에게 근대화는 '탈주술화disenchantment' 과정인 것이다. 베버가 생각한 것처럼 근대인은 과연 종교적 미몽에서 벗어난 존재인가?

막스 베버는 자본주의 정신은 흔히 생각하듯이 물욕이 아니라 칼뱅주의를 중심으로 한 프로테스탄트의 금욕적 윤리에 뿌리를 두고 있다고 주장했다. 자본가는 "모든 적나라한 향락을 아주 엄격히 억제하면서 돈을 벌고 더욱더 많은 돈을 버는 일"을 삶의 목적으로 삼으며, 노동자는 "노동 자체가 절대적인 자기 목적 —'소명'"으로 여기게 된다.[18] 베버는 아메리카 식민지의 청교도 공동체를 프로테스탄트 윤리가 자본주의 발전을 이끈 대표적 사례로 여겼으며, 벤자민 프랭클린을 청교도적 자본주의 정신을 구현한 인물로 소개했다. 베버는 칼뱅주의자 아버지에게서 받은 금욕주의적 교육이 프랭클린의 자본가 정신을 배양했을 것이라고 추측했다. 아버지가 프랭클린에게 각인시킨 성경의 한 구절은 베버가 말한 프로테스탄트적 자본주의 정신과 일맥상통한다. "네가 자신의 직업에 충실한 사람을 보았느냐. 그러한 사람이 왕 앞에 서리라."(잠언 제22장 29절) **19**

베버는 "'자본주의 정신'의 발전은 합리주의의 전체적인 발전의 부분 형상으로 이해"할 것을 주장했다. 베버가 보기에 이러한 합리주의라는 "후작물"이 수확되기 전에 밭에 심겨진 "선작물"이 바로 프로테스탄티즘인 것이다. 금욕적 프로테스탄티즘에 뿌리를 둔 자본주의 정신이 충만한 "근대적 경제 인간"은 "엄밀한 회계적 계산의 토대에서 합리화되었으며", "계획적이고 냉철하게 경제적 성공을 추구"하는 그들의 특성은 "정치적 기회와 비합리적 투기를 지향하는 '모험가 자본가'"와는 다르다. **20** 이렇게 청교도적 윤리관이 "시민계층적이고 합리적인 경제적 생활양식으로의 발전경향을 촉진"해서 "근대적 경제인간의 요람"**21**이 되었다는 베버의 믿음은 많은 좌파 사상가들에 의해 근대 자본주의에 윤리적 정당성을 부여한 것으로 비판을 받았다.

베버의 종교사회학적 자본주의 분석이 마르크스의 유물론적 자본주의 비판을 부정했다는 오래된 믿음과 다르게, 실제 베버는 베르너 좀바르트Werner Sombart의 자본주의 역사관을 극복하고자 노력했다. 좀바르트는 베버와 달리 돈을 벌려는 영리욕이 자본주의 정신의 핵심이며, 이러한 자본주의적 탐욕은 유대인들에 의해 널리 확산되었다고 주장했다. 좀바르트가 정의한 "자본주의 인간*Homo capitalisticus*"은 바로 "유대인*Homo Judaeus*"인 것이다.22 이러한 유대인에 대한 부정적 시각 때문에 좀바르트의 사상은 이후 나치즘과 연루되었다는 의혹을 받게 된다. 좀바르트의 주장을 염두에 두었는지 베버는 그의 논문에서 "유대교적 경제 에토스ethos가 아니라 청교도주의적 경제 에토스가 시민계층적 경제 에토스"임을 분명히 한다.23

소비주의 문화의 메카가 된 21세기 미국에서 트럼프 같은 속물 사업가를 찬양하는 번영신학 추종자들이 어떻게 금욕적인 프로테스탄트의 빈자리를 차지하게 된 걸까? 트럼프를 후원한 백인 복음주의자들과 그들이 공유한 번영신학을 통해 알 수 있는 것처럼, 보수적 복음주의 개신교도들과 친기업적 정치가들의 독특한 연합전선은 미국의 고유한 정치 현상으로 자리 잡았다. 존스홉킨스대 정치학자 윌리엄 코놀리William E.

Connolly는 미국식 정치-경제-교회 혼합체를 "복음주의-자본가 공명 기제evangelical-capitalist resonance machine"로 칭했다.24 코놀리는 미국식 "카우보이 자본주의와 개신교 간의 에토스 공유"가 겉보기에는 전혀 어울리지 않는 세력들의 합종연횡을 가능하게 한다고 설명한다. 어떤 "공통의 신념creeds"이 아니라 "영적 친화성spiritual affinities"이 트럼프와 복음주의자들처럼 이질적 세력들을 서로 "공명하며 합쳐지게" 만든다는 것이다. 신앙 자체보다는 '번영'에 대한 트럼프와 복음주의자들의 공감이 정치적 공명을 이끌었다고 볼 수 있다. 이렇게 신념이 아닌 에토스의 공유는 종종 "분노와 복수"를 수반하는데, 이는 트럼프 지지자들이 표출했던 비이성적이며 폭력적인 행동에서 확인할 수 있다. 이 복수의 에토스가 〈요한계시록〉 같은 성서적 기원을 가지고 있기 때문에, 성서가 복음주의 개신교도의 정치적 행동에 정당성을 부여하게 된다.

자본주의는 이제 '소비주의 복음'의 전파로 인해 발터 벤야민이 예언한 대로 교리 없는 "순수한 종교적 숭배"의 대상이 되었는지도 모른다.25 가라타니 고진은 자본주의 체제에 내재된 종교성을 이렇게 지적한다. "화폐와 신용에 의해 직조된 자본제 경제 시스템은 물질적 하부구조이기는커녕 신용에 의해 존재하는 종교적 세계와 같다."[26] 마르크스는 자본주의적 상품 생산을 지속하게 하는 중요한 사회적 장치를 상품의 물신성物神性에서 찾았다. 그는 사람들이 상품의 쓸모와 무관하게 사회적으로 부여되는 가치가 상품의 내재적 가치인 것처럼 믿게 되는 것을 "종교적인 세계의 신비경"과 비교하였다. 마르크스는 물신 숭배를 다음처럼 정의한다. "여기서는 인간 두뇌의 산물이 독자적인 생명을 부여받고 그들 간에 또 사람들과의 사이에서 관계를 맺는 자립적인 모습으로 나타난다. 마찬가지로 상품세계에서는 인간의 손의 산물이 그렇게 나타난다." 이러한 물신 숭배는 "이자 낳는" 화폐를 통해 "극히 휘황한 형태로 신비화된 자본"에 의해 절정에 도달한다.[27]

《자본》 1권 22장 "잉여가치의 자본으로의 전환"에서 마르크스는 사회적 부에 대한 자본가의 지배를 지적하는 문장에 붙인 주석에 루터Martin Luther의 글을 인용한다. "지상에서 (악마 다음으로) 수전노와 고리대금업자보다 더 큰 인류의 적은 없다. 왜냐하면 그는 만인의 위에 신으로 군림하려 하기 때문이다."[28] 금융 자본주의 시대, 이제 "만인의 위에 신으로 군림"하는 물신은 더 이상 수전노와 고리대금업자의 모습이 아니라 주식 시장의 치솟는 주가로, 무에서 부를 창조하는 암호화폐로, 불로소득의 열락을 안겨주는 강남의 아파트로 보통 사람의 일상에 마치 공기처럼 퍼져 있다. "너의 이익이 나의 위기"라는 스페인 인디그나도스 시위대의 분노가 향했던 1%만이 물신의 숭배자일까? 하나의 거대한 신용체계인 자본주의는 이미 나머지 99%도 모두 자본주의적 생산과 소비의 세례를 받은 물신교의 독실한 신도로 개종시켰는지 모른다.

니체가 차라투스트라의 입을 빌려 경멸한 "종말의 인간der letzte Mensch"처럼, 무한성장의 세례를 받은 자본주의 물신교도는 "우리는 행복을 발명해 냈다"고 말하며 소비의 악무한에 갇혀 있는 것은 아닐까?**29** 어린 나이부터 주식투자에 관심을 가지고 돈을 많이 벌 수 있는 직업을 최고로 생각하는 세대를 지칭하기 위해 '자본주의가 낳은 세대'라는 의미를 가진 '자낳세'라는 신조어가 등장했다. 이 자낳세가 니체가 경멸한 종말의 인간일까? 신앙을 통해 영생을 희구하는 종교인처럼 물질적 풍요를 추구하는 자낳세에게 자본주의의 무한성장은 세속적 교리로 작용한다. 어쩌면 교인과 자낳세는 모두 니체가 "이 지상의 삶으로부터 사라져 버리기를" 바랐던 "'영생'에 홀린 자들"인지도 모른다.**30**

'성장의 한계'라는 자연의 원리를 벗어나 무한성장을 꿈꾸는 자본주의 경제는 죽음이라는 생물의 숙명을 거부하고 영생을 좇는 종교인의 믿음과 다르지 않다. 프랑스의 사회이론가 자크 아탈리Jacques Attali는 자본주의 세계화로 인한 극심한 불평등이 "분노의 경제"를 넘어 세계 전쟁과 같은 대재앙을 초래할 수 있음을 경고한다. 그는 "시장의 세계화"가 가능한 이유를 영생 추구의 새로운 경향에서 찾는다. 종교 지도자가 통제하는 전통사회에는 "사회의 질서가 죽음에 대한 의미를 기반으로" 세워진 반면에, 현대인은 교회가 아니라 시장에서 상품을 소비하여 "'시간'이라는 희소자원을 사용하기 위한 최대한의 자유를 추구"한다. 죽음에 대한 두려움을 극복하게 도와준다는 면에서 시장은 교회와 다르지 않다. 이러한 "자본주의 신앙"은 상품 소비를 통해 "자유에 대한 환상"을 유지한다.31 그러나 이 세속 종교의 사제들은 자연과 사회 모두 에너지와 물질의 제약 속에서 개체의 죽음을 통해 시스템을 지속한다는 생태학적 진리를 외면하고 있다. 19세기에 이미 자본주의 경제를 제약하는 생태적 한계를 경고한 과학자와 사상가가 있었다.

리비히와 마르크스

1859년 12월 23일, 런던에서 발행되는 신문 〈타임스〉에는 독일의 농화학자 리비히Justus von Liebig, 1803~1873의 기고문이 실렸다. 당시 뮌헨에서 학생들을 가르치고 있던 리비히는 영국 독자들에게 "도시 하수의 문제"를 제기했다.32 리비히는 '최소량의 법칙'을 정립하여 토양의 무기질 영양소가 작물 생산성을 결정하는 핵심 요소임을 밝히는 등, 당대 최고의 농화학자로서 유럽 전역에서 큰 명성을 얻고 있었다. 리비히가 주장한 과학적 영농법을 신봉하던 영국인 사업가 존 메치John Mechi는 그해 11월에 분뇨를 퇴비로 쓰지 않고 하천으로 방류하여 수질오염을 초래하는 문제를 비판한 기고문을 〈타임스〉에 발표했다. 리비히는 메치의 글에 대한 답글 형식으로 〈타임스〉에 기고문을 보낸 것이다.

19세기 중반 유럽에서는 도시의 인구 집중과 그로 인한 환경오염이 심각한 사회 문제로 대두하고 있었다. 런던 한복판을 흘러가는 템스강은 각 가정에서 처리되지 않고 하천으로 그대로 방류된 생활하수와 인분으로 인해 극심한 오염과 악취 문제로 몸살을 앓았다. 오랫동안 농업 토양의 비옥도를 연구하던 리비히는 이런 수질오염 문제의 근원에 비료 문제가 있다고 보았다. 당시 유럽에는 급증하는 도시의 인구를 부양하기 위해 토지 생산성을 단기간에 향상할 수 있는 방안으로 토양에 다량의 비료를 살포하는 새로운 농업관행이 자리 잡고 있었다. 대규모 기업농이 일반화됐고, 대규모 농장에는 남미에서 수입한 구아노guano나 동물의 뼈를 비료로 사용해 작물 생산성을 향상시키려 했다.

리비히가 보기에 대규모의 자본주의적 농경 방식에는 심각한 문제점이 있었다. 질소와 인 같은 영양소를 다량 함유한 비료는 단기간에 작물 생산성을 향상시키지만, 토양의 비옥도를 유지하기 위해서는 지속적으로 다량의 비료가 투입되어야 한다. 인분을 퇴비로 사용하던 전통적 농법과 달리 새로운 기업형 농업은 외부에서 비료를 공급받기 때문에 대도시에서 발생하는 엄청난 양의 인분이 이제는 땅으로 돌아가지 못하고 바로 하천으로 방류되어 수질오염 문제를 초래하게 됐다. 빅토르 휴고Victor Hugo의 《레 미제라블*Les Miserables*》에 나오는 말처럼, 대도시는 이제 "가장 강력한 인분 제조기"가 된 것이다. **33**

농촌은 농작물을 공급하여 도시 사람들을 먹여 살리고, 도시인의 인분은 농촌으로 돌아가 땅속에서 유기물 분해를 통해 무기질 영양소로 전환되어 작물의 뿌리에 흡수된다. 이러한 도시와 농촌 간의 상보적 관계는 영양소 순환의 관점에서 보면 이상적 협력체계라 할 수 있다. 그러나 19세기에 들어서면서 도시-농촌 간의 인분 거래는 급감했다. 이제 도시가 너무 커져 급증하는 인구에 비례해서 그 인분의 양도 감당할 수 없을 정도로 많아졌다. 한편 구아노나 뼛가루 같은 비료의 탁월한 효과를 알아 버린 농부들은 더 이상 냄새나는 인분을 퇴비로 사용하려고 하지 않았다. 페루의 건조한 해안지대에서 새 분비물이 오랜 시간 축적되어 만들어진 구아노는 1840년대부터 영국으로 다량 수입되기 시작했는데, 질소 함량이 인분으로 만든 퇴비의 20~30배에 이를 정도로 성능이 우수하여 농부들의 사랑을 받게 된다. 그러나 토양 비옥도의 비밀을 잘 알고 있던 리비히는 기적의 비료가 "위험한 폐기물"이 될 수밖에 없는 이유를 대중들에게 널리 알리고자 했다.

리비히의 저술을 탐독한 독자들 중에 《자본》을 준비 중이던 칼 마르크스가 있었다. 마르크스는 리비히의 기고문을 읽는 데 그치지 않고 《농화학》 같은 전공서적을 수년에 걸쳐 열심히 공부했다. 《자본》 1권 13장 〈기계와 대공업〉의 마지막 절에 리비히의 논문을 공부하며 자본과 자연의 관계를 고민했던 마르크스의 생각이 다음처럼 짧게 정리되어 있다.

> 자본주의적 생산은 그것의 중심 대도시에 인구를 계속 집적시켜 감에 따라, 한편으로는 사회의 역사적 동력을 쌓아 나가고, 다른 한편으로는 토지와 인간 사이의 물질대사를—즉, 인간이 식품과 의류의 형태로 소비하는 토양 성분이 토지로 되돌아가는 것, 다시 말해 토지의 생산력을 지속시키는 항구적인 자연조건을—교란시킨다.[34]

이러한 과학적 분석을 통해 마르크스는 자본주의 생산체제가 "노동자와 토지를 약탈하기 위한 기술의 진보"라는 생태-사회 시스템 전반에 대한 통합적 자본주의 비판을 시도했다.[35] 개인의 사적 이익 추구가 공동체의 부를 감소시킨다는 로더데일 패러독스를 마르크스는 자연과 인간 사이의 물질대사의 교란으로 파악한 것이다. 지구상의 모든 생명체와 마찬가지로 인간은 생존을 위해 지속적으로 주변 환경과 물질과 에너지를 교환해야 한다. 이러한 물질대사 과정에서 사회적 존재인 인간은 무리를 지어 활동함으로써 다른 어떤 생명체보다 환경에 큰 흔적을 남길 수밖에 없다. 인간의 사회적 필요를 넘어서 자본의 무한 축적을 위해 작동하는 자본주의적 생산은 인간과 자연의 물질대사적 교환 과정을 교란함으로써 역사상 유례없는 가공할 규모의 환경 파괴를 초래했으며, 그와 동시에 자본 축적에 유리한 왜곡된 사회적 관계를 형성했다. 마르크스의 말을 빌리자면, "자본주의적 생산은 모든 부의 원천인 토지와 노동자를 동시에 파괴함으로써만 사회적 생산 과정의 기술과 결합을 발전시킨다".36

1867년에 출간된 《자본》 초판본에서 마르크스는 리비히의 농업 연구를 언급하며 "전체 근대 정치경제학자들의 저술을 다 합친 것보다 더 많은 통찰"을 준다며 리비히의 업적을 칭송했다. 마르크스가 리비히의 연구를 얼마나 중요하게 생각하고 있었는지를 짐작할 수 있는 표현이다.37 마르크스는 《자본》 3권에서도 자본주의적 농업과 도시화가 초래하는 자연과 인간 사이의 물질대사 교란을 지적하면서 대토지 소유가 "생명의 자연법칙에 의해 정해져 있는 사회적 물질대사의 구조에 치유될 수 없는 균열"을 남긴다는 리비히의 글을 직접 옮긴다.38 리비히를 비롯한 많은 자연과학자들의 연구를 탐구했던 마르크스의 노력은 오늘날 자본주의 산업문명이 직면한 경제・환경·기후의 복합위기를 극복하기 위해서는 생태학과 경제학을 아우르는 통합적 관점이 필요함을 상기시킨다. 다음 절에서는 '순환'의 개념에 대해 주류경제학의 '원형 순환'과 마르크스의 '생태사회주의적' 관점을 비교한다.

두 가지 순환

라이너 마리아 릴케Rainer Maria Rilke의 시 〈고독*Einsamkeit*〉에는 비를 매개로 한 물의 순환 과정이 비교적 정확하게 묘사되어 있다. "고독은 비와 같은 것, 저녁을 향해 바다에서 밀려오고, 멀리 호젓한 벌판으로부터, 언제나 외로운 하늘로 올라가서는, 비로서 그 하늘에서 도시 위에 내린다."[39] 바다와 지표면에서 증발한 수증기가 대기 중에서 응축된 후 비가 되어 다시 바다와 땅으로 이동한다. 바다 위로 내리는 비의 양보다 수증기로 증발하는 양이 많기 때문에 여분의 수증기는 해풍을 타고 땅 위로 이동한다. 반면에 땅 위에 내리는 비의 양은 땅 표면에서 증발한 수증기의 양보다 많기 때문에 여분의 빗물이 냇물과 강물이 되어 바다까지 흘러간다. 이를 시인은 "냇물과 더불어 고독은 흐른다"라고 노래했다. 숫자로 물의 이동을 설명하는 수문학자가 보기에는 바다에서 땅 위로 이동한 수증기의 양과 땅에서 바다로 흘러가는 강물의 양은 같기 때문에 지구의 물순환은 완벽한 균형 상태를 이룬다.

데이비드 하비는 물처럼 순환하는 자본의 운동을 '물순환' 개념도와 유사한 그림을 이용해 설명한다. 평생 자본주의의 모순을 비판한 노학자는 자본주의의 문제점을 제대로 파악하고 대안을 모색하는 데 있어서 '자본순환'의 비밀을 이해하는 것이 그 무엇보다 중요하다고 강조한다. '운동하는 가치'로서 자본은 마치 물이 수증기와 빗물, 그리고 강물의 형태로 모습을 바꾸며 끊임없이 순환하듯이 화폐와 상품의 형태로 영구적인 순환 과정을 지속한다. 그러나 자본과 물의 순환에는 근본적 차이가 있다. 태양 에너지를 원천으로 순환하는 물의 총량은 변함이 없지만, 가변적 에너지원에 의해 "운동하는 자본의 양은 성장의 요구 때문에 복률로 지속적으로 확대"되어야 한다. **40**

주류 경제학에서도 자본의 순환은 자본주의 경제를 구동하는 핵심 원리로 설명된다. 25세에 MIT 경제학과 교수직에 부임한 폴 새뮤얼슨Paul Samuelson은 공대생들이 쉽게 이해할 수 있도록 복잡한 경제학 개념을 각종 도식을 이용해 정리한 새로운 경제학 교과서 *Economics*를 저술했다. 새뮤얼슨의 교과서는 이후 미국에서 30년간 경제학 입문서로 베스트셀러가 됐다. 또한 이 책은 40개 이상의 외국어로 번역되었으며 60년 동안 총 400만 부 이상이 판매됐다.**41** 새뮤얼슨의 교과서가 많이 팔린 만큼 그의 '원형 순환Circular Flow' 도식(〈그림 1〉)은 세계의 경제학도들 머릿속에 깊게 각인됐다. 이 도식은 경제의 두 축인 기업과 가계 사이의 생산과 소비를 통한 경제의 순환 과정을 묘사하고 있다. 순환이라는 동일한 개념을 다루지만 이 그림은 하비가 묘사한 자본순환과는 큰 차이를 보인다. 하비가 묘사한 대로 축적을 목적으로 운동하는 자본은 확장하는 형태로 순환하지만, 새뮤얼슨의 그림에는 화폐가 대등한 관계인 기업과 가계 사이에서 동일한 양으로 영원히 순환하는 것으로 묘사된다.

또 하나의 중대한 오류는 경제의 순환을 추동하는 투자를 상징하기 위해 그려진 수동 펌프에서 찾을 수 있다. 새뮤얼슨은 펌프질하는 힘을 설명하기 위해 "기술 변화 등"이라고 주석을 달았지만, 이 펌프를 지속적으로 가동하는 데 필요한 가장 중요한 요인이 완전히 빠져 있다. 펌프로 물을 퍼 올리기 위해

〈그림 1〉 폴 새뮤얼슨의 '원형 순환' 도식[42]

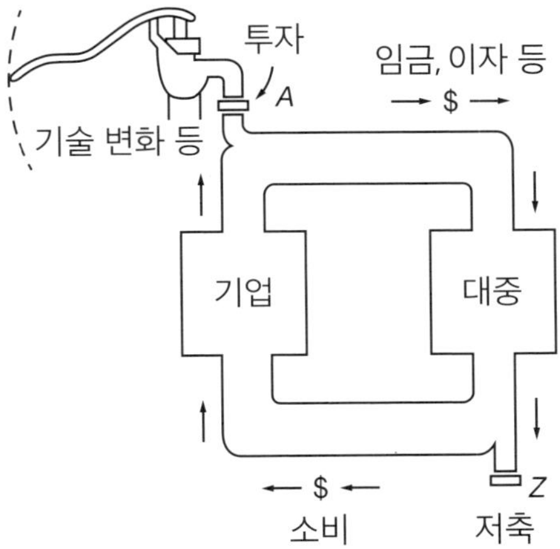

서는 펌프질하는 사람이 있어야 하고 퍼 올리는 물이 지속적으로 공급되어야 한다. 마찬가지로 경제를 가동하기 위해서는 상품 생산에 필요한 원료와 에너지의 공급이 필수적이다. 그러나 새뮤얼슨과 주류 경제학자들의 머릿속에 자원과 에너지는 어디선가 무한정 공급되는 경제 외적 요인에 불과하다.

마르크스는 자본순환의 모순을 그 누구보다 정확하게 인식했다. "자본으로서의 화폐 유통은 '그 자체가 목적Selbstzweck'이다. 왜냐하면 자본은 가치의 증식이 끊임없이 갱신되는 이 운동 내에서만 존재하기 때문이다. 그러므로 자본의 운동은 무한히 계속된다."43 운동하는 자본은 상품의 몸을 빌리지만, 상품은 팔려서 화폐로 가치를 실현해야 하고, 화폐는 자본의 순환에 다시 투입되어야 그 자체의 목적을 달성할 수 있다. 생태계에서 물질의 순환 과정을 연구하는 생태학자가 다양한 단계를 거쳐 물질이 전환되는 순환의 연속성에 주목하는 것처럼, 마르크스는 상품과 화폐의 교환을 지속시키는 자본순환의 원리를 탐색한다. 그가 관찰한 바에 따르면 "상품은 어떤 지점에 이르면 순환에서 벗어나 한정된 기능을 수행하지만" 화폐의 경우는 자본의 "운송수단으로 계속 순환하며 마치 영구기관처럼 항상 새롭게 원형의 순환을 재개"한다.44 화폐는 "단순한 순환의 매체로 보이는 노예의 역할"에서 시작하지만, 어느 순간 "상품세계의 주요 신"의 자리에 올라선 후에는 단순한 물체가 아니라 "탐욕의 수원"이 된다.45

마르크스는 이러한 탐욕이 자연적인 것이 아니라 사회적 발전 과정의 산물임을 덧붙인다. 마르크스가 발견한 중요한 사실은 자본의 순환이 "단순한 원이 아니라 확장하는 곡선의 나선형"을 띤다는 것이며, 이 멈출 수 없는 순환의 고리마다 상품은 소비되어 사라지지만 화폐는 "경제학의 한 순간이자 사람들의 실생활의 결정자로서 광기"가 된다.46 이어지는 분석은 축적을 위해 멈추지 않고 순환하는 자본이 왜 근대 문명을 무한성장의 덫에 빠뜨릴 수밖에 없는지 깨닫게 한다.

> 따라서 자본이 끊임없이 자신의 경계를 넘어서 운동하려는 것은 자신의 본성에 내재된 것이다. (로마 제국에서 그랬던 것처럼 소비지향적인 부로서 그것은 따라서 무한한 쓰레기처럼 보이며, 논리적으로 소비를 망상적인 무한까지 끌어올리려고 애쓰는데, 진주 샐러드 등을 꿀꺽 삼킬 요량이다.) … 결국 성장하는 부는 그 자체가 하나의 목적이다. 자본의 목적을 정하는 행동은 단지 더 부유하게 되는 것, 즉 자신을 증대하고 확장하는 것뿐이다.47

빠르게 움직이는 러닝머신 위에서 제자리를 지키기 위해서는 쉬지 않고 뛰어야 하는 것처럼, 가치 증식을 위해 운동하는 자본은 한순간도 멈출 수 없다. 마치 제동장치가 없는 기관차처럼 자본은 쉼 없이 축적이라는 끝없이 멀어지는 목적지를 향해 돌진한다. 기관사가 목적지만 생각하고 기관차를 움직이는데 필요한 연료를 제대로 챙기지 않았다면 어떤 일이 생길까? 그동안 폭주 기관차처럼 쉬지 않고 달려온 자본주의는 빠른 속도에 취해 과속주행이 일으킨 문제를 제대로 깨닫지 못했다.

지나치게 속도를 내느라 계속 달리는 데 필요한 연료가 모자라게 됐을 뿐만 아니라 기차의 매연이 일으킨 심한 오염이 기찻길 주변 사람들에게 큰 피해를 주게 된 것이다. 이 폭주 기관차가 막 운행을 시작했을 때부터 마르크스는 이 기차의 운명을 예견했다. 이제 폭주 기관차를 멈추거나 속도를 줄일 대안을 탐색한 이들의 얘기를 들어 보자.

만원 지구와 암 자본주의

제 2차 세계대전 이후 진행된 자본주의 경제의 급성장은 이전의 지질학적 연대에서 볼 수 없었던 철저히 한 종 중심의 특이한 시대와 공간을 창조했다. 이 변화의 주역인 인간이 환경에 초래한 영향은 이제 지구 전체에서 확인된다. 생태경제학자 허먼 데일리Herman Daly의 말처럼 이제 우리는 "꽉 찬 세계full world"에 살게 된 것이다. 48 산업혁명이 본격화된 18세기 이전까지는 자연에 비해 사회의 규모가 매우 작아서 "텅 빈 세계empty world"에 미치는 인간의 영향이 매우 제한적이었다. 반면에 꽉 찬 세계에서 인간은 자원을 고갈시키고 환경을 오염시키는 파괴적 존재가 되었다. 데일리의 주장에 따르면, 이 꽉 찬 세계에서 지속가능한 생산과 소비는 오직 생태적 한계 속에서 성장 없이 안정된 상태를 유지하는 '정상 상태 경제 steady state economy'를 이룰 때만 가능하다.

1990년대 초 세계은행의 환경부서에서 선임 경제학자로 일하게 된 데일리는 세계은행이 1992년에 발간한 《개발과 환경 *Development and the Environment*》 보고서에 자문을 하게 되었다. 당시 UN에서는 각종 개발 정책에 환경을 적극적으로 고려해야 한다는 새로운 움직임이 일고 있었지만, 경제학 교과서에서 환경이라는 용어를 본 적이 없는 주류 경제학자들은 왜 경제 활동에 환경적 제약이 문제가 될 수 있는지를 전혀 이해하지 못했다. 보고서의 초안에 "경제와 환경의 관계"라는 제목의 도식이 들어 있었다. 그 도식에는 경제 시스템을 나타내는 사각형과 투입과 산출이라는 화살표만 표시되었지 환경이라는 요소가 완전히 빠져 있었다. 환경을 추가해야 한다는 데일리의 조언에도 불구하고, 이후 최종 보고서에는 아예 도식 자체가 빠져 버렸다. 이 사례를 소개하면서 데일리는 "경제 바깥에 환경이라는 경계선을 그리는" 행위가 왜 그렇게 중요한지를 강조했다. 환경이라는 경계선을 그리는 순간 우리는 "경제가 영원히 팽창할 수 없다"는 사실을 인식하게 된다. 즉, "텅 빈 세계경제"에서 "꽉 찬 세계경제"로 인식 전환을 경험하게 되는 것이다. 49

허먼 데일리의 스승이며, 루마니아 출신의 수학자이자 경제학자인 니콜라스 게오르게스쿠-뢰겐Nicholas Georgescu-Roegen, 1906~1994은 경제 시스템이 자연생태계와 마찬가지로 자원과 에너지 같은 환경의 물질적 제약을 받을 수밖에 없다는 사실을 엔트로피entropy 개념에 기초해 설명했다. 자원의 효율 증가가 대량 소비를 통해 결국 자원의 고갈을 촉진시킨다는 '제본스의 패러독스Jevons Paradox'로 잘 알려진 19세기의 대표적 고전파 경제학자인 윌리엄 스탠리 제본스William Stanley Jevons의 예외가 있었지만, 게오르게스쿠 이전의 경제학자들 중에서 자원과 에너지의 제약을 경제 분석의 주제로 삼은 경우는 드물었다.

경제학에서 자원과 에너지의 제약이 도외시된 이유에 대해 게오르게스쿠는 두 가지 이유를 든다. 첫째, 새뮤얼슨의 원형 순환처럼 주류 경제학자는 "경제생활에서 돈만 관찰"하기 때문에, "돈이 한 사람에게서 다른 사람에게로 옮겨갔다"는 사실만 주목한다. 두 번째는 "경제학이 싹트고 번성한 나라들이 원자재 확보에 아무런 어려움을 겪지 않았다"는 것인데, 이는 자

본주의 발흥기에 영국을 비롯한 유럽 제국주의 국가들이 식민지 확장에 몰두했던 이유이기도 하다.[50]

경제학 외부에서는 오래전부터 환경의 제약이 결코 새로운 생각이 아니었다. 19세기에 이미 자연 속에서 인간의 올바른 자리에 대해 질문한 "다윈의 불독" 토머스 헉슬리Thomas Huxley와 석유의 낭비적 소비와 환경오염의 재앙을 경고했던 진화론자 앨프리드 러셀 월리스Alfred Russel Wallace, 1823~1913가 있었다. 제본스의 책 《석탄 문제*The Coal Question*》에 인용된 리비히의 말은 산업문명을 가동하는 에너지의 중요성을 간명하게 잘 표현했다. "문명은 파워의 경제이다."[51]

20세기에 생태학자들은 인간 활동이 결코 환경의 제약에서 자유로울 수 없다는 과학적 사실을 입증하는 연구 결과를 내놓기 시작했다. 다음 장에서 자세히 소개할 앨프리드 로트카Alfred James Lotka, 1880~1949는 대학에서 공부한 열역학 이론에 기초해서 생물 진화와 인류문명을 에너지 흐름의 관점에서 파악하는 데 필요한 이론적 기초를 다졌다. 20세기 후반 시스템생태학의 발전에 큰 기여를 한 하워드 오덤Howard T. Odum, 1924~2002은 복잡한 자연과 사회 현상을 수식과 도표를 이용해 알기 쉽게 개념화하는 데 탁월했다. 오덤의 시스템 관점에 따르면 아주 단순한 연못의 생태계이든 거대한 메가시티든 어떤 자연생태계나 인공 시스템도 불변의 에너지 법칙을 벗어날 수 없다. 로트카의 생태계 에너지 원리를 정교하게 다듬은 오덤은 에너지와 같은 물리적 제약을 무시하고 무한성장을 추구하는 세계경제를 "암 자본주의cancerous capitalism"라 부를 수밖에 없는 과학적 근거를 제시한다. 52

> 사용되지 않은 자원이 가용할 때 사람들은 자율 구성을 통해, 마치 외래종이 침입한 생태계처럼, 임파워empower●를 최대화하는 과성장의 광란overgrowth frenzy에 빠져든다. 자유 경제를 가진 인간사회에서 과성장의 메커니즘은 바로 자본주의다. 53

● 'empower'는 하위 영양 단계의 열 손실까지 고려한 파워(일률: 단위 시간 동안에 이루어지는 일의 양)를 의미하며, 오덤의 에너지 개념은 1장에서 보다 자세히 설명됨.

인류세의 넋누리

자본주의 너머의 대안을 탐색하기 위해서는 먼저 자본주의가 전개된 인류세라는 시대에 인간에 의해 지구 생물권이 변형돼 생겨난 '인류권Anthroposphere'에서 어떻게 인간과 자연 사이의 물질대사가 교란되고 있는지를 제대로 이해해야 한다. 노벨 화학상 수상자인 파울 크뤼첸Paul J. Crutzen은 2000년에 미국의 육수학자 스퇴르머Eugene F. Stoermer와 함께 '국제 지구권-생물권 프로그램IGBP' 소식지*Global Change Newsletter*의 기고문에서 "지질학과 생태학에서 인류의 중심적 역할을 강조하기 위해" 인류세라는 새로운 용어를 사용하자고 제안했다. 인류세는 지난 1만 년 동안의 간빙기에 해당하는 홀로세Holocene 후반에 인간의 영향이 지구환경에 뚜렷하게 흔적을 남긴 가장 최근의 시기를 지칭한다.**54** 크뤼첸은 극지 빙하 속 기포의 온실기체 농도 자료를 근거로 18세기 후반을 인류세의 시점으로 제안했다. 이후 농업혁명이 시작된 1만 년 전부터 가깝게는 1960년대까지 다양한 인류세의 시점이 제시됐다. 2019년 '인류세의 시점을 논의하기 위한 지질학 위원회'는 인구와 세계경제가 급속도로 증가하기 시작한 20세기 중반이 인류세의 시점으로 가장 적합하다는 의견에 대해 위원 34명 중 29명이 동의했다. 20세기 중반은 1945년부터 1950년대까지 여러 차례 진행된 핵 실험으로 인해 지층 곳곳에 방사능 낙진의 흔적이 남아 있어서 이를 지질학 연대 구분에 필요한 과학적 근거로 사용할 수 있는 장점이 있다. 55

인류세에 인간이 만들어 낸 인류권은 '신용에 근거하는 관념 체계'인 자본주의의 생산 양식과 소비주의 문화가 창조한 인공적 공간이다. 대안 문명을 탐색하려는 이는 새로운 가상의 질서를 형성할 공간을 찾아 나서야 할 것이다. 이러한 관점에서 주목할 만한 개념이 바로 '누스피어noosphere'이다. '정신권'으로 번역되는 누스피어는 지구 생물권에 미치는 인간의 영향을 강조하기 위해 만들어진 용어이다.

누스피어라는 용어를 대중화한 이는 우크라이나의 지화학자 베르나드스키Vladimir Vernadsky이다. 그는 2부에서 다뤄질 물질순환을 탐구하는 생지화학biogeochemistry의 창시자로서, 그의 책 《생물권*Biosphere*》(1926)을 통해 생물권이라는 개념을 대중화했을 뿐만 아니라, 생물권에서 갈수록 더 커지는 인간의 역할을 강조하기 위해 누스피어 개념을 사용했다. 누스피어는 원래 프랑스 철학자 샤르댕Pierre Teilhard de Chardin이 1922

년에 출간한 《우주의 탄생*Cosmogensis*》에서 다분히 신학적 개념으로 사용했는데, 베르나드스키는 지구의 생물권이 오랜 생물 진화의 결과로 형성된 것처럼 인간의 영향력이 증대하는 20세기의 지구는 인간의 정신이 생물권 전체의 운명에도 결정적 영향을 줄 수 있음을 강조하기 위해 정신과 이성을 의미하는 어원(noo)이 포함된 용어를 선택했다.

나는 인간이 생물권의 운명을 결정하는 정복자로 군림하는 인류세에 자본주의 세계화로 인한 지구적 사회-생태 시스템의 변화를 강조하기 위해 '넋누리'라는 우리말 조어로 누스피어의 개념을 확장하여 사용하고자 한다. 넋누리는 무한성장의 덫에서 빠져나와 인간과 자연이 조화를 이루는 대안적 사회-생태 시스템의 무대이기도 하다.

재난문명의 구조적 원인을 분석하고 대안을 탐색하는 과정에서 지구 생물권의 정신적 차원에 주목해야 하는 이유가 있다. 앞서 트럼프와 기독교 복음주의와의 관계를 통해 알 수 있었던 것처럼, 기성 사회질서의 뿌리는 가상의 질서에 대한 구성원들의 믿음이라는 씨앗에서 뻗어 나온 것이며, 이 믿음은 종교적 열정에 의해 강화된다. 경제성장에 대한 과도한 집착에서 우리는 이러한 종교적 열정을 볼 수 있다. 복음주의 번영신학의 사례처럼 기성 종교는 기존 사회-경제 시스템을 정당화할 뿐만 아니라 구성원의 헌신을 장려한다. 이렇게 자본주의 산업문명의 구성원들이 종교적 맹신 같은 성장 중독에 빠져 있다면, 그 대안을 탐색하고 실행하는 과정에서도 종교와 신념의 역할이 중요할 수밖에 없다.

허먼 데일리가 《성장을 넘어서》의 마지막 한 부를 종교에 할애한 것은 여러모로 의미심장하다. 데일리는 1992년에 당시 상원의원이었던 앨 고어Al Gore가 주최한 저명 과학자들과 종교 지도자들의 환경 캠페인 사례를 통해 환경 문제의 해결을 위해서는 과학과 종교의 협력이 중요함을 강조하는 동시에, 종교적 영성이 결여된 유물론적 환경주의의 한계도 지적한다. 이 캠페인에는 칼 세이건Carl Sagan, 에드워드 윌슨Edward Wilson, 스티븐 제이 굴드Stephen Jay Gould 등의 스타 과학자들이 참여했다. 이들은 종교 지도자들에게 "과학이 이동 수단을 제공할 테니 종교는 도덕적 나침반을 제공"해 줄 것을 요청한 후 그들과 함께 〈환경에 관한 과학과 종교의 공동 호소문〉을 발표했다.[56] 과학이 환경 문제를 분석하고 해결책을 제시할 수는 있지만, 문제 해결을 위해 사람들을 행동하게 하려면 도덕적 영감과 종교적 열정이 필요하므로 과학자들은 종교 지도자들에게 손을 내민 것이다.

게오르게스쿠-뢰겐은 인간의 경제 활동은 “기본적으로 엔트로피 과정이며, 궁극적으로는 엔트로피 법칙이 경제 과정과 그 진화를 지배”한다고 생각했다. 그러나 자연의 엔트로피 과정과는 달리 “경제 과정의 진정한 ‘산출’은 폐기물의 물질적 배출이 아닌 삶의 즐거움”이다. 게오르게스쿠가 말한 “삶의 경제”를 제대로 이해하기 위해서는 “목적 지향 활동과 삶의 즐거움”이라는 지극히 인간적인 가치 추구를 고려하지 않을 수 없다. 57 이러한 합목적적 경제 과정은 삶의 즐거움을 향상시키기 위해 단순히 경제구조뿐만 아니라 공동체의 ‘영적 인프라’와 지구 생물권의 ‘생태적 인프라’ 전체를 변화시킨다. 58 이러한 변화를 통해 새로운 넋누리가 창조된다.

문제는 자본주의 경제가 생명의 증진이 아니라 자본의 무한 증식을 위해 가동하는 약탈적 생산체제를 통해 넋누리를 파괴한다는 것이다. 배리 카머너Barry Commoner, 1917~2012는 자본주의 경제가 초래한 지구 사회-생태 시스템의 변화를 “공기, 물 및 토양과 식물과 동물이 깃들어 사는 동식물로 이루어지는 지구의 얇은 피부”인 ‘자연적 생태권natural ecosphere’과 인간이 만든 ‘기술권technosphere’으로 구분하여 설명한다. 59 다른 환경론자들과 마찬가지로 카머너는 인간의 영향이 증가함에 따라 비대해진 기술권이 생태권을 변모시킨다고 보았다. 카머너가 기술권과 생태권을 분리해서 생각한 것과 달리, 넋누리의 개념은 자연과 인간을 분리된 요소로 보지 않고 진화론적 관점에서 유기적으로 통합한다. 지금까지 넋누리의 변화는 자본주의적 생산 확대가 주도한 생태권의 파괴에 초점이 맞춰졌다. 넋누리의 미래는 인류가 지구환경을 온 생명의 공동자산으로 인식하고 새로운 영적 인프라를 구축하기 위해 노력하는 과정에서 큰 변화를 맞을 수 있다.

오랫동안 근대성의 한계를 탐구해 온 철학자 브뤼노 라투르Bruno Latour는 극심한 불평등과 기후위기로 실체가 드러나고 있는 "신기후체제"의 대안을 찾기 위해서는 먼저 "행성의 근대화"에 대한 인식 전환이 필요함을 강조한다. 이제 "모두를 위한 성장의 꿈을 품을 만큼 큰 행성"은 존재하지 않는다는 사실은 분명해졌다. 라투르의 위트 있는 표현대로, "글로벌행 비행기에 탑승했는데, 착륙할 공항이 없어서 선회"해야 한다면, 이제 어디로 눈을 돌려야 할까?60 라투르가 말한 대로 이 땅에서 살아남기 위해서는 "행성에서 대지로" 관점의 전환이 필요하다. 마르크스의 말을 빌려 라투르의 관념적 표현에 구체성을 부여하자면, "토지를 끊임없이 이어 갈 인류의 영원한 공동 소유물이자 양도할 수 없는 존재 조건 및 재생산 조건으로서 합리적이고 자기의식적으로 취급하는" 노력을 통해 사적 이윤 추구로부터 지구환경이라는 공동자산을 지켜야만 인류와 다른 모든 생명체가 공존할 수 있는 지속가능한 넋누리를 창조할 수 있을 것이다. **61**

그러나 자본주의라는 가상의 질서에 홀린 사람들의 믿음이 너무나 굳건한 반면에, 자본주의 너머를 추구하는 대안은 불분명하며, 새로운 질서가 가능하다고 믿는 사람은 많지 않다. 따라서 "경제적 이성의 광기"에 사로잡혀 폭주하는 자본주의 경제의 성장 속도를 조절하고 자연과 인간 사이의 물질대사적 균열을 치유하는 새로운 길을 찾는 일은 쉽지 않을 것이다. 특히 소유와 소비의 매혹에 홀린 사람들이 자연 및 타인과 공존하기 위해서 기존의 생산체제와 생활방식을 포기하고 새로운 넋누리를 창조하는 것은 신인류의 창조에 버금가는 일이다. 20세기 초 인류가 지금보다는 훨씬 덜 탐욕에 물들어 있을 때, 30세 생일을 앞둔 로렌스D. H. Lawrence는 경제적 광기를 치유할 수 있는 질병이라고 생각했다. 우리도 로렌스처럼 인간 본성에 내재된 낙관주의에 기대어 물신의 지배로부터 인간의 자유를 회복할 수 있다고 믿어도 될까? 본문에서는 구체적 자료를 통해 젊은 로렌스가 낙관했던 대로 세상이 변하게 됐는지 확인해 보자.

> 소유자와 소유물, 둘은 어떤 끔찍한 질병의 양면과 같다. 마치 세상이 지옥이 된 것처럼, 일종의 광기가 사람을 덮치는 걸 느낀다. 그러나 그것은 단지 겹쳐져 있을 뿐이며, 일시적 질환일 뿐이다. 그것을 떨쳐 낼 수 있다.
>
> — D. H. 로렌스62

1

에너지

미국과, 그리고 일부 다른 국가들에서, 한결같이 소비적이고 쓸모없는 석유와 천연가스의 소비가 지속되고 있다. 이를 통해 막대한 개인의 부가 축적되지만 인민의 조건 전반이 눈에 띄게 개선되고 있지는 않다.

— 앨프리드 러셀 월리스[1]

1870년 다윈Charles Darwin은 월리스에게 보낸 편지에서 "어떤 면에서는 라이벌이었지만 우리가 서로에게 시기심을 가지지 않았던 것은 내 인생에서 그 어떤 일보다 더 만족스러웠다"라고 고백했다. 월리스는 다윈과 같은 시기에 진화의 아이디어를 구상하고 논문도 발표하며 진화론의 정립에 크게 기여했다. 그는 위대한 과학자일 뿐만 아니라 인도주의자요 혁명적 사회사상가로서 활발한 저술 및 사회 활동을 펼쳤지만, 이후 다윈의 명성에 가려 서서히 잊히게 된다.

월리스는 세기말의 혼란 속에서 19세기의 성공과 실패를 정리한 책 《멋진 세기》를 출간했다. 이 책에서 월리스는 지난 세기의 화려한 물질적 성공의 이면에 도사린 화석연료와 천연자원의 무분별한 남용과 소수에 의한 부의 독점 문제를 고발한다. 물질적 풍요의 관점에서 더 멋진 세기라 할 수 있는 20세기에는 월리스가 고발한 자원 남용과 부의 불평등 문제가 더 심해졌다. 월리스는 당대의 각종 사회 문제가 응급처방으로 해결될 수 없는 구조적

인 문제임을 비판했다. 21세기에는 윌리스가 예견한 구조적 차원의 위기가 문명의 존립을 걱정해야 하는 재난 상황으로 심화되고 있다.

1부에서는 19세기 유럽 사회를 대상으로 한 윌리스의 분석을 21세기 자본주의 세계체제로 확장해서 적용한다. 먼저 1장에서 자연생태계와 인간사회를 아우르는 사회-생태 시스템의 에너지 전환 과정을 이해하는 데 기초가 되는 생태계 에너지 이론을 소개한다. 구체적으로는 생물 진화의 방향을 '최대 에너지 플럭스'로 설명한 로트카와 생태계와 인간사회를 포괄한 통합적 에너지 이론 체계를 구축한 하워드 오덤을 중심으로 핵심적 생태계 에너지 이론을 살펴본다.

2장에서는 에너지 이론과 최신 에너지 통계에 기초해서 화석연료에 의존하는 세계경제의 에너지 수급에 나타나는 문제점을 분석한다. 마지막 3장의 목적은 에너지 제약과 지속가능성의 관점에서 사회-생태 시스템의 위기를 평가하는 것이다. 갈수록 심화하는 경제 · 환경 · 기후 복합위기의 뿌리인 성장주의의 발전 과정을 살펴본 후, 지구환경의 제약을 무시한 과성장이 초래하는 세계 자본주의 시스템의 위기를 경제, 사회 및 환경에 누적되는 부채로 파악한다.

1장

에너지와 생태계

모든 살아 있는 존재는 주변 환경을 최대한 많이 자신과 씨로 전환시키려 애쓰는 일종의 제국주의자다. — 버트런드 러셀[2]

보험회사 직원이 찾은 생태계 에너지 법칙

대학이나 연구소 같은 학술기관에 속하지 않고도 학문 발전에 크게 기여한 인물들이 있다. 생태학과는 거리가 먼 생업을 가졌지만 생태학 교과서에 등장하는 앨프리드 로트카가 좋은 사례이다. 로트카는 대학에서 화학을 전공한 수학자이며 통계학자로서, 다양한 분야의 직장에서 근무했지만 생태학과 직접적으로 관련된 업무를 맡은 적은 거의 없다. 그는 오스트리아-헝가리 제국에서 미국 국적을 가진 부모에게서 태어났으며, 영국, 독일 및 미국의 대학에서 수학했다. 1912년 영국의 버밍엄대에서 박사학위를 취득한 로트카는 화학회사의 기술자를 시작으로 미국 특허청과 국립표준국National Bureau of Standards 관리와 과학 잡지 〈사이언티픽 아메리칸〉의 편집자를 거쳐 1924년부터 1947년까지는 뉴욕의 '메트로폴리탄 보험회사'에서 통계 전문가로 일했다. 3

프란츠 카프카Franz Kafka가 생계를 위해 보험회사에 근무하며 글쓰기에 집중할 수 없는 환경 때문에 힘들어했던 것과는 달리, 로트카는 보험회사의 업무를 활용하여 인구학 분야에 기여하는 논문을 여러 편 발표했다. 생태학 교과서에 나오는 로트카-볼테라 방정식도 사실은 로트카가 보험회사에서 수행한 인구통계 분석을 생태학에 응용한 결과물이다. 보험회사의 관심대상인 인구population가 생태학에서는 인간 외의 생물종도 포함하는 개체군이라는 개념으로 쓰이기 때문에, 인구 변화를 묘사하는 방정식을 조금 변형하면 다른 종의 개체군에서 관찰되는 현상도 수학적으로 설명할 수 있었던 것이탈리아의 저명한 수학자인 볼테라Vito Volterra와 거의 같은 시기에 로트카는 경쟁 관계의 종 사이에서 관찰되는 개체군 크기의 변화를 예측하는 수학공식을 제시했다.

수학에 능한 로트카는 박사학위를 취득한 후 다양한 생물 현상을 수치로 설명하는 다수의 논문을 발표했다. 그러나 여러 직장을 전전하며 혼자서 새로운 연구를 진행하던 젊은 로트카는 학계의 냉담한 반응에 좌절감을 느끼고 있었다. 다행히 개체군 생물학 분야의 권위자인 존스홉킨스대 레이몬드 펄Raymond Pearl 교수가 로트카의 논문을 흥미롭게 보고 그를 불러 같이 연구할 것을 제안한다.4 존스홉킨스대에서 1년간 연구를 진행하면서 로트카는 《물리생물학의 기초*Elements of Physical Biology*》를 저술한다. 이 책은 생물 현상도 화학적 시스템과 마찬가지로 물리적 법칙으로 설명할 수 있다는 로트카의 생각을 체계적으로 정리한 교과서로, 이후 생물학 분야의 고전으로 자리 잡는다.

로트카-볼테라 방정식만큼 잘 알려져 있지는 않지만, '최대 에너지 플럭스 원리the principle of maximum energy flux'는 로트카의 또 다른 중요한 학술적 업적이다. 1922년 로트카는 다윈의 진화론을 물리적 법칙으로 설명하겠다는 목표를 가지고 두 편의 논문을 〈미국국립과학원회보*PNAS*〉에 발표했다.[5] 첫 번째 논문에서 로트카는 생물 진화를 가능하게 하는 자연선택이 "시스템을 통과하는 총 에너지 플럭스를 최대로 만드는" 방향으로 작용한다고 주장했다. 이 원리는 이후 시스템생태학의 대가인 하워드 오덤이 '최대 파워 원리the maximum power principle'로 발전시킨다.

생태계 에너지 법칙에 대한 로트카의 관심은 대학에서 물리학과 화학을 공부한 후 독일 라이프치히 물리화학연구소에서 1년간 수학했을 때 만난 빌헬름 오스트발트Wilhelm Ostwald의 영향에서 비롯된 것으로 알려져 있다.[6] 1909년 노벨 화학상 수상자인 오스트발트는 열역학 법칙이 모든 인간 활동에 적용된다는 생각을 피력한 최초의 과학자이다. 그는 생명 활동에 직접적으로 쓰일 수 있는 자유 에너지free energy가 "모든 종류의 생명체에 의해 소비되는 자본"이라고 생각했다.[7] 오스트발트의 강의를 통해 물리적 시스템뿐만 아니라 생물계에도 같은 에너지 원리가 적용될 수 있다는 생각을 접한 후, 로트카는 생물 현상을 물리법칙으로 설명하는 새로운 연구분야를 개척하겠다는 포부를 품게 된다. 로트카는 생태계를 비롯한 세상의 모든 시스템이 하나의 거대한 기계와 같다고 생각했는데,

그의 표현을 빌리자면 "세계 엔진world engine"은 물질의 순환 속도와 에너지 유량을 증가하는 방향으로 끊임없이 진화해 간다. 19세기 말 엔트로피 개념을 정립하는 데 기여한 볼츠만Ludwig Boltzman이 다윈의 진화론에 매료되어 "물질의 진화를 밝히는 다윈"8이 되려고 했다면, 로트카는 선배 화학자들이 정립한 에너지 이론을 적용하여 생물 진화의 비밀을 풀려고 했던 것이다. 이 장에서는 자연생태계를 중심으로 세계 엔진을 가동시키는 핵심적 에너지 원리를 살펴본다.

진화의 동력

에너지의 관점에서 진화의 비밀을 풀고자 했던 로트카는 20년 이상 보험회사에서 근무하는 동안 젊은 시절의 꿈과는 거리가 먼 일을 했고, 그의 초기 연구는 소수의 연구자를 제외하고는 학계에서 점차 잊혀 갔다. 그러나 이후 지구의 역사에 관한 다양한 연구가 진행되면서 에너지 플럭스를 최대로 증가시키는 방향으로 진화가 진행된다는 로트카의 주장을 뒷받침할 수 있는 연구 결과가 쌓이게 된다. 이러한 연구 결과에 따르면 지구의 생물학적 진화는 여러 가지 측면에서 우주의 물리학적 진화와 유사성을 보인다. 천체 시스템이든 지구의 생물권이든 진화의 결과물이 더 다양해지고 형태적으로 복잡하지만 점차 안정적인 구조로 변화한다. 이러한 진화적 패턴은 복잡한 구조를 통해 정보의 양이 증가하는 경향과 일치한다.9

실제로 지구의 장구한 생물 진화 과정에서 생물권을 통해 더 많은 에너지 플럭스가 발생했을까? 영국 엑시터Exeter대의 지구과학자 티모시 렌턴Timothy Lenton 교수는 생물의 역사를 에너지와 물질의 관점에서 재구성하는 연구를 진행하고 있다. 그는 2016년에 사회-생태 시스템의 물질대사를 전공하는 다른 두 연구자와 함께 "지구와 인간 역사에서 에너지 입력과 물질순환의 혁명들"이라는 총설 논문을 발표했다.10 이 논문은 인간이 등장하기 전까지 생물 진화의 분기점에서 발생한 세 차례의 "에너지 혁명"을 소개한다(〈그림 1-1〉). 이 세 번의 에너지 전환기를 통해 생물권에 유입되는 자유 에너지의 양이 크게 증가했을 뿐만 아니라 물질순환이 촉진되었고 생물권을 구성하는 생물다양성도 폭발적으로 증가했으니, 말 그대로 생물권의 대변혁을 촉발한 에너지 혁명이 발생한 것이다. 로트카가 생각했던 것처럼 자연선택이 "유기 시스템의 총질량을 증가시키고, 그 시스템을 통한 물질의 순환 속도를 증가시키며 그 시스템을 통한 총 에너지 플럭스를 증가시키는" 방향으로 40억 년에 걸친 생물의 역사를 이끌어 온 것이다.[11]

최초의 혁명은 '산소를 생성하지 않는 광합성 생물anoxygenic photosynthesizer'에 의해 주도되었다. 원시 지구에 등장한 최초의 생물은 무생물적 과정을 통해 우연히 존재하게 된 유기물을 분해해서 살아가는 박테리아였던 것으로 추측된다. 최초

〈그림 1-1〉 지구 역사상 주요 에너지 혁명[12]

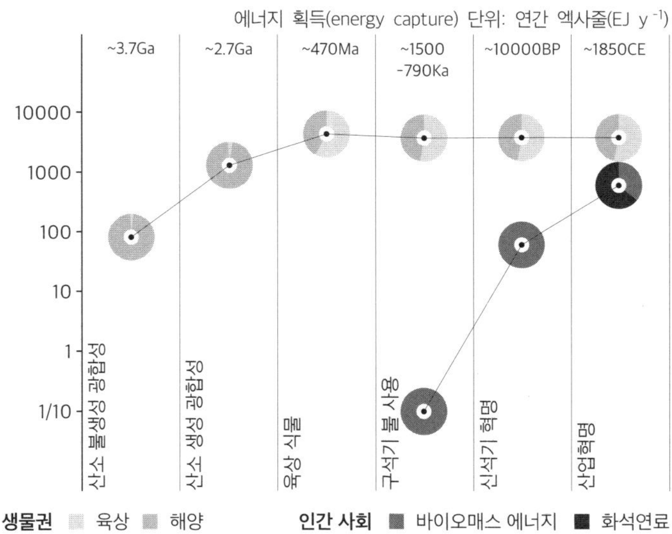

의 단세포 생물은 물질대사에 필요한 유기물을 직접 만들지 못하고 다른 생물에 의존한 종속영양생물heterotroph이었기 때문에, 햇빛의 에너지를 이용해 이산화탄소에서 자신이 필요한 유기물을 직접 만들 수 있는 독립영양생물autotroph인 광합성 생물이 등장한 것은 말 그대로 혁명적 사건이었다. 우연한 화학반응으로 만들어지는 유기물이 있어야만 존재가 가능한 빈곤의 시대를 벗어나 생물 스스로 유기물이라는 화학적 에너지원을 생성하는 에너지 자립의 시대가 열린 것이다.

최초의 광합성 생물은 오늘날 지구상에 존재하는 '산소를 생성하는 광합성 생물oxygenic photosynthesizer'과는 다른 방법으로 광합성을 수행했다. 오늘날 땅 위의 식물이나 물속의 조류는 물 분자를 분리해서 그 과정에서 생겨나는 전자에 태양 에너지로부터 수확한 화학 에너지를 저장하고 나머지 반쪽인 산소 분자를 광합성의 폐기물로 배출한다. 반면에 최초의 광합성 생물은 물 분자 대신에 수소 분자 같은 '전자 공여체electron donor'를 이용했을 것으로 추정된다. 문제는 이 전자 공여체가 충분하지 않아서 최초의 광합성 생물들은 수소 분자를 더 효율적으로 재사용하거나 다른 전자 공여체를 찾아 나서야 했다. 예를 들면 메테인CH_4을 생성하고 메테인이 다시 광분해 과정에서 수소 분자로 전환되는 재활용 방법을 통해 광합성 효율이 증가함으로써 원래 연간 0.1엑사줄Exajoule(1엑사줄 = 10^{18}줄)에도 미치지 못하던 광합성에 의한 '1차 생산primary production'이 약 35억 년 전에는 1.8엑사줄로 증가했다.

27억 년 전에 발생한 두 번째 혁명은 산소를 발생시키는 광합성 생물이 주도했다. 우리에게 녹조의 주범으로 잘 알려진 남세균cyanobacteria이 2세대 광합성 생물의 주역이었다. 이들은 선조 광합성 세균들의 세포 속에 들어 있던 두 가지 다른 광합성 시스템을 한 몸에 갖춤으로써 수소나 다른 전자 공여체에 비해 분리가 어려운 물 분자를 쪼개어 태양 에너지를 더 효과적으로 전환할 수 있게 됐다. 이들의 출현으로 인해 이전에 존재하지 않았던 산소가 지구환경에 뚜렷한 흔적을 나타내기 시작했다. 따라서 광합성의 폐기물로 생겨난 산소는 생물권을 통한 에너지 플럭스의 증가가 지구의 물질순환도 가속한다는 사실을 잘 보여 주는 증거물이기도 하다. 수소와 달리 물은 너무나 풍부한 자원이기에 새로 등장한 2세대 광합성 생물들은 지구의 1차 생산을 폭발적으로 증가시킬 수 있었다. 단, 광합성을 위해서는 물과 이산화탄소 외에도 질소와 인 같은 다른 영양소도 필요하기에 이들 영양소가 부족하지 않은 환경에서 새로 등장한 광합성 생물들이 빠르게 세를 확장해 나갈 수 있었다.

약 4억 7천만 년 전에는 진화의 주요 무대가 바닷속에서 땅 위로 옮겨 간다. 땅 위에 '진핵 광합성 생물eukaryotic photosynthesizer'이 등장하여 짧은 시간에 육상 생물권을 정복한다. 3세대 광합성 생물은 진핵세포 내에서 남세균이 개발한 광합성 기제를 보다 정교하게 가다듬었다. 이미 17억 년 전에 이런 진핵세포가 출현했지만 4억 7천만 년 전이 되어야 식물에 의한 육상 지배가 본격적으로 시작된다. 이후 현생누대Phanerozoic Eon 전 기간에 걸쳐 육상의 1차 생산은 현재 수준 이상을 유지했으며, 최전성기에는 현재 값의 2배를 넘어서기도 했다. 식물에 의한 1차 생산이 증가함에 따라 대기 중의 산소 농도도 계속 증가하여 마침내 석탄기Carboniferous Period에는 정점에 도달했다. 이렇게 식물이 생산한 유기물의 양이 늘고, 또 유기물을 산화해서 에너지를 추출하는 데 필요한 산소의 대기 중 농도도 높아짐으로써, 식물에 의존해서 살아가는 종속영양생물인 동물의 다양성도 비약적으로 증가하게 된다. 이제 바다뿐만 아니라 땅 위에도 최대의 에너지 플럭스를 가능하게 하는 다양한 생물들이 풍요의 시대를 맞이하게 된 것이다. 이 풍요의 시대는 생각지도 못한 침입자인 인간의 세력이 크게 성장하는 아주 먼 미래가 도래하기 전까지 지속된다.

로트카의 '에너지 플럭스 최대 원리'는 에너지 플럭스를 증가시키는 주체인 생물의 역할을 분명하게 서술하지는 않지만, 로트카 이후 진화의 동력에 대해 한 가지 사실이 분명해지고 있다. 생물 진화는 어떤 알 수 없는 신비한 힘이 아니라 지구 생물상biota을 구성하는 수많은 주역과 단역의 생물들이 스스로 펼쳐 가는 드라마라는 사실이다. 진화의 드라마에 끊임없이 등장하고 사라져 간 무수한 생물들은 끊임없이 변화하는 지구환경에 적응하며 살아남거나, 그렇지 못할 경우 지구라는 무대를 떠나야 했다. 또한 진화는 모노드라마가 아닌 다수의 배우가 출연하는 대하사극이기에 생물들은 같이 살아가는 방법도 배워야 했다. 생태학 교과서에 나오는 경쟁, 포식, 기생, 공생 등 여러 관계의 기술이 대하사극의 흥미를 고조하는 관전 포인트다. 물리적 시스템과 달리 생물권 진화의 고유한 특징은 생물 사이의 협력적 행동이 증가한다는 점이다. 오랜 진화의 결과로 많은 생물들은 "서로 간에 이로운 행동들이 운 좋게 결합"한 초보적 협력에서부터 이타주의와 '길게 보기far-sightedness' 같은 보다 진일보한 협력에 이르기까지 다양한 공존전략을 습득한다.13 수십억 년에 걸친 생물 학습의 결과물인 자연생태계의 에너지 사용 원리를 좀더 자세히 공부해 보자.

생태계를 움직이는 에너지 화폐

하워드 오덤은 에너지 효율과 파워(일률)의 관계를 통해 로트카의 생태계 에너지 원리를 좀더 학술적으로 정교하게 가다듬었다. 1955년 30대 초반의 젊은 나이에 발표한 논문에서 오덤은 "최대 파워 출력을 내기 위한 최적 효율로 시스템은 작동한다"고 로트카의 생각을 발전시켰다.14 오덤의 젊은 나이를 따로 언급한 이유는 학문의 세분화와 전문화가 본격화되기 시작한 1950년대에 그가 젊은 나이에도 전공의 경계를 넘어서 자연과 인간사회의 다양한 현상에 공통적으로 적용될 수 있는 에너지 원리를 탐구했다는 사실 자체가 특별한 것이기 때문이다.

논문 제목에 나오는 "시간의 속도 조절기time's speed regulator"는 오덤이 로트카의 생태계 에너지 원리에 빠져 있던 속도rate

의 개념을 엔트로피를 의미하는 "시간의 화살time's arrow"이라는 말에 대비해서 표현한 것이다. 시간에 따른 우주 만물의 변화를 설명하는 데 엔트로피만큼 유용한 개념이 있을까? 열역학 제 2법칙에 따르면 에너지의 유입과 유출이 없는 닫힌 시스템은 무질서도를 의미하는 엔트로피가 증가하는 방향으로 변화가 일어난다. 시간의 화살이 항상 무질서도가 증가하는 쪽으로 향한다는 것은, 시스템의 질서를 유지하는 데 필요한 유용한 에너지가 전환되어 쓸모없는 형태의 "에너지 무덤"이 생겨난다는 의미이다. 에너지 무덤이라는 말 때문에 유용한 에너지에서 쓸모없는 에너지로 전환되는 것을 부정적 의미로 오해해서는 안 된다. 왜냐하면 모든 자발적 에너지 전환은 결국 유용한 에너지가 열이라는 분산된 형태의 에너지로 흩어지는 과정이기 때문이다. 유용한 에너지를 얻는 과정에서 불가피하게 발생하는 열 유출heat drain은 일종의 "에너지 세금"인 셈이다. **15** 따라서 단세포 생물이든 인간이든, 살아 있는 생명체가 에너지의 전환 과정에서 살아 숨 쉬는 데 필요한 수많은 일을 해내기 위해서는 쓸모 있는 에너지를 얻는 만큼 열 손실과 엔트로피 증가라는 에너지 세금을 지불해야 한다.

생명의 신비를 물리적 법칙으로 설명하려 했던 과학자들은 한결같이 어떻게 생명체가 엔트로피 법칙에 맞서 한시적이지만 질서를 유지할 수 있느냐는 당혹스런 질문과 마주해야 했다. 20세기 초 위대한 이론물리학자 슈뢰딩거Erwin Schrödinger는 생명체가 살아 있는 동안 유지하는 한시적 질서를 '음의 엔트로피negative entropy' 개념으로 설명했다. 생명체가 유용한 에너지를 사용해서 자신의 내부에 음의 엔트로피 형태로 질서를 유지하는 만큼 생명체 외부에서는 양의 엔트로피가 증가하게 된다. 배리 카머너의 네 번째 생태 법칙 "세상에 공짜 점심은 없다"가 결국은 엔트로피의 제약과 관련된 것이다.

음의 엔트로피가 직관적으로 파악하기 쉽지 않은 개념이라면, 노벨 화학상 수상자 일리야 프리고진Iliya Prigogine의 '산일구조dissipative structure' 개념에 기대어 제 몸 밖으로 엔트로피를 퍼내며 몸 속의 질서를 유지하는 어떤 존재를 그려 보는 것은 어떨까? "흩어지는 구조"라는 의미의 산일구조는 무질서도의 증가에 맞서 지속적으로 에너지가 투입되어 질서가 유지되는 열역학적 개방계를 나타낸다. 평형 상태를 전제한 이전의 열역학 연구와는 달리 프리고진은 '평형에서 먼 상태far from equilibrium'일 때 열적 카오스에서 어떤 질서가 형성될 수 있음을 강조한다.

이제 우리는 평형에서 먼 상태에서 새로운 구조의 형태가 자발적으로 형성되는 것을 잘 안다. 평형에서 먼 상태에서는 무질서로부터, 열적 카오스로부터 질서로 전환이 일어날 수 있다. 물질의 새로운 동적 상태가 발생하며, 이 상태는 특정 시스템과 주변 환경 간의 상호작용을 반영한다. 우리는 새로운 구조의 형성에 대한 산일과정dissipative processes의 건설적 역할을 강조하기 위해 그 구조를 산일구조로 칭했다.[16]

프리고진이 비평형 화학 시스템을 대상으로 엔트로피 증가를 억제하며 질서가 유지되는 '자율 구성'의 원리를 연구하고 있을 때, 오덤은 외부로부터 에너지가 유입되는 열린 시스템인 생태계에 적용할 수 있는 열역학 법칙의 생태학 버전을 찾고자 했다. 이 조숙한 천재는 그것이 생태계와 같이 자연적으로 존재하는 시스템이든 엔진과 같은 인공적 시스템이든 모든 에너지 시스템은 최대가 아닌 최적 에너지 효율에서 단위 시간당 유용한 에너지의 최대 출력을 발생시킨다는 사실에 주목했다. 여기서 주의할 것은 에너지 효율이 최대인 조건에서 최대 파워 출력이 발생하는 게 아니라는 사실이다. 즉, 더 많은 파워 출력을 얻기 위해서는 일정한 효율의 저하가 불가피하다.

〈그림 1-2〉 오덤이 정립한 파워-효율 관계[17]

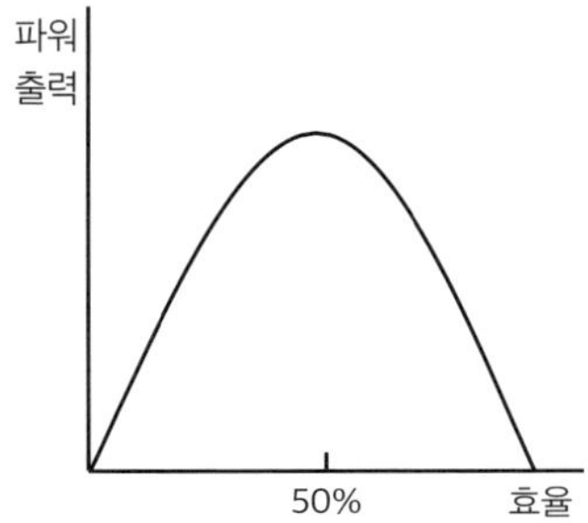

오덤의 1955년 논문에 나오는 〈그림 1-2〉를 보면, 파워 출력을 효율의 함수로 나타냈을 때 파워 출력은 50% 정도의 효율에서 최대가 된다. 용어 때문에 혼동될 수 있지만, 오덤이 말하는 "최대 파워 출력을 위한 최적 효율"은 항상 최대 효율보다 낮으며 결코 50%를 넘을 수 없다. 효율이 최대가 되는 조건이 아니라 상당한 열 손실이 발생하는 적정 효율 상태에서 파워의 출력이 최대가 된다는 사실은 생태계의 에너지 과정이 촉진되기 위해서는 에너지 손실이 불가피함을 의미한다. 다음 주제로 에너지 전환 과정에서 불가피하게 발생하는 열 손실에 대한 생태학적 원리를 알아보자.

10% 규칙

40억 년에 걸친 진화 과정을 통해 지구의 생물들은 지구에 도달하는 태양 에너지를 최대한 활용할 수 있는 최적의 생물권을 형성했지만, 그 과정에서 어떤 생물도 자연이 정한 에너지 전환 효율의 한계를 벗어날 수 없었다. 이 에너지 전환 효율이 중요한 이유는 우리가 생존에 필요한 에너지의 양보다 훨씬 많은 양을 음식으로 섭취하고 그 대부분을 똥과 오줌으로 배설한다는 간단한 사실에서 잘 확인할 수 있다. 에너지 전환 효율은 장소와 시간에 따라 크게 다르지 않으며, 생태계 내의 '영양 단계trophic level'별로 일정한 경향을 보인다. 1차 생산자인 식물의 경우 광합성 과정에서 흡수된 태양 에너지의 1% 정도만을 유기물에 저장된 화학 에너지로 전환할 수 있다. 식물이 생산한 유기물에 의존해서 살아가는 종속영양생물은 하위 영양 단계에서 생물량의 10% 정도를 상위 영양 단계로 전환시킨다. 들판에서 풀을 뜯어 먹는 소를 예로 들면, 이 소는 먹이인 풀이 가진 생물량의 10%를 자신의 몸으로 전환할 수 있다. 만약 소를 유일한 먹이로 하는 인간이 있다고 하면 이 사람은 소가 가진 생물량의 10% 정도를 자신의 몸으로 전환한다.

각 영양 단계에서 에너지 효율을 더 증가시켜 더 적은 먹이로 생존할 수 있는 방법은 없을까? 그런 방법은 존재하지 않으며 상위 영양 단계로 10%의 비율로 생물량 혹은 에너지가 전환된다는 "10% 규칙"을 처음 발견한 이가 젊은 나이에 요절한 생태학자 레이몬드 린데만Raymond Lindeman, 1915~1942이다. 린데만은 미네소타대에서 한 호수 생태계Cedar Creek Bog의 에너지 전환 과정을 연구하여 박사학위를 취득했다. 박사 논문의 마지막 장을 새로 정리하여 작성한 논문의 핵심 메시지가 바로 10% 규칙이다.[18] 린데만은 예일대의 이블린 허친슨G. Evelyn Hutchinson 연구실에서 박사후과정 연구원으로 재직할 때 그 논문을 미국 생태학회지에 투고했으나 리뷰 과정에서 린데만이 제시한 이론모형을 입증할 자료가 충분하지 않다는 비판을 받고 출판을 거절당했다. 허친슨은 편집자에게 논문의 중요성을 설명하는 편지를 보냈다. 편집자는 제 3의 평가자로부터 특별히 우호적이지는 않지만 그래도 출판 가치는 있다는 재심 결과를 받고 나서야 논문의 출판을 허락했다.[19] 이후 논문이 출판되었을 때 희귀한 간염 질환에 걸린 린데만은 이미 목숨을 잃은 뒤였다.

린데만의 10% 규칙이 생태계의 에너지 전환 과정을 이해하는 데 중요한 이유는 생태학 교과서에 나오는 생물량 피라미드를 보면 알 수 있다. 피라미드의 바닥을 이루는 1차 생산자를 제외하고 풀을 뜯는 초식동물로 이루어진 1차 소비자나 포식동물인 2~4차 소비자들까지 다 먹이로부터 10%의 생물량만 취하기 때문에 영양 단계에 따른 생태계의 생물량 분포가 피라미드 형태를 취하게 된다. 여기서 중요한 사실은 상위 영양 단계의 생물이 보유한 에너지의 양은 그만큼의 생물량이 존재할 수 있도록 먹이가 되어 준 아래 영양 단계 생물의 잠재적 기여를 몸속에 구현하고 있다는 것이다. 예를 들면, 어떤 초지생태계에 1톤의 초식동물이 존재하려면 10% 규칙에 따라 최소 10톤의 풀이 그 초식동물들의 먹이가 되어 주었다는 것을 알 수 있다.

하워드 오덤은 특정 영양 단계에 속하는 생물들의 현존 생물량뿐만 아니라 그 생물량이 유래한 하위 영양 단계의 생물들과 더 나아가서 모든 생물의 궁극적 에너지원인 태양 에너지에 기초하여 현존 생물량에 구현된 잠재 에너지의 총량을 비교할 수 있는 방법을 고안했다. 에너지의 영어 철자 n을 m으로 바꾼 '에머지emergy' 개념을 사용할 것을 제안한 것이다. 에머지는 영양 단계에 의해 서로 다른 에너지 유형이 연관되어 있을 때 "다른 에너지로 전환되는 데 요구되는 한 종류의 유용한 에너지"로 정의된다.[20] 에머지는 이미 사용된 에너지의 메모리memory를 의미하는 셈인데, 앞에서 언급한 초식동물의 에머지를 태양 에너지로 표시해 보자. 태양 에너지에서 풀의 생물량으로 전환되는 비율 1%와 풀에서 초식동물로 전환되는 비율 10%를 고려하면 초식동물이 가진 현존 생물량에 투입된 '태양 에머지solar emergy'의 에너지량은 생물량 자체가 가진 화학에너지의 1천 배가 된다.

오덤은 각 단계의 에너지 전환율을 나타낼 수 있는 개념으로서 '트랜스포머티transformity'를 "다른 형태의 에너지 한 단위를 생성하는 데 필요한 한 유형의 에너지의 양"으로 정의했다. 앞의 예에서 다룬 에너지 전환 과정을 태양 에너지에 기초한 '태양 트랜스포머티solar transformity'로 계산해 본다면, 태양 에너지의 트랜스포머티는 1이며, 태양 에너지부터 풀까지의 트랜스포머티는 100이고, 초식동물까지의 트랜스포머티는 1,000이 된다. 생태계의 에너지 전환과 열 손실을 고려한 이 계산 과정은 각 생물체에 투입된 태양 에머지가 "겉보기로 드러난" 에너지와는 달리 그 생물이 맺은 영양 관계를 통과한 모든 태양 에너지를 합친 것으로 볼 수 있다. 상위 영양 단계로 올라갈수록 에너지 전환 과정에서 더 많은 에너지 손실이 발생하기 때문에 생물량에 저장된 에너지의 양이 같더라도 그 질은 다를 수 있는 것이다. 생태계가 일종의 '에너지 위계energy hierarchy'를 가지고 있는 셈인데, 오덤이 제안한 에머지와 트랜스포머티는 이러한 에너지 위계를 정량적으로 표현할 수 있는 유용한 개념이다.

에머지 개념은 에너지 관점에서 인간이 지구환경에 미치는 영향을 평가할 때 특히 유용하다. 예를 들면, 4명의 채식주의자 가족과 육식만 하는 다른 4명의 가족이 있다고 하자. 두 가족의 에머지를 비교하면, 채식주의자 가족을 부양하는 데 필요한 에너지양이 훨씬 적고, 따라서 육식하는 가족에 비해 환경에 미치는 영향이 훨씬 적다는 것을 알 수 있다. 하워드 오덤은 에머지 개념을 경제 활동에 적용하면 현재의 가치체계에 포함되지 않는 자연환경의 가치를 제대로 평가할 수 있다고 주장했다. **21** 각종 천연자원과 농산품을 겉으로 드러난 에너지가 아니라 그 자원에 투입된 모든 에너지의 총합인 에머지로 진정한 가치를 평가한다면 우리가 아예 가격을 지불하지 않거나 싼값으로 낭비하고 있는 자연의 선물이 얼마나 값진 존재인지를 깨달을 수 있을 것이다. 생태계의 원리에 기초해 우리가 당면한 문제를 풀기 위해서 에너지 원리를 공공 정책에 활용하자는 오덤의 말을 잘 새겨 보자. 다음 장에서는 인류가 구가하고 있는 "고에너지 문명"은 "공짜 점심이 없다"는 불변의 진리를 벗어날 수 있을지 알아본다.

> 자율 구성은 생산과 진정한 부(임파워empower)의 사용을 최대화하는 시스템과 관계를 발전시킨다. 에머지와 트랜스포머티는 공공 정책이 환경과 사회의 진정한 부를 최대화하도록 안내하는 양적 척도의 역할을 한다.[22]

2 장

에너지와 사회

진화의 원리를 통해 진짜 아담은 동물이었음을 알게 됐으며, 에너지의 원리에 따르면 진짜 자본가는 식물인 것이 입증된다. 우리가 거쳐 가고 있는 화려한 시대는 우리 자신의 장점 때문이 아니라 석탄기로부터 태양 에너지의 축적물을 물려받아서 생명이 처음으로 (태양 에너지로부터 얻는) 수입을 벗어나서 살아갈 수 있게 되었기 때문이다.

— 프레더릭 소디[1]

오마하의 현인이 이해하지 못한 에너지의 비밀

"오마하의 현인"이라 불리는 투자의 귀재 워런 버핏Warren Buffett에게도 코로나 팬데믹은 시련의 시기였다. 버핏의 '버크셔 해서웨이'가 소유한 90개가 넘는 업체 대부분은 팬데믹으로 인해 큰 손실을 입어 전체 수익률이 10% 이상 하락했다.2 특히 항공기 부품 전문 업체인 '프리시전 캐스트파츠'는 기업 가치가 98억 달러나 감소하고 1만 명의 직원을 해고해야 했다. 미국의 대형 항공사 주식을 다량 보유했던 버핏은 계속된 항공 산업의 침체에 따른 손실을 견디지 못하고 60억 달러에 달하는 항공사 주식을 팔아 치웠다. 주식 투자의 신이 시쳇말로 '손절'의 상징이 된 셈이다.

버핏의 실패한 투자를 살펴보면 그가 팬데믹 기간 외에도 여러 차례 대규모 투자 손실을 경험했음을 알 수 있다. 버핏이 강조하는 '가치 투자'라는 게 사실은 주식을 싼 값에 사들인 후 경기가 상승할 때 되팔아 이익을 실현하는 것에 불과하다. 버핏도 종종 이런 타이밍을 놓쳤다는 것은 자본주의 경제 시스템에 내재한 복잡성과 불규칙성을 어떤 투자의 귀재도 제대로 예측할 수 없다는 사실을 상기시킨다.

2017년의 CNBC 경제 뉴스에는 버핏의 15가지 대형 투자 실패 사례들이 소개됐다.[3] 이 실패 사례들 중에서 특히 에너지 기업인 '코노코 필립스'의 경우가 경기 예측의 어려움을 잘 보여 준다. 2008년 금융위기가 발생했을 때 급격한 경기 하강으로 인한 수요 감소로 직전에 배럴당 145달러까지 치솟았던 원유 가격이 급락하게 되었다. 이때를 절호의 투자 기회로 여긴 버핏은 코노코 필립스의 주식 8,500만 주를 70억 달러를 주고 구매했다. 그러나 계속된 유가 하락에 의한 주식 손실이 불가피함을 내다본 버핏은 그의 투자자들에게 보낸 편지에서 자신의 예측이 "완전히 틀렸다dead wrong"며 투자 손실을 인정했다.

버핏도 제대로 예측할 수 없었던 2008년의 급격한 경기 변동의 이면에는 경기의 불규칙성과 함께 자본주의 경제의 과도한 석유 의존성이라는 비밀이 숨어 있다. 그런데 이 비밀은 자본주의 경제의 변동성을 주의 깊게 관찰한 사람이라면 누구나 알 수 있는 경제적 진실이다. 1장에서 공부한 생태계의 에너지 원리에 기초하여, 이제 우리가 "거쳐 가고 있는 화려한 시대"가 얼마나 석탄기의 유물인 화석연료에 의존하고 있는지를 살펴보자.

카머너와 생존의 과학

인류세의 가속기인 20세기 후반에 세계경제는 화석연료를 과소비하여 비약적으로 성장했고, 이에 발맞춰 부의 불평등과 환경 문제도 악화되었다. 지구의 날이 처음 정해진 1970년에 시사주간지 〈타임〉이 특집기사를 준비했다. "새롭게 부상하는 생존의 과학"이라는 설명과 함께 표지에 등장한 인물이 바로 배리 카머너다. 그 다음 해에 출간된 《원은 닫혀야 한다》에서 카머너는 "환경에 강한 영향을 주는 생산 기술이 덜 파괴적인 기술을 대체했다. 환경위기는 이러한 반생태적인 성장 유형의 필연적인 결과다"라며 문제의 핵심 원인을 제시한다. 카머너가 완곡하게 표현한 '생산 기술'은 오직 자본 축적만을 위해 화석연료와 자원을 남용하고 환경오염을 불사하는 자본주의 생산체제를 의미한다.

카머너가 제 2차 세계대전 이후 자본주의 세계경제가 급성장한 이면에 '생태적 자본ecological capital'의 남용과 오염이 야기하는 '생태적 채무ecological debt'의 축적이 숨겨져 있음을 폭로했을 때, 하워드 오덤은 세계경제의 장기 변동을 예측할 수 있는 에너지 원리를 정립하고 있었다. 오덤은 1장에서 살펴본 생태계의 에너지 원리에 기초해서 20세기의 비약적 경제 성장을 "파워 과잉power enriched"의 상태로 보고, "언제든지 파워가 부족해지면 진보는 증발한다"고 단언한다.[4]

앞에서는 과학 용어로서 파워를 '단위 시간당 유용한 에너지 흐름'으로 정의했는데, 인간사회에서 파워는 '인간 행위의 능력이나 효율성'의 의미로 사용된다. 군사력이나 경제력 같은 일상용어에 들어 있는 파워의 의미는 한 집단 내의 개인들을 결속하여 협력하게 함으로써 전체 집단의 행위능력이 타 집단보다 우세해지는 것을 나타낸다. 모든 인간 행위를 파워라는 물리적 정량 척도로 나타낼 수 있으므로, 오덤은 인간사회도 결국은 에너지 법칙의 지배를 받을 수밖에 없다고 주장한다. 즉, "에너지원의 가용도가 이루어지는 일의 양을 결정하며, 이러한 파워의 흐름power flow에 대한 조절이 인간 활동과 그로 인해 자연에 가해지는 상대적 영향에 대한 파워를 결정한다."[5]

오덤은 1장에서 소개한 '최대 파워 원리'에 기초해서 자본주의 경제 시스템은 사익을 추구하기 위해 최선을 다하는 참여자들의 자율 구성이 최대한의 자원 활용과 자본 증식을 가능하게 한다고 보았다. 그러나 태양 에너지에 기반한 자연생태계와 달리 2세기도 안 되는 짧은 기간 동안 세계경제의 규모는 급속도로 팽창하여 이제는 초기의 '과성장overgrowth' 단계를 지나 화석연료 같은 비재생 자원의 가용도 및 이용 효율에 의해 성장이 제약되는 저성장 단계에 도달했다. 세계경제의 성장 유형은 생태학에서 개체군 성장을 묘사할 때 사용하는 'S자형 성장'을 닮아 가고 있다.

자원이 제한된 조건에서 개체군의 성장은 초기의 지수적exponential 급성장 단계를 지나 성장 속도가 0이 될 때까지 완만하게 감소하는 S자형의 성장 곡선을 나타낸다. 이 S자형 성장 곡선을 처음 수식으로 설명한 이가 벨기에의 수학자 베르헐스트Pierre François Verhulst이다. 그는 1845년 〈벨기에 왕립학회보〉에 발표한 논문에서 기존에 알려진 지수적 성장 곡선으로 설명할 수 없는 S자형 성장 곡선을 '로지스틱logistic 곡선'이라 불렀다. 그는 왜 프랑스어로 'logistique'라는 단어를 사용했는지 설명하지 않았는데, 이제는 '지수적' 곡선이라 부르는 '기하급수적' 곡선에 대칭되는 용어로 사용한 것으로 추정된다. 6

S자형 성장 곡선은 개체군의 성장뿐만 아니라 제한적 환경조건에 의해 성장이 제약되는 다양한 자연과 사회의 현상을

설명하는 데 활용될 수 있다. 개체군 성장의 경우 성장 속도가 0이 될 때의 개체군 크기를 '수용 능력carrying capacity'이라 하는데, 특정한 환경조건이 수용할 수 있는 최대의 개체수를 의미한다. 지난 100여 년 동안 화석연료라는 기적의 에너지 덕분에 지수적 성장을 보인 인구와 세계경제는 언제 수용 능력에 도달하게 될까? 이제 인구와 경제의 성장에 제동을 거는 에너지 문제의 현황을 살펴보자.

프로메테우스의 불

오늘날 주류 경제학은 경제를 가동하는 데 필수적인 물질적 기반을 배제하고 수요와 공급이 가격을 결정하는 미시적 경제 현상에만 집중하고 있다. 이렇게 경제학자의 시야가 좁아진 것은 신고전파가 경제학의 주류로 자리 잡게 된 1870년대 이후의 일이다. 20세기 후반에 들어서는 경제 문제를 제대로 이해하기 위해서는 물적 토대가 되는 자원의 제약을 제대로 이해해야 된다는 인식이 다양한 학문 분야에서 생겨났다. 특히 주목해야 할 움직임은 1980년대 이후 '생물리적 경제학

biophysical economics'이라는 다소 생소한 이름을 가진 융합 학문의 등장이다. 1984년 과학 저널 〈사이언스〉에 발표된 "에너지와 미국 경제: 생물리적 관점"이라는 제목의 논문은 앞으로 생물리적 경제학이 중요한 경제 분석 방법론이 될 것을 예고했다.7

생물리적 경제학이 경제의 에너지 의존성을 구체적 자료로 입증하기 훨씬 전에 당대의 고전 경제학이 놓치고 있던 에너지의 중요성을 분명하게 인식한 정치경제학자가 있었다. 마르크스는 아나키스트 사회주의자인 푸르동Pierre-Joseph Proudhon의 《빈곤의 철학》(1846)을 비판한 책 《철학의 빈곤》(1847)에서 당대에 가용한 에너지가 사회적 생산의 성격을 규정한다는 생물리적 경제 분석을 다음처럼 표현했다. "수동 방앗간hand-mill이 봉건 영주가 있는 사회를 낳고, 증기 방앗간steam-mill은 산업 자본가의 사회를 만든다."8 마르크스는 생산 양식이 사회적 관계를 결정함을 강조하기 위해 수동 방앗간과 증기 방앗간을 대비한 것이지만, 이 사례에는 육체노동에 의한 수공업적 생산이 점차 화석연료로 가동되는 기계적 생산으로 대체되던 생산 양식의 변화가 에너지 전환의 결과임이 명확하게 표현되어 있다.

경제가 부를 생산하고 분배하는 모든 인간 활동의 총화라고 할 때, 현대 산업문명을 유지하기 위해서는 모든 경제 활동의 '생물리적' 원천인 화석연료가 어느 정도 필요할까? 이 질문에 답하기 위해 다음과 같은 간단한 계산을 통해 세계경제를 가동하는 데 필요한 화석연료의 양을 가늠해 보자. 현재 세계경제가 제공하는 모든 재화와 용역을 생산하기 위해서 투입되는 화석연료의 양을 구해 보는 것이다. 세계경제가 제공하는 재화와 용역의 총합을 나타내는 지표로 세계은행이 제공하는 세계 국내총생산GDP: Gross Domestic Product 자료를 이용할 수 있으며, 세계 GDP 총계를 얻기 위해 투입되는 에너지 총량은 석유기업 BP의 에너지 연감에서 확인할 수 있다.

에너지 총량을 GDP 총액으로 나누면 1달러어치의 GDP를 생산하는 데 필요한 에너지양을 알 수 있다. 이 값은 1달러당 5메가줄megajoules 정도로, 커피 컵 반 잔 분량의 석유를 사용해서 얻을 수 있는 에너지양이다.[9] 대기 상층부의 표면 1제곱미터에 1시간 동안 유입되는 태양 에너지가 대략 5메가줄 정도이니, 간단한 달러-에너지 계산을 통해 현재 세계경제가 생산하는 막대한 부를 얻기 위해 얼마나 많은 화석연료가 사용되어야 하는지를 가늠해 볼 수 있다. 1장에서 소개한 트랜스포메티와 에머지 개념을 기억한다면, 세계경제를 가동하기 위해 필요한 화석 에너지와 연관된 태양 에너지의 양이 에너지 통계에 드러나는 값보다 수만 배 이상 높다는 것도 쉽게 유추할 수 있다.

현재 인류가 세계경제를 가동하기 위해 사용하는 에너지양을 생물 진화 과정에서 발생한 몇 차례 에너지 혁명과 비교해 보기 위해 1장에서 소개했던 티모시 렌턴의 총설 논문을 다시 참고해 보자. 이 논문에 따르면 인류의 역사를 통해 총 세 번에 걸쳐 인간사회에 유입되는 자유 에너지의 양이 급격하게 증가했다. 생물권의 물질대사와 달리 인간사회에만 고유한 사회적 물질대사는 프로메테우스의 불이 가져다주었다. 약 80만 년 전 아프리카에 살던 호모 에렉투스가 먹이를 굽기 위해 불을 피운 행위가 인간이 사회적 물질대사의 연료를 창의적 방법으로 확보한 첫 시도로 볼 수 있다. 이렇게 의도적으로 불을 사용함으로써 인간은 생리적 에너지 요구량의 2~4배에 달하는 에너지를 얻을 수 있게 되었으며, 인간에 의한 총 연간 에너지 획득량이 최대 60페타줄petajoule(1페타줄 = 10^{15}줄)까지 증가하게 되었다(〈그림 1-1〉).

지금으로부터 1만 1,700년 전쯤 홀로세Holocene 초기에 오스트레일리아를 제외하고 모든 대륙으로 퍼져 나간 호모 사피엔스는 생존을 위해 야생의 식물과 동물을 길들여 필요한 먹이를 얻는 새로운 사회적 물질대사를 실험하기 시작했다. 이러한 농업 활동의 결과 선택된 작물의 재배를 통해 단위 토지 면적당 생산량이 크게 증가했다. 이후 B.C. 7000년경에는 복잡한 농경 문명이 출현하기 시작했으며, 식량과 연료 같은 바이오매스가 여전히 가장 중요한 에너지원이었으나 풍력과 수력이라는 새로운 에너지원도 찾아냈다. 농업을 통한 생산성 증가로 인해 인구와 에너지 사용량이 동시에 증가했을 뿐만 아니라 농경 문명의 재료가 되는 각종 자원의 사용이 초래하는 폐기물의 발생량도 늘었다. 신석기 시대에 이미 환경오염이 시작된 것이다. 농경 문명은 이후 A.D. 1500년경에 이르면 4억 5천만 명 정도의 인구를 부양하며 연간 에너지 사용량을 20엑사줄까지 증가시켰다. 이는 이전의 수렵 문명이 사용하던 에너지의 300배 이상에 해당한다.

산업혁명이 본격화된 1850년경 세계 인구는 13억 명으로 늘었으며 연간 에너지 사용량은 60엑사줄로 늘었다. 석탄은 오래전부터 연료로 사용되고 있었지만, 18세기 이후 영국을 중심으로 산업혁명의 불길을 지피는 연료로 대량 소비되면서 사회적 물질대사의 새로운 차원을 열게 된다. 세계 에너지 사용량은 이후 2000년까지 불과 150년 만에 600엑사줄로 10배가량 증가했다. 600엑사줄의 에너지는 육상의 모든 식물에 의한 '순 1차 생산NPP: Net Primary Production'의 3분의 1에 해당하는 막대한 양이다. 같은 기간에 인구가 60억 이상으로 증가하고 세계경제도 비약적으로 성장했으니 그에 따른 에너지 사용량의 폭발적 증가는 불가피한 결과다. 그러나 18세기 이전까지는 인류의 에너지 사용이 생물권을 통한 에너지 흐름의 아주 작은 부분을 차지했기 때문에 화석연료가 불 지핀 지난 2세기 동안의 에너지 혁명은 지구 역사 전체에서 매우 이례적 사건으로 볼 수 있다.

프레더릭 소디의 말처럼, 문명의 진보는 "에너지원에 대한 장악과 통제"의 과정이다. 인류가 사용해 온 에너지원을 순서대로 살펴보면, 식물과 동물에서 시작해서 수력과 풍력 및 화석연료를 거쳐 20세기 이후에는 원자력과 수소 에너지까지 궁극적 에너지원에 점차 가까이 다가가며 에너지 공급량을 확대해 왔다. 이런 발전을 통해 생명 유지를 위한 경제 활동에 에너지를 효율적으로 공급할 수 있는 "단축 회로short-circuit"를 만들어 온 셈이다.[10] 이제 화석연료를 이용한 단축 회로가 자본주의 경제성장에 필요한 에너지를 언제까지 충분하게 공급할 수 있을지 알아보자.

자유의 에너지와 자본주의 경제

값싼 화석연료의 안정적 공급이 없었다면 산업혁명 이후의 비약적 경제성장은 불가능했을 것이다. 19세기 중반 이후 석탄 사용량이 크게 증가했으며, 20세기 중반 이후에는 석유와 천연가스 사용량이 폭발적으로 증가했다(〈그림 2-1〉). 이러한 화석연료 사용량 증가와 비례해서 세계 GDP 총액도 거의 1 대 1 대응 관계를 보이며 증가했다. 물리학자 출신의 경제학자 로버트 아이레스Robert Ayres는 자신이 고안한 성장모형을 활용하여 1900년 이후에 관찰된 미국, 영국 및 일본의 경제성장이 화석연료 사용으로 인해 에너지 비용이 감소했기 때문에 가능했음을 실증했다.[11] 마르크스는 《자본》 3권에서 자본-이자, 토지-지대 및 노동-임금을 자본주의적 생산의 "삼위일체 정식"으로 제시했는데,[12] 아이레스는 자본, 노동 및 에너지를 경제성장의 3요소로 보았다. 같은 해에 출간된 책 《버블 경

〈그림 2-1〉 세계 1차 에너지 소비량과 GDP의 장기 추세(1800~2019)[13]

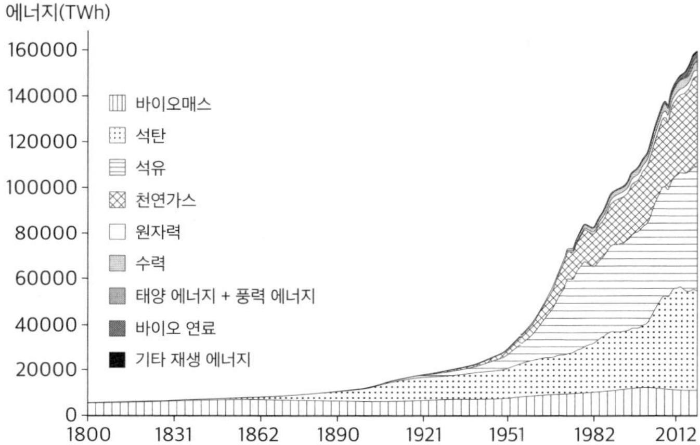

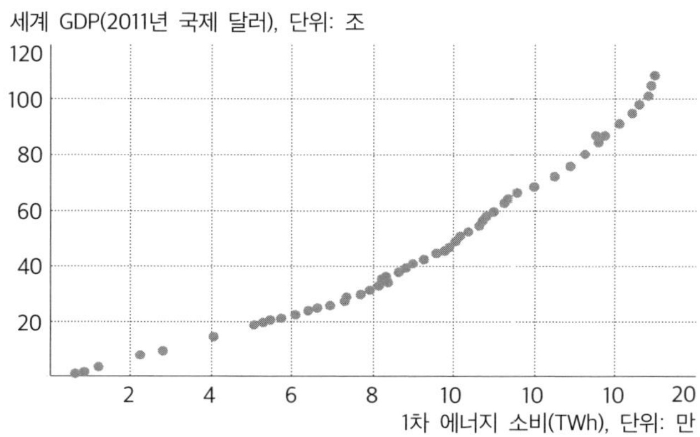

제》에서 아이레스는 한 걸음 더 나아가 자본주의 경제의 지나친 화석연료 의존성 때문에 석유 가격의 변동성이 최근의 대형 경제 버블의 주요한 원인으로 작용했다고 주장한다.14

경제성장이 화석연료의 원활한 공급에 의존한다는 사실을 주류 경제학자들은 심각하게 고려하지 않고 있다. 경제학 교과서에 나오는 경제성장 모형을 정초한 로버트 솔로Robert Solow는 경제성장을 결정하는 생산의 함수를 자본과 노동이라는 두 입력 변수와 기술력이라는 조절 인자로 설명했다.15 그 자신뿐만 아니라 4명의 제자들이 노벨 경제학상을 수상할 만큼 주류 경제학에 큰 영향력을 끼친 솔로의 성장 이론은 에너지와 자원을 완전히 무시하고 있음에도 불구하고 대표적 경제 이론으로 굳건히 자리를 지키고 있다.

석유의 발견은 산유국뿐만 아니라 산업혁명 이후 비약적 경제성장을 이룬 나라에게도 경제적 축복을 가져다주었다. 그러나 산업혁명이 가져다준 축복은 안타깝게도 미국을 포함한 서구의 일부 국가들에게만 한정되었다. 이는 경제사학자 앵거스 매디슨Angus Maddison과 네덜란드 흐로닝언Groningen대의 후배 연구자들이 구축한 국가별 장기 GDP 자료를 비교해 보면 쉽게 확인된다. 서부 유럽과 매디슨이 "서구 곁가지Western offshoots"라 부른 미국, 캐나다, 호주, 뉴질랜드의 1인당 GDP는 19세기 후반에 아시아, 아프리카 및 남미와는 뚜렷한 차이를 보이며 증가하기 시작했으며, 특히 제 2차 세계대전 이후에는 증가 폭이 전례 없이 가파른 양상을 보였다.16 장기적 GDP 증가 추세에도 불구하고 전 세계적으로 GDP가 증가하지 못하고 몇 년간 주춤했던 때도 여러 번 있었다. 1930년대의 대공황, 제 2차 세계대전, 그리고 가장 최근에는 2008년의 금융위기가 대표적인 세계경제의 위축기로 GDP 추세선에 뚜렷한 흔적을 남겼다. 아이레스가 주장한 것처럼 이런 경제 위기의 근원에 화석연료 수급의 불안정성이 도사리고 있다면, 전 세계 화석연료 생산이 이미 정점을 지났다는 이른바 '피크 오일Peak Oil'의 시대에는 다른 구조적 요인을 제외하더라도 에너지 문제로 인해 경제위기가 더욱 빈번해질 수밖에 없을 것이다.

피크 오일 시점에 대해서는 여전히 논쟁이 지속되고 있지만, 석유기업 BP가 2020년에 발간한 《세계 에너지 통계 연보》에는 세계 석유 생산의 최신 변화를 확인할 수 있는 중요한 통계자료가 들어 있다. 1994년부터 2019년까지 주요 지역별 석유 생산량 추이를 보면, 최근 10년간 북미를 제외한 대부분의 지역에서는 석유 생산량이 큰 변화가 없거나 약간 줄어드는 경향을 보였음을 알 수 있다.17 만약 2010년 이후 미국과 캐나다에서의 석유 생산량 증가를 제외한다면 전 세계 석유 생산량은 이미 정점에 도달한 후 정체 양상을 보였을 것이다.

과연 미국과 캐나다에는 어떤 일이 일어났을까? BP의 통계 자료에 따르면 미국의 경우 2009년에 하루에 7,267배럴에 불과했던 석유 생산량이 2019년에는 1만 7,045배럴로 10년 사이에 자그마치 135%의 증산이 이루어졌다. 트럼프가 최근의 미국 경제 활성화를 자신의 치적으로 내세웠지만, 이러한 석유 증산으로 인한 유가 하락이 시장의 막후에서 강력한 영향력을 행사했던 것이다. 기후변화가 21세기에 인류가 직면한 가장 중요한 위기로 부상하면서 과도한 화석연료 사용이 기후변화의 원인으로 비난받고 있지만, 쇠퇴하는 미국 경제의 활력을 되살리기 위해서는 화석연료의 긴급 수혈이 필요했던 것이다. 2019년 미국 에너지부가 화석연료를 "자유의 분자"로 칭송한 것은 결코 지나친 립 서비스가 아니었던 셈이다.18

지금까지 살펴본 에너지와 자본주의 경제의 밀접한 관계를 고려하면, 피크 오일 이후에 갈수록 생산 비용이 증가하는 화석연료라는 '자유의 에너지'를 어떻게 안정적으로 공급받을 수 있을지, 아니면 빠른 시간 내에 화석연료를 대체할 다른 자유 에너지의 원천을 발견해 낼 수 있을지가 앞으로 자본주의 세계경제의 생명 연장을 위한 중요한 과제이다.

이 점을 누구보다 심각하게 인식하고 뜻밖의 장소에서 대안을 찾고 있는 이가 있다. 세계 최고 부자 제프 베이조스는 2000년에 설립한 항공기업 '블루 오리진'의 운영을 위해 아마존 주식을 매해 10억 달러 이상 현금화해 왔다. 그는 2019년에 행한 한 연설에서 왜 지구를 지키기 위해서 우주 개발이 필요한지를 역설했다. 베이조스가 생각하기에는 지구가 처한 가장 큰 문제는 환경 문제가 아니라 에너지의 고갈이다. 그가 구상하는 우주 식민지에서는 무한한 에너지원을 이용해 무한한 경제성장이 가능하다는 것이다.19

에너지 산업의 구조 변화와 기술 혁신을 통해 멀지 않은 미래에 에너지 전환을 이루게 될 거라는 장밋빛 낙관론이 제시되기도 하지만, 문제는 전환의 규모와 속도다. 9장에서 자세히 다루겠지만, 앞으로 30년이 채 남지 않은 2050년까지 탄소중립을 달성할 가능성은 높아 보이지 않는다. 한 가지 확실한 것은 대안을 찾아 가는 전환기에 화석 에너지 산업의 지지를 받는 세력과 신·재생 에너지 정책을 표방하는 세력 간의 대립이 심화될 수밖에 없다는 사실이다.

대통령 취임식을 마친 바이든이 기존의 트럼프 정책들을 뒤엎는 행정명령을 쏟아 내면서 가장 먼저 〈파리협정〉 재가입과 관련된 에너지 정책을 시작한 것은 에너지 전환기의 상징적 모습으로 비쳤다. 바이든이 화석연료 관련 행정명령을 내린 직후 CNN은 텍사스 주지사 그렉 애벗Greg Abbott이 "2021년 메테인 내전의 첫 발을 발사했다"고 보도했다. 바이든의 행정명령에 따라 직격탄을 맞게 된 텍사스의 석유기업들 편에서 그렉 주지사는 "워싱턴 DC에서 발사된 적대적 공격으로부터 석유 및 가스기업들을 보호하겠다"고 선전포고했다. 트럼프의 몰락 과정에서 볼 수 있었던 것처럼 영리한 기업가들은 주지사의 편이 아님을 분명히 했다. 베이조스가 만든 환경기금인 '어스 펀드Earth Fund'는 인공위성을 이용해 메테인 누출을 감시하는 프로젝트에 1억 달러를 지원했다.[20] 화석 에너지와 신·재생 에너지 산업의 대리전쟁이 펼쳐질 정치판의 판세를 누가 결정하게 될지 짐작해 볼 수 있는 대목이다.

세계 제일의 부자 베이조스는 이제 새로운 시장을 개척하기 위해 우주로 눈을 돌리고 있다. 그는 경쟁자인 일론 머스크와 리처드 브랜슨을 따돌리고 우주관광 사업을 선점하기 위해 직접 우주선에 몸을 실었다. 2021년 7월 20일 그의 '블루 오리진'이 개발한 자율조정 로켓인 '뉴 셰퍼드New Shepherd' 호를 탄 베이조스는 동승자 3인과 함께 시속 3,700킬로미터로 우주 경계선으로 불리는 고도 106킬로미터까지 올라가서 3분 동안의 짧은 우주 체험을 마친 후 지구로 귀환했다.

아마존 노동자의 열악한 근무 환경을 외면한 채 세계 제1의 부자가 된 억만장자가 부자들을 위한 "즐거운 여행joyride"을 위해 엄청난 양의 온실기체를 배출하는 우주선 사업에 몰두한다는 비판에 대해 베이조스는 지구의 위기를 해결하기 위해 우주로 나갈 수밖에 없는 절박함을 호소한다. 다음 장에서는 베이조스 같은 기업가들이 해결할 수 없는 위기의 실태에 대해 살펴본다.

> 우리는 둘 다 해야 한다. 우리는 여기 그리고 지금 지구상에 많은 문제를 가지고 있다. 우리는 이 문제들을 해결해야 하며 또한 미래를 내다봐야 한다. 우리가 항상 한 종으로서 그리고 한 문명으로서 해왔던 것처럼 두 가지 일을 다 해내야 한다. 21

3 장

성장 vs. 쇠퇴

기록이 남아 있는 가장 오래된 시기, 그러니까 B. C. 2000년 정도부터 시간이 흘러 18세기 시작할 즈음까지 지구의 문명 중심지에 살던 보통 사람의 삶의 스탠더드는 크게 변하지 않았다. 분명히 부침은 있었다. 전염병의 창궐, 기근, 그리고 전쟁 사이의 황금기. 그러나 어떤 진보나 급격한 변화는 없었다.

— 존 메이너드 케인스[1]

종말의 날: 2026년 11월 13일, 금요일

사이비 종교의 종말 예언 같은 제목의 논문 한 편이 1960년 〈사이언스〉에 발표되었다. 이 논문의 예측에 따르면 인류는 2026년에 대재앙에 직면하게 된다.2 이 논문은 1960년까지 관찰된 인구 증가의 속도가 유지된다면 정확하게 2026년 11월 13일에 인구가 무한대에 도달하여 파국적 재앙이 초래될 거라고 예측한다. 이 논문의 주저자인 하인즈 폰 푀르스터 Heinz von Foerster는 오스트리아 태생의 미국 물리학자로 철학과 사이버네틱스에도 조예가 깊었던 만능 과학자다. 그는 이 논문에서 인구 통계에 기초해서 미래의 인구 증가를 예측하는 이른바 "종말 방정식Doomsday Equation"을 제안했다. 논문이 발표된 시점부터 불과 60여 년 만에 인구가 무한대로 증가할 수 있다는 예측에 대해 "대부분의 생물 개체군이 지수적 증가가 아니라 환경적 요인에 의해 제약되는 S자형의 로지스틱 증가를 나타낸다"는 생물학 기초 지식을 무시했다는 비판이 뒤따랐다. 2026년이 몇 년 남지 않은 시점에서 굳이 예측의 이론적 정합성을 따질 필요 없이, 2026년의 세계 인구를 80억대 초반으로 추정한 UN의 최신 인구 예측을 통해 푀르스터의 예

측이 억측이 되었음을 쉽게 확인할 수 있다.[3]

이전의 많은 종말론 사례들이 보여 준 것처럼 시기를 특정하는 구체적 예언은 머지않은 미래에 실패가 증명됨으로써 예언자의 신뢰를 땅에 떨어뜨린다. 19세기 미국에는 여러 신흥종교의 예언자가 등장했다. 예수의 재림을 확신했던 윌리엄 밀러William Miller는 〈다니엘서〉 8장에 나오는 "2,300날까지라, 그때에 성소가 정결하게 되리라"라는 구절의 2,300날을 2,300년으로 자의적으로 해석해서 1844년 3월 21일에 예수가 재림할 것이라고 예언했다. 예언한 날에 아무 일도 생기지 않자, 밀러는 계산이 잘못됐다며 그해 10월 22일로 재림일을 수정했지만, 결국 그의 예언은 거짓으로 입증됐다.[4]

한국에서는 코로나바이러스 1차 파동을 초래해 이목을 끌었던 신천지(신천지예수교장막성전)의 뿌리로 알려진 장막성전이 거짓 종말 예언의 한국판 사례를 보여 주었다. 1966년 18세의 어린 교주 유재열에 의해 설립된 장막성전은 〈요한계시록〉을 근거로 "말세에는 14만 4천 명이 구원을 받는다"고 주장했다. 이 말에 속은 교인 5천여 명이 청계산의 공동 거주지에 모여들어 종말을 기다렸다. 유재열은 장막성전이 설립된 1966년 3월 1일을 기점으로 1,260일이 지나면 예수의 재림이 이루어진다고 종말의 날을 특정했다. 그러나 막상 예언한 날인 1969년 11월 1일이 되었지만 아무런 일도 벌어지지 않았다.5

인류와 지구환경의 미래에 대한 예측이 거짓으로 입증된 종말 예언의 전철을 밟지 않으려면, 과거부터 현재까지 이어지고 있는 추세와 경향으로부터 미래에 전개될 수 있는 여러 가지 가능성을 비교하는 신중한 자세가 필요하다. 인류의 역사에 내재된 물리적 법칙성을 탐구하고 있는 생물학자 피터 터친Peter Turchin의 연구는 역사의 경향성을 파악하는 데 중요한 단서를 제공한다. 2018년 〈미국국립과학원회보*PNAS*〉에 발표된 논문에서 터친의 연구진은 1900년을 기점으로 인간사회가 복잡성의 일정한 임계치를 넘어선 사실을 확인함으로써 사회경제적 위기와 기후·환경 위기가 중첩되고 있는 현실을 분석하는 데 중요한 시사점을 제공했다.6 장기적 복잡성의 증가 추세는 인간사회도 앞서 살펴본 로트카의 '최대 에너지 플럭스'가 적용되는 시스템임을 상기시킨다. 20세기 이후의 급격한 복잡성 증가를 지탱할 수 있는 에너지 공급이 앞으로도 지속될 수 있을까? 문명의 흥망성쇠를 에너지 관점에서 설명하는 최근의 연구를 살펴보면, 역사상 그 어떤 문명도 엔트로피 생성이 최고점에 도달한 후에 지속가능한 에너지원을 확보하지 못할 경우에는 안정 상태를 벗어나 쇠락의 길로 들어서지 않을 수 없었다.[7]

문명의 흥망성쇠에 대한 많은 역사적 사례에도 불구하고 진보와 무한성장의 마술에 사로잡힌 현대인은 우리가 누리는 물질적 풍요가 순식간에 사라질 수 있다는 사실을 쉽게 받아들이지 않는다. 경제사학자 조엘 모키르Joel Mokyr의 말처럼 진보는 근대의 발명품이다.[8] 이 장에서는 무한성장에 대한 과도한 집착에도 불구하고 성장의 한계에 직면한 암울한 현실에 대해 알아본다. 특히 자본주의 생산의 세계화가 인간사회와 생태계에 초래하는 피해를 경제, 사회 및 환경의 부채라는 관점에서 평가한다.

성장 신화와 저성장의 불안

진보가 측정하는 것이 쉽지 않은 추상적 개념인 데 비해, 쉽게 수치화될 수 있는 경제성장은 19세기 이후 급격히 확장된 세계 자본주의 경제체제의 지도 이념이 되었다. 경제사학자

맥닐John R. McNeil은 경제성장을 "20세기의 가장 중요한 사상"이라고 불렀으며, 실제 경제성장은 20세기를 대립의 세기로 만든 자본주의와 공산주의 간의 이념 경쟁을 판가름하는 중요한 기준이 되기도 했다. 반골 경제학자 케네스 볼딩Kenneth Boulding은 1973년 미 의회 청문회에서 "유한한 세계에서 지수적 증가가 영원히 지속될 수 있다고 믿는 사람은 미치광이거나 경제학자"라며 경제학의 성장 중독을 비난했다.9 자본주의 경제의 무한성장에 대한 집착을 그 누구보다 냉소적으로 비판한 이는 마르크스다. 《정치경제학 비판 요강*Grundrisse*》에서 마르크스는 잉여가치를 증가시키기 위해 부단히 운동하는 자본은 "진주 샐러드를 마구 삼켜서라도" 소비를 "망상적인 무한"까지 늘리려 한다며, 무한 축적을 위한 자본의 운동이 경제성장의 본질임을 지적했다.10

오늘날 GDP는 경제성장을 나타내는 다른 어떤 지표보다 자본주의 경제의 물질적 성취를 손쉽게 평가하는 도구로 각광받고 있다. GDP는 일정 기간 한 국가에서 생산되는 모든 재화와 용역의 금전적 가치를 표시한다. 1930년대 대공황과 이후 제 2차 세계대전 및 전후 복구 과정에서 정부의 적극적 시장 개입과 케인스주의 경제 정책 수립을 위해 국가 경제의 규모를 정량적으로 파악할 필요성이 커진 것이 GDP가 도입된 계기가 되었다.[11] '쿠즈네츠 파동Kuznets Curve'으로 유명한 노벨 경제학상 수상자 사이먼 쿠즈네츠Simon Kuznets가 1930년대 초에 의회의 요청으로 미국의 국가 수입을 측정한 것이 최초의 GDP 사용 사례로 알려져 있다. 한 국가가 창출한 부를 수치 하나로 표시할 수 있다는 장점에도 불구하고, GDP는 계산에 내재된 여러 불확실성부터 달러 가치로 표시된 국가의 부가 그 국가의 복잡한 사회경제적 상황을 대변할 수 있는지에 대한 근본적 비판까지 그 효용에 대한 의문이 지속적으로 제기되었다. 국민총행복GNP: Gross National Happiness 같은 대안적 개념이 제시되어 부탄 같은 나라의 국정 지표로도 쓰이긴 했지만, GDP를 대체할 수 있는 경제 지표는 아직까지 등장하지 않고 있다.

앵거스 매디슨의 선구적 경제사 연구에 힘입어 유럽을 중심으로 세계 많은 나라들의 장기 GDP 데이터베이스가 구축되어 있다.[12] 이런 장기 GDP 자료를 보면 산업혁명은 분명히 유럽을 중심으로 세계경제가 성장하는 데 기폭제로 작용했다. 세계경제의 규모가 19세기의 1차 도약을 거쳐 20세기 이후 폭발적으로 증가한 것이 GDP 수치의 변화로 확인된다.

그러나 이런 선형적 경제성장에 대해서는 검증되지 않은 신화가 있다. 무엇보다 장기적 정체 상태가 지속되던 유럽의 경제가 산업혁명 이후 급격하게 성장했다는 통념이 대표적이다. 케인스는 산업혁명 전의 유럽 경제를 특징짓는 "느린 진보" 혹은 "진보의 부재"의 주요한 원인으로 "중요한 기술적 개선의 현저한 부재"와 "자본 축적의 실패"를 꼽았다.13

최근의 경제사 연구는 케인스의 주장을 반박하는 장기 자료를 제시하고 있다. 푸케R. Fouquet와 브로드베리S. Broadberry가 2015년에 발표한 논문에는 1300년부터 1800년까지 유럽 6개국의 1인당 GDP의 역사적 부침이 그림 자료 하나에 재구성되어 있다.14 이 자료를 보면 산업혁명 이전의 유럽 경제가 장기간 침체 상태였다고 보기는 어렵다. 세기마다 새로운 경제 강국이 등장했으며, 신흥 강국의 경제는 50년 이상의 기간 동안 성장하다가 침체기로 빠지거나, 침체기 후 전반적으로 향상되기도 했다. 예를 들면, 이탈리아의 1인당 GDP는 15세기 중반에 정점을 찍고 이후 계속해서 감소한 반면에, 17세기에 황금기를 맞은 네덜란드의 1인당 GDP는 18세기 이후에도 유럽 최고 수준을 유지하며 신흥 강국으로 부상하던 영국보다 높은 수치를 보였다. 자료에 등장하는 6개국 모두에게 공통된 현상으로 경제가 성장하면 반드시 쇠퇴하는 시기가 뒤따랐다.

18세기 이후의 비약적 경제성장에 기초하여 케인스는 낙관적 전망을 제시했다. "중대한 전쟁이나 인구 증가가 없다고 가정하면 100년 이내에 경제 문제는 해결되거나 최소한 해결 전망이 보일 것이다. 이 말은 우리가 미래를 내다볼 경우 경제 문제가 인류의 영구적 문제는 아니라는 의미다."[15] 이러한 케인스의 예측은 반은 맞고 반은 틀렸다. 대공황과 제 2차 세계대전이 초래한 사회적 혼란을 극복하기 위해 시작된 수정자본주의적 국가 개입은 세계경제를 다시 성장 트랙으로 이끌었다. 케인스가 예측한 대로 자본 축적과 기술 혁신은 자본주의 경제의 새로운 도약을 가능하게 했다. 그러나 자본주의 경제의 성장이 케인스가 꿈꾼 대로 인류의 복지를 증진하는 목표를 달성하기 위한 것은 아니었다. 전후의 불가피한 시대 상황 속에서 인간적 가치가 가미된 수정자본주의가 도입되었지만, 중단 없는 축적이라는 자본의 유일한 목적이 사라진 것은 아니다.

케인스의 예측이 맞았는지를 확인해 보기 위해 푸케와 브로드베리의 GDP 자료를 21세기까지 확장해 보자. 이전에는 소수의 경제학자들만 접근할 수 있었던 희귀 자료를 요즘은 누구나 인터넷을 통해 쉽게 찾아볼 수 있다. 먼저 15세기 이후 유럽 경제를 주도한 스페인과 영국의 1700년 이후 1인당 GDP의 장기 변화를 비교해 보았다(〈그림 3-1〉). 각 세기별로 강대국의 부침에 따라 1인당 GDP의 순위가 달라졌지만, 19세기 후반 이후 주요 유럽 국가들의 1인당 GDP는 급격하게 증가하여 2000년 이후에는 3만 달러를 넘어섰다. 케인스가 예측한 대로 유럽의 경제는 19세기와 20세기를 거치면서 일견 '경제 문제'가 해소된 것처럼 보일 수 있다. 20세기 이후 세계경제의 중심이 된 미국과 20세기 후반에 무서운 속도로 유럽과 미국의 경제를 뒤쫓고 있는 동아시아 3개국(일본, 한국, 중국)도 시차를 두고 유럽이 지난 2세기 동안 이룬 경제 수준을 이미 초과했거나 조만간 도달할 것으로 예측된다.

연간 GDP 증가율 그래프에는 전년도 GDP 대비 당년도 GDP 증가율이 백분율로 표시돼 있다. 3대륙 주요 국가의 1인당 연간 GDP 증가율을 보여 주는 두 그래프는 마치 심장의 박동을 나타내는 심전도 그래프처럼 경제의 박동이 시대 상황에 따라 어떻게 변화했는지를 보여 준다. 대부분의 나라에서 GDP 증가율은 19세기까지는 비교적 소폭의 변화를 되풀이했지만, 두 차례의 세계대전과 대공황이 있었던 20세기 전반

〈그림 3-1〉 유럽, 미국 및 동아시아 5개국의 2011년 미국 달러 기준 1인당 GDP(왼쪽)와 연간 성장률(오른쪽)의 장기(1700~2016) 변화[16]

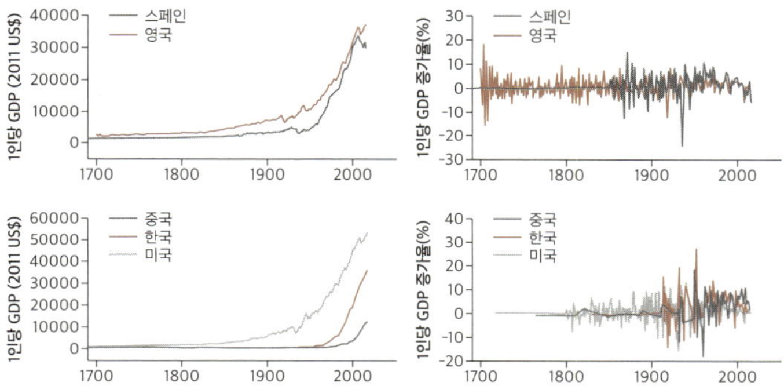

에는 감소와 증가 폭이 50%를 넘나들었다. 제 2차 세계대전 이후 20여 년 동안 유럽과 미국의 GDP 증가율은 비교적 장기간 안정세를 보여 케인스의 꿈이 실현된 것으로 착각하게 한다. 그러나 20세기 말부터 이들 국가의 GDP 증가율은 기껏해야 1~2% 수준을 넘지 못하며 지속적으로 감소하고 있다.

한국과 중국의 1인당 GDP 증가율은 21세기 들어서도 여전히 서구보다는 높은 수준이지만, 최근 들어서는 뚜렷한 감소세를 보이고 있다. 한국의 경제성장률은 2010년 6.8%에서 코로나 팬데믹의 영향을 크게 받은 2020년 -0.9% 수준까지 지속적으로 하락했다. 이런 추세에 기초해 한국경제연구원은 한국의 잠재성장률이 향후 10년 내에 0%대에 진입할 수 있다고 경고했다.[17] 2008년 금융위기 발생 후 중국 정부는 막대한 재정을 투입하여 경기 부양에 힘썼고 그에 따른 중국의 GDP 성장은 세계경제가 금융위기의 수렁으로부터 빠져나오는 데 큰 기여를 했다.

비약적 경제성장의 세부 내용을 살펴보면 GDP 증가의 이면에 감춰진 중국 경제의 취약성이 드러난다. 중국 정부는 가장 손쉬운 경기 부양책으로 중국 전역에 건설 붐을 일으켰다. 그 결과 주택 건설이 GDP의 15%를 차지하기에 이르렀고 연관 산업까지 포함할 경우 건설 부문의 GDP 기여도는 29%에 육박했다. 문제는 건설 붐에 따른 부동산 시장의 과열이 건설업뿐만 아니라 중국 경제 전체를 빚더미에 올라서게 했다는 점이다. 2021년 9월에 중국 2위의 부동산 개발업체인 헝다그룹이 3천억 달러에 이르는 천문학적 부채를 견디지 못하고 파산 위기에 처하자 "제 2의 리먼 브라더스"가 금융위기를 초래할 것이라는 불안감에 각국 증시가 민감하게 반응하기도 했다. 모건 스탠리의 추산에 따르면 건설업 전체의 빚은 2.8조 달러로 중국 GDP의 18%에 이른다. 경제 주간지 〈이코노미스트〉는 감당할 수 없는 채무의 부담 때문에 부동산 개발에

의존한 중국의 경제성장 모델이 더 이상 지속될 수 없다고 진단한다.[18]

지속 불가능한 경제성장이 어디 중국만의 문제일까? 지속적으로 성장하지 못하면 오작동할 수밖에 없는 자본주의 경제 원리를 생각해 보면, 케인스의 예측과 달리 '경제 문제'는 21세기에도 여전히, 아니 이전보다 더 심하게, 인류를 괴롭히는 문제로 남아 있다. 특히 금융 자본주의가 초래하는 경제 버블이 이 경제 문제를 악화시키고 있다.

버블 경제

자본주의 경제 시스템의 구조적 요인에 의해 주기적으로 반복되는 경제위기는 케인스가 해결될 거라고 믿었던 '경제 문제'가 사실은 갈수록 심해질 수 있다는 경고의 메시지를 던지고 있다. 경제 버블을 오랫동안 연구하고 있는 런던 킹스턴대의 경제학자 스티브 킨Steve Keen은 주류 경제학이 경제 버블을 제대로 설명할 수 없는 중요한 이유 중의 하나로 부채, 특히 민간 부채의 영향을 과소평가하는 사실에 주목한다. 킨 교수의 금융위기 예측모형의 기초가 된 '금융 불안정 가설'의 창시자인 하이먼 민스키Hyman P. Minsky는 "금융 시스템이 안정기와 취약기 사이에 요동치는 것"을 자본주의 경제의 근본적 특성으로 보았다.[19] 시장 경제에 내재된 불안정성 때문에 금융 시스템은 이른바 '민스키 모먼트Minsky Moment'라는 주기적 경제위기 사이클을 따라 요동친다. 이 사이클은 현금 흐름이 증가하는 번영기에서 시작하며, 빚이 수입을 초과하는 '투기적 과열' 단계를 거친 후, 마침내 신용 버블이 터지는 위기 단계에서 절정에 도달한다. 민스키의 뒤를 이어 킨은 미국의 부채 규모와 실업률 추이에 대한 장기 분석 결과에 기초하여 부채의 축적이 경기의 둔화와 실업률 증가를 초래하는 핵심 요인임을 재확인했다. 1890년 이후 미국의 GDP 대비 채무 비율과 실업률을 비교한 그래프를 보면 1929년의 대공황이나 2008년의 금융위기 같은 대형 경제위기가 항상 대규모 신용 버블의 붕괴와 일치한다는 것을 확인할 수 있다.[20]

2008년 금융위기를 통해 자신들의 이론의 한계를 절감했음에도 불구하고 왜 주류 경제학자들은 비정상적인 통화와 부채 팽창의 위험을 설명할 수 없는 기존의 경제모형을 고수하는 걸까? 킨은 물리학자 막스 플랑크Max Planck의 말을 빌려 잘못된 이론을 고수할 수밖에 없는 주류 경제학의 한계를 꼬집는다. 플랑크는 기존 패러다임을 고수하는 과학자들의 완고함을 다음처럼 비꼬았다. "새로운 과학적 진실은 반대자들을 설득해서 그들이 진실의 빛을 보게 만드는 것이 아니라 반대자들이 결국 다 죽고 새로운 진실에 친숙한 신세대가 자라나기 때문에 승리하게 된다."[21] 킨은 주류 경제학이 "자본주의 경제의 실제 동역학에 대해 무지할 뿐만 아니라 가장 큰 위협"이 됐다고 주장한다. 이러한 "경제학의 죽음"을 통해 신고전주의 경제학은 자본주의의 몰락에 기여하고 있다는 것이다. 민스키와 킨 같은 소수의 금융위기 전문가들이 무분별한 신용 팽창의 위험성을 경고해 왔지만, 대부분의 주류 경제학자들은 경제 시스템의 일시적 오작동에 의해 초래되는 금융위기는 근본적으로 예측 불가능하다고 생각한다. 2008년 금융위기가 발생한 후 재무장관으로 금융위기의 파괴력을 실감했던 티모시 가이트너Timothy Geithner는 한 회고록에서 "지진과 마찬가지로 금융위기를 신뢰도 있게 예측하는 것은 불가능하므로 위기를 예방할 수 있는 신뢰할 만한 방법도 없다"고 고백했다.[22]

금융위기의 원인을 분석한 최근의 연구는 위기 발생 전의 신용 팽창과 그에 따른 자산 시장의 투기 붐이 금융위기의 발생 가능성을 크게 증가시킨다는 구체적 근거를 제시하고 있다. 하버드대의 금융 전문가인 로빈 그린우드Robin Greenwood 교수는 2020년에 발표한 "예측 가능한 금융 위기"라는 짧은 제목의 논문에서 주류 경제학의 통념과 달리 금융위기는 예측 가능하다고 주장한다.23 이 논문은 1950년부터 2016년까지 42개국에서 발생한 위기 사례를 분석하여 금융위기 발생을 예측할 수 있는 통계적 방법론을 제시한다. 이 논문의 중요한 발견은 직전 3년 동안의 기업 부채 증가가 이전 자료의 상위 20% 내에 도달하고 주가 상승이 상위 3분의 1에 해당할 경우 향후 3년 이내에 금융위기가 발생할 확률이 40% 이상으로 증가한다는 것이다. 저자들은 위기 발생 전 상황을 "레드 존Red Zone"이라 불렀는데, 가계 부문의 경우에는 채무와 주택 가격의 상승이 레드 존을 결정하는 핵심 요인이다. 이 논문에서 알 수 있듯 신용 팽창과 자산 가격 상승에 의한 "대박과 쪽박booms and busts"은 금융 자본주의를 특징짓는 경제 현상이 된 듯하다.

세계 여러 나라가 현재 얼마나 심하게 '부채의 덫'에 걸려 있는지는 국제통화기금IMF의 온라인 통계자료로 쉽게 확인할 수 있다. IMF의 '세계 부채 데이터베이스'는 1950년부터 최근까지 국가별 공공 부문, 가계 및 기업의 GDP 대비 부채 비율을 원 자료와 함께 그래프로 제공한다.[24] 대부분 선진국들의 정부 부채가 1980년대 이후 지속적으로 증가하고 있으며, 특히 일본 정부는 2000년대 들어서는 GDP 대비 부채 비율이 100%를 초과해 최근에는 200%에 육박하고 있다. 다행히 한국 정부의 부채 비율은 아직은 일본이나 서구 국가들에 비해 낮은 편이나, 최근 들어 부채 총액이 꾸준히 증가하여 코로나 팬데믹 발생 이전인 2019년 3분기 기준 811조 원에 육박했다.[25]

2008년 금융위기 이후 2020년 6월까지 12년간 세계 평균 부채 증가율이 31% 수준인 데 비해 한국은 자그마치 145%나 증가했다. 설상가상으로 2020년의 팬데믹으로 인한 일시적 경기 침체와 실물 경제와 괴리된 부동산과 주식시장의 과열로 인해 개인과 기업의 부채가 폭발적으로 증가함으로써 2020년 3분기에는 한국 정부와 민간의 부채 총액이 4,900조 원에 육박했다.[26] 이는 2020년 한국 GDP 예상치인 1조 6천억 달러(약 1,760조 원)의 3배 가까운 규모이다.[27] 다시 IMF의 데이터베이스를 보면, 한국의 GDP 대비 민간 부문 부채 비율은 통계자료가 수집되기 시작한 1960년대 중반 이후 서너 차례 잠깐 주춤하거나 감소한 시기를 제외하고는 지속적으로 증가해 2010년에는 일본과 미국을 제치고 민간 부문의 최상위 채무국 반열에 올랐다. 한국의 가계 부문 GDP 대비 채무율은 2020년에 처음으로 100%를 초과함으로써 금융위기의 진앙지인 미국의 2008년 수치인 97.4%를 웃도는 레드 존에 진입했다.

장기적 경기 침체의 와중에 코로나 팬데믹이 초래한 유례없는 유동성 과잉이 만들어 낸 자산시장의 과열 속에서 많은 투자자들은 '이번엔 다르다'는 믿음으로 '영혼까지 끌어들인' 빚잔치에 동참했다. 과도한 신용 공급이 자산시장의 버블 붕괴로 귀결되었던 과거와 달리 2010년대 이후의 빚잔치가 10년 이상 장기간 지속되며 새로운 경제 원리를 만들어 낼 수 있을지는 포스트 코로나 시대의 경제 상황을 지켜보면 확인할 수 있을 것이다. 이하에서는 분석의 범위를 넓혀 버블을 통해 채무자를 양산하는 경제 시스템이 사회와 자연까지 부채의 늪에 빠트리는 엄중한 현실을 살펴본다.

자본주의의 빛

코로나19로 인한 한국의 가계 부채 증가를 보도한 한 기사에는 "유동성 위기에 빠진 경제 주체들"에게 "금융이 산소호흡기처럼 중요하다"는 흥미로운 표현이 나온다.[28] 금융을 연구하는 경제학자들도 종종 부채를 산소에 비유한다. 근육을 움직이는 에너지를 얻기 위해서는 심장에서 근육에 공급되는 핏속에 충분한 산소가 있어야 하는 것처럼, 경제를 잘 가동하기 위해서는 경제의 피라고 할 수 있는 돈이 잘 돌아야 한다. 이때 경제를 가속시키기 위해 투입되는 신용을 산소라고 한다면 금융 시스템은 산소호흡기 역할을 하는 셈이다. 그러나 신체와 경제의 단순 비교에는 오류가 있다. 신체의 물질대사에서 발생하는 부산물인 이산화탄소는 폐에서 산소와 교환되어 몸 밖으로 빠져나가지만, 금융 시스템이 제공하는 신용의 부산물인 부채는 저절로 사라지지 않을뿐더러 경기가 나빠질 경우 채무자와 시스템 전체를 위기에 빠트린다.[29]

금융화라는 효율적인 자본 축적의 수단을 찾은 자본주의는 채무라는 경제의 노폐물뿐만 아니라 더 많은 이윤을 얻기 위해 자본의 순환이 가속되는 만큼 잉여가치의 근간이 되는 노동과 노동의 대상인 자연에도 부채를 누적시킨다. 금융 시스템이 생산하는 '경제적 부채'와 구분하자면 노동과 자연에 누적된 부채는 각각 '사회적 부채'와 '생태적 부채'라 부를 수 있다. 제2차 세계대전 이후의 '거대한 가속기Great Acceleration' 동안 자본주의 경제는 비약적 성장을 이룩했다.30 20세기 초 비약적으로 성장한 자연과학이 전쟁을 치루기 위한 과학기술을 발전시키고, 이렇게 발전한 과학기술이 전후 경제성장의 동력이 되었다. 이러한 경제성장 과정에서 경제학 교과서에 포함되지 않은 숨겨진 비용이 드러났다. 환경오염의 문제가 지구환경의 '생태적 부채'로 누적되어 온 것이다. 《원은 닫혀야 한다》에서 카머너가 지적한 것처럼, "생산자는 생태계에 대해 '채무자'의 위치"에 처해진 것이다.31 오염이라는 생태적 부채와 더불어 경제를 가동시키기 위해 무한정 투입될 수 있다고 믿었던 '생태적 자산'이 더 이상 공짜가 아니라는 사실이 분명해졌다. 이러한 생태적 제약을 근거로 카머너는 "자본주의 경제체제와 생태계가 양립할 수 없음"이 다음과 같은 성장의 문제에서 분명해진다고 강조한다.

생태계의 순환 속도보다 빠르게 자원을 뽑아 쓴다면 생태계는 붕괴하게 되어 있다. … 생태적 자산을 파괴하지 않는 선에서 이를 사용할 수 있는 속도는 한정되어 있으므로, 총자본(생물학적 자산과 고전적 자본을 합친 것)을 소비할 수 있는 속도도 마찬가지로 제한될 수밖에 없다. 따라서 총자본의 성장은 언젠가는 한계에 닿을 것이고, 그 결과 '무성장'의 상태에 이를 수밖에 없다. 생태계의 자원을 이용하여 재화를 생산하는 모든 경제체제는 이런 한계로부터 자유로울 수 없다.[32]

무한성장을 추구하는 자본주의적 생산이 야기하는 생태적 부채의 실상에 대해서는 이후 2부과 3부에서 환경 및 기후위기의 현황을 통해 자세히 살펴볼 것이다. 자본 축적을 위해 끊임없이 가속되는 자본주의적 생산이 자연에 생태적 부채를 남기는 만큼 생산의 주체인 노동자의 사회적 환경도 심대한 영향을 받을 수밖에 없다. 1부 머리글에 소개한 것처럼 월리스는 19세기 후반에 이미 자본주의적 생산의 폐해가 자연과 사회에 모두 부채를 남긴다는 냉엄한 현실을 고발했다. 부유한 집안 출신으로 평생 별다른 직업 없이 저술 활동에 몰두한 다윈과 달리, 흙수저 출신의 비정규직 과학자 월리스는 생계를 위해서 많은 책을 써야 했다. 그는 1898년에 19세기의 성공과 실패를 평가하기 위해 출간한 《멋진 세기》에서 당시 궤도에 오르기 시작한 자본주의적 생산이 무분별한 화석연료의 소비로 막대한 부를 생산하지만, 그 부는 왜곡된 사회구조에 의해 불평등하게 분배된다는 것을 비판했다.33

월리스는 1913년에 출간된 《사회 환경과 도덕적 진보》에서 잘못된 사회환경이 어떻게 도덕적 타락을 초래하는지를 다양한 자료를 통해 보여 준다. 그가 제시한 자료를 보면 영국의 자살률은 1866년에서 1910년까지 10만 명당 6.6명에서 10.2명으로 뚜렷하게 증가했다.34 당시의 열악한 노동환경이 자살률 증가라는 사회적 부채를 초래했다고 볼 수도 있다. OECD 회원국 중 자살률이 가장 높은 국가라는 불명예를 안고 있는 한국에서도 가혹한 자본주의 경쟁체제가 자살이라는 사회적 부채를 축적하고 있는 것은 아닐까? 이러한 의문에 대한 답은 1990년부터 2017년까지 한국의 경제성장률과 자살률 사이의 상관관계에서 실마리를 찾을 수 있다(〈그림 3-2〉). 이 자료를 보면 직전 5년간의 평균 경제성장률이 낮을 때는 자살률이 뚜렷하게 증가하는 것을 확인할 수 있다. 특히 1997년 외환위기 이후 경제성장률이 4%대로 떨어진 몇 년 동안은 자살률이 10만 명당 30명에 육박해 20세기 초 영국 자살률의

〈그림 3-2〉 한국의 경제성장률 평균과 당년도 10만 명당 자살률 사이의 관계(1990~2017)[35]

단위: %

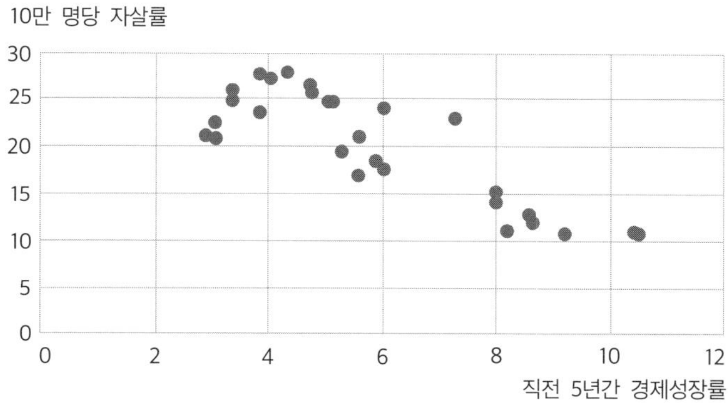

3배를 웃돌았다. 사람을 살리는 경제가 아니라 죽이는 경제 속에서 많은 사람의 목숨을 앗아 가는 사회적 부채가 한국 사회를 짓누르고 있는 것이다.

"19세기 자본주의는 수백만 노동자의 삶을 피폐하게 했지만, 20세기 자본주의는 문명인의 정신을 파괴함으로써 끝날 수 있다." 미국 소설가 노먼 메일러Norman Mailer의 글귀로 시작하는 바란Paul A. Baran과 스위지Paul Sweezy의 원고는 그들의 책 《독점 자본》 11장으로 작성되었으나, 바란의 갑작스런 죽음으로 완성되지 못해 결국 책에는 포함되지 못했다. 〈먼슬리

리뷰*Monthly Review*〉 2020년 3월호에 처음 공개된 이 원고는 1960년대에 진행된 한 장기 연구 조사에 기초해서 미국인 중 20% 이상이 일정 수준 이상의 정신질환을 겪고 있다는 충격적인 사실을 고발한다.36

코로나 팬데믹은 안 그래도 장기적인 저성장 침체기에 빠져든 세계경제에 치명적 상처를 남겼다. 방역과 경기 회복을 위해 세계 각국 정부는 막대한 재정을 투입해야 했으며, 그 결과 많은 나라에서 이미 과중한 국가 부채가 전례 없는 수준까지 급증했다. "어떤 해와도 다른 한 해"라는 부제가 붙은 IMF 연례 보고서에 따르면 2020년도의 GDP 대비 정부 부채 비율의 연간 증가율은 금융위기가 발생했던 2008년도보다 더 높게 치솟았다.37 앞에서 살펴본 것처럼 대부분의 선진국에서 GDP 대비 정부 부채 비율은 1970년대 이후 지속적으로 증가해 왔다. IMF 자료를 분석한 〈블룸버그〉의 기사에 따르면, 25개 선진국의 정부 부채는 그동안의 가파른 성장세에 팬데믹의 충격까지 더해져 2020년 말에 GDP의 123.9%에 이를 것으로 예측됐다. 이 수치는 이전 기록인 제2차 세계대전 직후의 GDP 대비 124.1%와 거의 같다.38

"우리가 너무 미친 게 아니라면, 지금 너무 늦은 것은 아니다.” 고생물학자 스티븐 제이 굴드가 〈뉴욕타임스〉에 배리 카머너의 새 책 《지구와의 평화 협정*Making Peace with the Planet*》을 소개한 서평의 제목이다.**39** 굴드는 이전의 다른 환경 도서들처럼 카머너의 책이 “너무 자명하게 진실되고 올바르기 때문에 모두가 두 번 들은 이야기로 여기게 되는 가장 흔한 비우호적 운명”에 처하게 됐다고 평한다. 점점 심해지는 경제위기와 그로 인한 사회적·생태적 부채의 증가는 그동안 수없이 되풀이된 경고의 메시지다.

같은 이야기를 되풀이한다는 비판에도 불구하고 위기의 원인을 찾고 미래의 대안을 모색하는 노력을 중단할 수는 없다. 이 되풀이되는 이야기 속에 바로 우리 모두의 미래가 들어 있기 때문이다. 결국 인류의 미래는 인간이 결코 벗어날 수 없는 ‘생명의 그물web of life’ 속에서 제자리를 찾기 위한 노력에 달려 있을 것이다. 이미 150여 년 전에 토머스 헉슬리는 이러한 자리 찾기를 “인류에게 던져진 질문들 중의 질문”이라 불렀다. 이어지는 2부에서는 물질대사의 관점에서 제자리를 벗어난 인간이 어떻게 생명의 그물을 교란시켜 지구환경에 생태적 부채를 축적하고 있는지 살펴본다.

인류에게 던져진 질문들 중의 질문 — 다른 모든 문제의 배후에 있으며 그 어떤 문제보다 흥미로운 문제 — 그것은 바로 자연에서 인간이 차지하는 자리의 확인이다. … 인류가 자연에 대한 지배력의 한계, 그리고 인간에 대한 자연의 지배력의 한계에 도달했을 때 우리는 무슨 목표를 좇아야 할까?[40]

2

물질대사

산토리오 산토리오Santorio Santorio, 1561~1636[1]는 오늘날 대중적으로 잘 알려진 과학자는 아니지만 새로운 지식을 갈구하던 과학혁명의 시대정신을 자기 삶 속에서 실현한 인물이다. 의사이며 파두아Padua대에서 학생을 가르치기도 했던 산토리오는 본인을 실험 대상으로 삼아 장기 실험을 진행했다. 그는 몸 속의 생리적 변화를 측정하고자 30여 년 동안 매일 직접 고안한 저울 장치를 이용해 몸무게뿐만 아니라 섭취한 음식량과 몸에서 나오는 분뇨의 무게를 달았다. 이러한 장기 관찰의 결과는 1614년에 발간된 책 *De Medicina Statica Aphorismi* 에 자세히 기록되었다. 산토리오는 일종의 물질수지 분석을 통해 몸 속에 들어간 음식물의 절반이 몸무게나 분뇨의 무게로 파악되지 않은 것을 발견하고, 몸 속에서 사라진 물질을 "지각할 수 없는 땀insensible perspiration"이라 불렀다.

지각할 수 없는 땀의 정체는 근 2세기가 지난 후 프랑스의 화학자 라부아지에Antoine Laurent Lavoisier에 의해 밝혀진다. 근대 화학의 아버지라 불리는 라부아지에는 많은 화학적 발견을 했지만, 특히 유기물의 연소로 인해 물질이 사라지는 것이 아니라 이산화탄소로 전환된다는 사실을 실험적으로 입증해 화학사에 길이 남는 큰 업적을 남겼다. 라부아지에의 발견에 따르면 산토리오가 먹은 음식물의 절반은 그냥 사라진 것이 아니라 눈에 보이지 않는 기체 형태로 전환되었을 뿐이다. 이 물질전환 과정에서 얻은 에너지가 산토리오와 지구 위의 모든 생명체를 살아 숨 쉬게 하는 동력인 것이다.

우리 몸 속에서 생명을 유지하기 위해 일어나는 모든 화학반응을 아울러 물질대사metabolism라 부른다. 물질대사는 살아가는 데 필요한 물질을 새로이 만드는 동화작용anabolism과 물질의 분해 과정에서 에너지를 얻는 이화작용catabolism뿐만 아니라, 이들 반응의 부산물로 폐기물이 생겨나는 것을 포괄한다. 실제로 물질대사는 개체 생물의 세포 속뿐만 아니라 생물체와 주변 환경을 아우르는 생태계 차원에서 끊임없이 경계를 넘나들며 지속된다. 이러한 물질대사의 관점에서 볼 때 인간의 활동이 증가해서 지구환경이 교란되면 결국 생태계의 기능이 영향을 받을 수밖에 없다.

먼저 4장에서는 생태계에서 물질대사가 이루어지는 생태학적 원리를 물질순환을 중심으로 살펴보고, 다음 장에서는 '물질대사적 균열metabolic rift'이라는 개념에 기초하여 과도한 경제 활동이 사회의 물질대사를 어떻게 교란시키는지 알아본다. 지구의 물질대사가 독점 자본의 '상품사슬commodity chain'에 의해 교란된 결과로 인간뿐만 아니라 지구상의 모든 생물의 생존이 위협받게 된 현실을 비판하기 위해 6장에서는 녹조가 발생한 수생태계와 인구가 집중되는 도시생태계의 사례를 통해 자원 독점에 의한 생태계의 기능 저하를 분석한다.

4장

생태계의 물질대사

무한자는 유한하며, 유한자는 무한하니, 다른 이의 죽음을 살고, 다른 이의 삶 속에서 죽어 있다. —헤라클레이토스[2]

프리모 레비의 원소들

아우슈비츠 유대인 수용소의 생존자로서 나치의 만행을 고발한 책으로 명성을 얻은 프리모 레비Primo Levi, 1919~1987는 이탈리아 현대문학을 대표하는 작가이지만, 평생 전업 화공기술자로 살았다. 그는 듀퐁 같은 화학 회사의 공장에서 화공기술자로 일하며 작품 활동을 병행했다. 1975년에 발표한 《주기율표》에는 '화학자 문학가' 레비의 인생이 21개의 화학 원소를 모티브로 삼은 일화들로 재구성되어 있다. 이 책은 2006년에 영국 왕립연구소Royal Institution가 150여 명의 과학계 저명인사들을 대상으로 실시한 설문에서 다윈의 《종의 기원》이나 도킨스의 《이기적 유전자》 같은 책들을 모두 제치고 "역사상 최고의 과학 도서"로 선정되기도 했다.[3]

21개의 원소를 매개체로 엮인, 소설 같은 삶의 기록 중에는 사랑 이야기도 들어 있다. '빛의 운반자'라는 뜻을 가진 인P: Phosphorus 때문에 젊은 시절의 애틋한 사랑 이야기가 시작된다. 무솔리니 치하에서 유대인 차별법으로 인해 일자리를 쉽게 구할 수 없었던 레비는 어느 날 스위스인 마르티니 박사로부터 채용을 제안하는 전화를 받게 된다. 나중에 알고 보니 대학 동기인 줄리아가 자신의 고용주인 마르티니 박사에게 레비를 추천한 것이다. 호르몬 추출액을 생산하는 화학 공장의 소유주인 마르티니 박사는 당뇨병을 치료할 수 있는 신약을 개발하고자 레비를 연구원으로 채용했다. 채용되고 며칠 후 레비는 잘 납득할 수 없는 과제를 부여받는다. 마르티니 박사는 한 독일 전문가의 논문에 기초하여 과학적 근거가 충분하지 않은 가설을 세우고 이를 레비가 실험을 통해 입증하기를 원했다. 마르티니의 가설에 따르면 인이 탄수화물의 물질대사에 매우 중요한 역할을 하므로 식물에서 추출한 인을 당뇨 환자에게 투약하면 당뇨병을 고칠 수 있다는 것이다.

마르티니의 가설을 입증하기 위해 레비는 매일 새로운 식물 재료로부터 인을 추출하여 농축한 후 당뇨가 있는 토끼에 투약해서 증상이 호전되는지를 조사해야 했다. 마르티니로 추정되는 미지의 인물이 매일 밤 한 가지씩 새로운 식물을 실험대 위에 갖다 놓았다. 양파, 마늘, 당근, 우엉, 블루베리 등 매일 새로운 식물 시료로 똑같은 실험을 반복하여 인을 추출하고 토끼에게 주사하는 고역의 나날을 보내던 레비에게 발랄한 친구 줄리아가 옆에서 큰 위안을 주었다. 그러나 레비는 이미 약혼자가 있는 줄리아에게 마음속에서 조금씩 자라나는 사랑의 감정을 고백할 만큼 용감하지 못했기에 결국 그녀를 떠나보내야 했다. 이후 40여 개의 실험을 정리한 결과에 따라 인 함유량이 높은 애기똥풀에서 다량의 인을 추출하여 토끼에게 주입했지만 인을 주사한 토끼는 목에 큰 종양이 생겨 죽게 된다. 줄리아는 "어떤 베일, 숨결, 주사위 던지기로 인해 두 갈래 길로 서로 비껴가게" 되었고, '빛의 운반자' 인이 물질대사의 비밀을 밝혀 줄 거라는 기대는 어둠 속에 묻혀 버렸다.

레비의 실험은 실패했지만, 인이 생물의 물질대사에서 결정적 역할을 수행한다는 마르티니 박사의 생각이 틀린 것은 아니다. 이러한 인의 중요성을 생태학에서는 생태계의 '제한 인자limiting factor'라는 개념으로 설명한다. 앞서 소개한 농화학자 리비히가 정립한 개념에 따르면 토양에 영양소가 부족하면 식물의 성장이 제약을 받는다. 이렇게 토양 및 식물, 더 나아가 생태계 전체에 꼭 필요한 영양소가 인이다. 생태계에 부족한 영양소인 인을 공급하면 인의 부족으로 인해 성장이 제약되었던 생물의 물질대사는 촉진될 수밖에 없다. 단, 당뇨병처럼 특별한 이유가 있어서 신체 내 물질대사의 이상이 발생한 질병이 전반적인 대사 과정이 촉진된다고 저절로 고쳐지지는 않을 것이다. 아무튼 인이 생태계의 물질대사에 없어서는 안 되는 중요 원소인 것은 분명하므로, 이 원소의 기원과 생태계에서의 거동을 살펴보면 자연에서 물질이 어떻게 순환하는지를 보다 잘 이해할 수 있을 것이다. 다음 5장에서는 인의 결핍이 아니라 과잉이 어떻게 21세기의 지구환경을 교란시키게 되었는지 살펴볼 것이다.

가난한 지구

생태계의 물질순환을 연구하는 자연과학 분야를 생지화학biogeochemistry이라 한다. 생지화학자는 저마다 주로 다루는 원소를 하나씩은 가지고 있다. 생지화학자가 '사랑하는 원소'는, 사람 사이의 사랑과 다르지 않게, 그 연구자의 관심이 변화하거나 시대적 흐름 혹은 유행에 영향을 받아 대상이 바뀔 수 있다. 나의 경우 석사과정 때는 질소에 매료되어 평생 질소를 연구하는 생지화학자가 되겠다고 마음먹었지만, 이후 기후변화 문제가 생지화학의 핵심적 연구주제로 부각되면서 기후변화와 직접적 관련이 있는 탄소순환을 연구하게 되었다. 이렇게 주요 관심사는 변화할 수밖에 없지만 생지화학자가 주목하는 물질순환의 중요한 고려사항이 생태계의 영양소 결핍이며 결핍된 필수 영양소의 대표 선수가 바로 인이다.

그럼 왜 인은 생태계의 대표적 제한 인자로 존재할까? 생태계의 필수 영양소는 주요 공급원에 따라 크게 세 가지 유형으로 존재한다. 먼저, 공기의 78%를 차지하는 질소 분자처럼 비록 생물이 바로 쓰기는 어렵지만 대기가 주요 공급원인 영양소들이 있다. 반면에 공기 중에 존재하는 양은 미미하고 대부분이 땅속의 암석에서 순환 과정이 시작되는 원소들이 있는데, 인이 대표적 사례이다. 황 같은 원소는 암석뿐만 아니라 대기에서도 일정량이 생태계로 공급된다.

육상생태계뿐만 아니라 수생태계에 존재하는 대부분의 인이 궁극적으로는 인광석처럼 암석을 구성하는 광물에서 유래한 것이기에 인의 결핍을 이해하기 위해서는 태곳적에 암석이 생성될 때 어떤 이유로 인이 부족하게 되었는지를 알아봐야 한다. 태고라고 했지만, 사실은 지구에서 암석이 생기기 훨씬 이전까지 거슬러 올라가야 한다. 즉, 원소의 기원은 우주의 기원과 궤를 같이하는 물질사의 시원을 의미한다.

원소의 기원을 연구하는 천체물리학자들에 따르면 태초에, 즉 빅뱅이 일어났을 때 엄청난 에너지로 인해 세 가지 원소가 생겨났다. 이 태초의 원자들 무리에는 수소H와 헬륨He이 대부분을 차지하고 아주 소량의 리튬Li이 존재했다. 빅뱅으로 인해 세 원소만 생겨났다면, 주기율표를 채우고 있는 많은 다른 원소들은 어떻게 생겨났을까? 이 질문은 당연히 원소의 기원을 추적하는 연구자들의 가장 큰 관심사가 될 수밖에 없다. 연구자들이 재구성해 낸 원소의 역사는 여전히 알려진 것보다는 불확실한 것이 더 많은 상태다.

불확실성이 크지만 연구자들에게 널리 받아들여지는 가설 중의 하나가 '항성 핵합성stellar nucleosynthesis' 가설이다.[4] 빅뱅 이후 탄생한 별의 내부에서 수소의 핵융합 과정을 통해 헬륨이 생겨났다. 이 핵융합 과정에서 방출되는 에너지가 서서히 줄어들게 되면서 별 자체의 중력을 이기지 못하고 별 내부에서 붕괴가 시작된다. 이 붕괴 과정이 별 내부의 온도와 압력을 증가시켜 헬륨 핵으로부터 이른바 '삼단알파 과정triple-alpha process'을 통해 탄소 원자가 탄생했다. 중성자 2개와 양성자 2개로 이루어진 헬륨의 핵(알파 입자) 3개가 모여 중성자 6개와 양성자 6개로 이루어진 탄소의 핵을 형성한 것이다. 별 내부의 핵융합 과정은 에너지의 제약으로 인해 원자번호 26번인 철Fe의 핵이 생성되는 단계까지 진행될 수 있는 것으로 알려져 있다. 철보다 무거운 원소는 초신성supernova 폭발 과정에서 추가 동력이 확보되지 않으면 생성이 불가능한 것으로 여겨지고 있다.

헬륨의 핵 3개가 결합하여 탄소의 핵을 형성하는 식으로 더 무거운 원소가 생겨나게 된다면 항상 핵을 구성하는 중성자와 양성자 수의 합(질량수)은 짝수가 될 것이다. 그러나 이런 짝수 핵에 중성자가 붙거나 아니면 핵분열fission 과정에서 중성자가 떨어져 나가게 되면 홀수의 질량수를 가진 핵이 생성될 수 있다. 단, 이런 홀수 핵은 짝수 핵에 비해 출현 빈도가 낮을 수밖에 없다. 실제로 우주에는 질량수가 비슷한 경우 짝수의 질량수를 가진 원자들이 홀수 원자들보다 더 많은 양으로 존재하고 있다. 질량수가 31로 핵입자의 수가 홀수인 인이 주기율표의 이웃인 실리콘Si이나 황S보다 현저하게 적은 양으로 존재하게 된 이유가 바로 여기에 있다. 단지 지구뿐만 아니라 우주 어디서나 인은 풍요보다는 결핍의 존재인 셈이다.

태초의 지구에 처음 등장한 생명체는 주변에서 쉽게 구할 수 있는 원소들을 생명의 재료로 선택했을 것이다. 실제 생명체를 구성하는 4대 원소인 탄소, 수소, 산소 및 질소는 지구뿐만 아니라 우주 어디서나 흔히 존재한다. 생명을 구성하는 원소들이 우주의 원소 구성을 그대로 반영한 것이다. 따라서 항성 핵합성 연구를 주도한 천체물리학자 윌리엄 파울러William A. Fowler가 노벨 물리학상 수상 기념 강연에서 우리 모두 "약간의 별 부스러기a little bit of stardust"일 뿐이라고 얘기한 것은 결코 과장된 수사가 아니다. 5

우주의 원소 분포라는 태생적 한계 외에도 인이 지구생태계의 제한 인자가 될 수밖에 없는 또 다른 이유가 있다. 광물과 쉽게 결합하여 침전하는 화학적 특성 때문에 인은 토양이나 물속에서 생물체가 쉽게 이용할 수 있는 무기인 형태로 존재하는 양이 매우 적을 수밖에 없다. 생물학자들은 태초의 생명체는 바다 깊은 곳의 열수공hydrothermal vent 근처에서 존재했을 것이라 추정하고 있다. 이 태고의 바닷속에도 무기인의 양은 많지 않았을 것이다. 그렇다면 과연 어떤 이유로 인이 생명체의 물질대사를 수행하는 필수 원소가 되었을까? 유전자를 구성하는 핵산, 모든 생화학 반응에서 에너지 운반체 역할을 하는 ATP, 세포막을 형성하는 인지질 등의 생체 분자를 구성하는 무기인 성분인 인산염은 생명체의 유전 정보와 물질대사를 유지하는 핵심 성분이라 할 수 있다. 생명의 탄생과 생존에 빛이 되어 준 인이 자연생태계에 부족하게 존재한다는 사실은 생명의 풍요가 역설적으로 보이지 않는 결핍의 족쇄를 차고 있음을 의미한다.

자연의 순환: 인의 여행

암석의 풍화 과정에서 오랜 지질학적 침묵을 깨고 굶주린 생명체들의 각축장인 흙 속으로 들어온 한 분자의 인산염을 상상해 보자. 이 한 분자의 인산염이 어떤 경로를 거쳐 토양의 미생물과 식물 뿌리뿐만 아니라 땅 위의 동물, 더 나아가서 하천과 바다에 존재하는 무수한 생명체들의 핏속을 요동치며 움직이는지를 살펴보자. 눈에는 보이지 않는 인 원자의 운동을 통해 장구한 지질학적 시간 동안 생명의 맥박이 끊어지지 않게 먹거리를 공급하고 폐기물을 처리해 준 지구 물질순환의 비밀을 아주 조금이라도 이해할 수 있을 것이다.

100년을 채 살지 못하는 인간이 수억 년에 걸쳐 펼쳐지는 지질학적 드라마를 제대로 이해하는 것은 불가능한 일에 가깝지만, 다행히도 그 드라마의 대본을 인간의 눈높이에 맞춰 옮겨 적은 솜씨 좋은 작가가 있다. 미국의 환경보호론자들에게 큰 영향을 끼친 알도 레오폴드Aldo Leopold의 책 《모래 군의 열두 달*A Sand County Almanac*》에 소개된 물질순환의 대본을 같이 읽어 보자. 레오폴드의 지질학적 오디세이는 X라는 미지의 원자가 주인공이지만 인 원자 하나를 실제 주인공으로 삼으면 이야기는 더 생동감이 넘칠 것이다. 참고로 오디세이에 나오는 석회석에는 칼슘이 주로 들어 있으므로 우리의 주인공 인을 등장시키려면 석회석 대신에 인이 포함된 광물인 인회석 apatite을 조연으로 출연시켜야 할 것이다.

X는 고생대의 바다가 땅을 덮고 있던 때 이래로 석회석 바위에 시간을 새겨 두었다. 바위에 갇힌 원자에게 시간은 흐르지 않는다. 버 참나무bur oak의 뿌리가 틈새를 비집고 들어와 염탐하고 빨기 시작했을 때 마침내 탈출이 가능했다. 불과 1세기의 찰나에 바위는 부서지고 X는 생명의 세계로 뛰쳐나왔다. 그는 꽃 피우는 일을 도왔고, 꽃은 도토리가 되었으며, 도토리는 사슴을 살찌웠고, 사슴은 인디언의 먹이가 되었다. 이 모든 일이 단지 1년 안에 일어났다.

인디언의 뼈 속 정박지로부터 X는 다시 추적과 탈주, 잔치와 기근, 희망과 공포의 여정에 동참했다. 그는 이 모든 것들을 모든 원자에게 무한히 가해지는 미세한 화학적 척력과 인력의 변화로 감지했다. 인디언이 초원으로부터 휴가를 떠났을 때, X는 땅속에서 잠깐 동안 묻혔지만, 곧 땅의 혈류를 통해 두 번째 여행을 떠나게 된다.[6]

미국 산림청에서 오랫동안 산림 관리자로 일했던 레오폴드는 관심 분야인 숲과 땅에 한정해 인의 이야기를 들려주었지만, 인디언과 함께 땅에 묻힌 인은 비와 함께 강으로 흘러갈 수도 있다. "땅의 혈류" 속에 녹아 있던 인은 땅속으로 스며든 빗물을 따라 인디언 마을 옆을 졸졸 흐르는 시냇물까지 흘러온다. 많은 비가 내려 급류로 변한 시냇물은 채 하루가 되지 않아 하류의 큰 하천으로 이동한다. 어느새 비는 그치고 하루 이틀 흘러가면서 물살도 약해진 하천 속에서 우리의 주인공 인산염은 마침내 숨을 가다듬는다. 그러나 강한 햇빛을 받고 기력을 찾은 물속의 식물성 플랑크톤은 이 반가운 손님을 그냥 내버려 둘 리가 없다. 조류의 세포 속에 흡수된 인산염은 광합성과 호흡에 쓰이는 에너지를 운반하는 ATP의 성분으로 전환된다. 땅과 강을 거쳐 바다까지 생물과 함께 생명의 자유를 만끽했던 우리의 주인공은 조류의 몸을 벗어나 바다 깊은 곳으로 퇴적된 후에는 다시 영겁과도 같은 바위의 세월을 견뎌야 한다. 원자의 여행은 출연자만 바뀌며 끝없이 되풀이되는 장기 공연 중인 연극과 같다. 어느 배우가 다음 무대에 설지 미리 알 수 없지만 연극은 끝없이 계속된다. 이 끝없이 계속되는 연극에서 인과 다른 원소들이 연결한 생명의 그물에 생물다양성의 비밀이 감춰져 있다.

> 생물 속에서 활개치고 있는 분자는 자유를 알기에는 너무 자유롭지만, 바다에 돌아온 원자는 그것을 잊어버린다. 바다로 흘러가 버린 원자 하나마다 풍화되는 바위에서 새 원자 하나가 빠져나온다. 유일하게 확실한 진리는 초원의 생명체들은 손실이 증가를 능가하지 않기 위해서는 힘차게 빨아들이고, 빠르게 살고, 자주 죽어야 한다는 것이다.[7]

생명의 그물: 생물다양성의 비밀

박사과정 때 연구를 진행했던 독일의 연구소에 페드로라는 직원이 있었다. 그는 식물학으로 박사학위를 취득했지만 연구원이 아니라 행정 업무를 맡고 있었다. 과묵한 연구원이 대부분인 연구소에서 그는 드물게 먼저 말을 붙이는 독일인이었다. 내가 한국인인 것을 알고는 제주도에 있다는 전혀 들어본 적도 없는 식물 얘기를 들려주기도 했다. 그가 유럽의 식물종을 대부분 안다고 자랑했을 때는 허풍을 떤다고 생각했지만, 페드로의 얘기가 허풍이 아닌 것을 곧 알게 됐다. 인간에 의해 자연 서식지가 거의 대부분 파괴된 유럽에서는 지난 1만여 년 동안 생물종의 수가 현격하게 감소한 것이다. 유관속식물vascular plant의 경우 유럽의 토착종은 9,875종에 불과하다.[8] 이 수가 적지 않다고 생각할 수 있지만 생물다양성이 높은 열대 지역의 종 수와 비교해 보면 인간이 다른 생물들에게는 이롭지 않은 존재임을 쉽게 확인할 수 있다. 예를 들면, 보르네오섬의 한 열대우림에서는 불과 0.5제곱킬로미터의 좁은 면적에 아시아, 유럽 및 북미에 존재하는 1,166개의 수목종 수보다 더 많은 1,175종의 수목들이 확인되기도 했다.[9]

한 이스라엘 연구진이 지구상의 생물 무게를 추정한 연구를 보면 양적으로는 정말 보잘것없는 인간이 생물권에 얼마나 가공할 영향을 미치고 있는지를 가늠해 볼 수 있다. 이 연구진의 추정에 따르면 지구의 생물 무게의 총합은 탄소의 무게로 표시했을 때 550기가톤(1Gt C = 10^{15}g C)에 이르는데, 이 중 인간의 무게는 0.01%에 불과하다. 그러나 인간은 야생 포유류 중 83%를 멸종시켜, 현재 지구상의 포유류 중 인간의 무게가 36%를 차지하고 인간을 부양하기 위해 사육되는 가축의 무게가 60%에 이르는 반면에 야생 포유류는 4%의 소수자로 전락했다.[10] 인간이 지구 생물사에 전례 없는 한 종 중심의 드라마를 펼치고 있는 것이다.

아무리 멋진 주인공이라도 주인공 혼자만 출연하는 모노드라마는 다수의 출연진이 다채로운 이야기를 펼치는 드라마보다 훨씬 단조로울 수밖에 없다. 인간이 주역이 된 불과 수 세기 동안의 짧은 시간을 제외하고, 최초의 생물이 출현한 이래 40억 년 가까이 되는 장구한 시간 동안 지구에서 펼쳐진 생물의 드라마는 무수한 출연진이 등장해 극도로 흥미진진하고 다채로운 이야기를 전개해 왔다. 이 장구한 생물 진화의 드라마에 과연 얼마나 많은 생물들이 등장했는지를 드라마가 거의 끝날 때 나타난 인간이 가늠하기는 쉽지 않다. 과거의 생물종은 고사하고 현재 지구상에 얼마나 많은 생물종이 존재하는지를 추정하는 것도 어렵다.

21세기가 시작되는 해 UN 사무총장 코피 아난Kofi Annan의 요청으로 관련 분야 전문가들이 지구생태계의 건강성을 평가한 보고서 《새천년 생태계 평가*Millennium Ecosystem Assessment*》에는 지구의 종 다양성에 대한 다양한 추정치가 정리돼 있다. 지구의 생물종 수는 적게는 500만 종에서부터 많게는 3천만 종까지 추정되지만 그동안 분류학자들이 확인한 종 수는 불과

200만 종에 그친다.[11] 이블린 허친슨의 유명한 논문 제목은 생물다양성에 대한 생태학자의 감출 수 없는 의구심을 잘 표현한다. "세상에는 왜 그렇게 수많은 동물종이 존재하는 걸까?"[12]

나는 전작 《스피노자의 거미》에서 생명체의 생존을 가능하게 하는 환경조건의 총합으로서 '생태적 니치ecological niche'가 분화differentiation되는 다양한 과정을 생물다양성의 핵심 원리로 소개했다. 현대 생물학은 다윈의 자연선택설에 기초해서 생물 진화를 설명한다. 모든 생물은 살아남아 후손을 남기려 분투하므로 제한된 자원을 두고 다툴 수밖에 없다. 그래서 주어진 환경조건에 더 적합한 생물이 선택되어 수를 불리게 된다는 것이 자연선택설의 기본 설명이다. 대학을 갓 졸업한 20대의 젊은 다윈은 비글호 탐사 중에 이국의 다양한 환경에 적응하며 살고 있는 특이한 생물들을 관찰하면서 생물 진화의 아이디어를 얻었지만, 1859년 《종의 기원》을 출간할 때까지 근 30년에 가까운 긴 시간 동안 자연선택설을 입증할 확실한 증거를 찾지는 못했다. 생물종 사이뿐만 아니라 같은 종의 생물들 중에서 "싸움 중의 싸움battle within battle"이 끊임없이 일어나지만, 생존을 위한 투쟁에도 불구하고 많은 생물이 살아남

고 점점 더 많은 생물종이 존재하게 되는 이유를 다윈은 명확하게 설명할 수 없었다. 13

허친슨은 생태적 니치의 개념을 정립하고 니치 개념으로 생물종의 분화를 설명하는 데 큰 기여를 했다. 그는 이전에 니치 개념을 사용한 다른 생태학자들과는 달리 종 사이의 상호작용에 주목했다. 허친슨은 특정 생물이 살 수 있는 무생물적 환경의 최대 범위를 의미하는 '근원적 니치fundamental niche'와 구분해서 다른 종과의 경쟁 과정에서 제한된 환경조건의 범위를 '실현된 니치realized niche'로 칭했다. 14 이러한 니치 개념에 기초해 허친슨은 세상에 수많은 동물종이 존재하는 이유에 대해 다양한 종으로 구성된 "복잡한 영양구조"를 가진 군집이 그렇지 않은 경우보다 더 안정적이기 때문이라고 설명한다. 15 이런 복잡한 구조를 가진 생태계에는 여러 종이 다툼을 피해 공존할 수 있는 각자의 자리를 찾아서 니치의 분화, 즉 자리 나눔을 실현한다. 생태계가 다양한 종으로 이루어진 복잡한 구조로 발전한다는 사실은 자연선택이 소수의 강자만 살아남는 적자생존이 아니라 니치의 분화를 통해 여러 종이 공존하는 방향으로 진행된다는 사실을 의미한다.

생물다양성과 생태계의 기능에 대한 상관성을 연구하는 브

래들리 카디날레Bradley J. Cardinale 교수는 "지구를 처음 보게 된 우주인이 지구의 무엇을 보고 가장 놀랄 것인가"라는 질문을 던진다. 그의 생각에는 다른 행성에서는 볼 수 없는 지구의 고유한 특성은 바로 "놀라운 생물의 다양성"이다. 이 위대한 지구의 특성인 생물다양성이 아주 짧은 시기에 여섯 번째 대멸종에 버금갈 정도로 급격하게 줄어들고 있으니, 이 생물다양성의 위기를 인간이 지구의 정복자가 된 인류세의 가장 중요한 지구적 환경 변화로 봐야 할 것이다.16 다음 장에서는 풍요로운 '생명의 그물'이 자본 축적이라는 유일한 목적을 위해 끊임없이 확장되는 '상품의 사슬'에 의해 옥죄어지는 과정을 살펴본다.

5장

사회의 물질대사

자연이 요구하는 부유함은 제한되어 있으며 쉽게 얻을 수 있다. 반면 헛된 생각이 요구하는 부유함은 무한히 뻗어 나간다.

— 에피쿠로스1

분토생 분수사糞土生 糞水死

"똥은 흙과는 상생하나 물과는 상극이다." 농막용 친환경 화장실을 개발하는 한 사업가가 "화장실 철학가"라는 이름의 블로그에 올린 글이다. 2 똥이 흙에서 잘 순환되지 못할 때 수질

문제로 이어질 수 있다는 사실을 아는 사람은 절로 감탄하게 되는 경구이다. 19세기 템스강의 수질오염이 바로 똥이 물과 상극이어서 초래된 환경 문제로 볼 수 있다.

서론에서 소개한 것처럼 리비히는 1859년 〈타임스〉에 런던의 하수 문제를 경고하는 글을 발표했다. 1858년 6월은 런던 시민들에게 끔찍한 여름의 시작이었다. 32℃에 육박하는 기록적 폭염과 장기간의 가뭄이 겹쳐 갈수록 하수로 인한 오염이 심해지던 템스강은 참을 수 없는 악취를 내뿜기 시작했다. 강가에 사는 사람들은 메스꺼움, 구토, 현기증을 호소했다. 배를 탔던 여왕이 악취를 참지 못하고 10분 만에 하선해야 했고, 강에서 밀려오는 냄새 때문에 창문을 열 수 없어서 의회의 주요 일정이 취소될 지경에 이르렀다. 문제를 해결하기 위해 시당국이 하수 유입구에 하루 200톤에 달하는 악취 제거제를 뿌렸지만 소용이 없었다.[3]

19세기 후반 이후 수질오염을 저감하는 하수 처리기술이 개발되고 널리 보급됨에 따라 템스강의 수질은 서서히 개선되었다. 환경기술이 발전한 21세기 선진국의 도시에서 19세기 런던에서 볼 수 있었던 것과 같은 처리되지 않은 분뇨에 의해 초래된 '후진국형 수질오염' 문제는 거의 사라졌다. 그러나 경제가 발전하면 환경 문제는 저절로 해결될 수 있다는 일각의 생각과는 달리 선진국의 많은 강과 호수는 여전히 땅에서 순환되지 못한 물질에 의해서 초래되는 수질오염 문제로 고통을 겪고 있다. 이 장에서는 환경기술의 발전에도 불구하고 '물질대사의 균열'이 초래하는 환경오염을 쉽게 극복할 수 없는 이유를 찾아본다. 인류의 복지와 생태계의 건강성보다는 오직 이윤 추구를 위해 인간과 자연을 희생하는 자본주의 상품사슬이 어떻게 생명의 그물을 옥죄는지를 살펴볼 것이다.

물질대사의 균열

다른 생물들과 마찬가지로 인간도 생존을 위해 주변 환경과 물질을 교환한다. 인간은 사회를 이루며 존재하므로 사회적 물질대사를 통해 환경과의 물질 교환을 수행한다. 따라서 사회의 규모가 커질수록 사회적 물질대사로 인해 인간이 자연에 미치는 영향이 커질 수밖에 없다. 마르크스의 생태주의를 새롭게 조명한 생태사회학자 존 벨라미 포스터John Bellamy Foster에 따르면, 마르크스는 리비히의 책과 논문을 통해 자본주의적 생산 방식이 인간과 자연의 물질대사적 관계를 근본적으로 변화시킨다는 사실을 인식하고 이를 '물질대사의 균열'이라는 개념으로 발전시켰다.[4] 가라타니 고진은 자연과 인간의 물질적 관계에 대한 마르크스의 자연사적 관점이 청년헤겔파 시절의 동료 철학자 모제스 헤스Moses Hess의 '교통' 개념에 영향을 받았다고 추측한다. "생명은 생산적인 생명 활동의 교환"이라고 인식한 헤스는 인간과 자연의 관계를 교통의 관점에서 설명했다. 여기서 자연과 인간 사이의 교통이란 곧 물질대사를 지칭하는 독일어 단어 Stoffwechsel에 들어 있는 교환Wechsel, 즉 물질의 교환을 의미한다.[5]

엥겔스나 다른 지인과 교환한 서신에는 마르크스가 과학 공부에 열중했던 다양한 에피소드가 기록되어 있다. 그는 리비히는 물론 다윈이나 존 틴들John Tyndall 같은 대표적 과학자의 저술을 탐독하고 기회가 될 때마다 과학 강연회에 참석하여 최신 정보를 얻으려고 노력했다. 틴들은 8장에서 자세히 소개할 온실기체를 최초로 확인한 아일랜드의 물리학자이다. 그는 독일 유학 중에 화학자 율리우스 마이어Julius Robert von Mayer의 물질대사 이론을 접한 후 그것을 영국에 소개했다. 마이어는 1840년대 에너지 보존의 법칙을 발견한 4명의 화학자 중 1

명이다. 리비히가 다분히 당대에 유행하던 생기론vitalism에 의존해 신비한 생명의 기운이 물질대사라는 생리적 현상을 지배한다고 믿었던 것과 달리 마이어는 유물론적 관점에 따라 물질대사를 물질의 교환이라는 생리 현상으로 설명했다. 마르크스는 틴들의 강연을 열심히 찾아서 들었으며, 아마도 그를 통해 마이어의 유물론적 물질대사 이론도 접했을 것이다.[6]

마르크스는 당시 급속도로 확산되던 대규모 기업농이 초래한 환경 문제에 대해 관심을 가지고 관련 자료를 정리했다. 이러한 노력에 비해 실제 마르크스의 책에는 그가 정리했던 과학적 연구 내용이 많지 않다. 《자본》 1권에서 마르크스가 기업농의 문제를 다룬 2쪽 내외의 짧은 글에는 자본주의 생산체제가 인간과 자연 사이의 물질대사적 균형을 파괴하는 핵심 원리가 잘 서술돼 있다.

> 자본주의적 생산은 그것의 중심 대도시에 인구를 계속 집적시켜 감에 따라, 한편으로는 사회의 역사적 동력을 쌓아 나가고, 다른 한편으로는 토지와 인간 사이의 물질대사Stoffwechsel — 즉, 인간이 식품과 의류의 형태로 소비하는 토양 성분이 토지로 되돌아가는 것, 다시 말해 토지의 생산력을 지속시키는 항구적인

> 자연조건 — 를 교란시킨다. … 그리고 자본주의적 농업의 모든 진보는 노동자와 토지를 약탈하기 위한 기술의 진보이고, 주어진 임대 기간 동안 토지의 수확을 높이는 모든 진보 또한 토지 생산력의 지속적인 원천을 파괴하는 진보이기도 하다.[7]

앞 장에서 살펴본 것처럼 자연생태계 내에서 모든 물질은 순환의 형태로 구성요소들 사이를 이동한다. 교란이 없을 때 생태계의 물질순환은 보통 시스템 내부에서 완결되는 폐쇄형 순환을 나타낸다. 낙엽이 떨어지면 그 속에 들어 있는 유기인 성분은 흙 속에서 미생물에 의해 분해되어 인산염과 같은 무기인 형태로 전환된다. 미생물에 의해 다 이용되지 않고 토양에 남은 인산염은 식물 뿌리에 의해 흡수된 후 쉼 없는 물질대사의 리듬에 맞춰 다른 원소들과 파트너를 바꿔 가며 생명의 군무群舞를 이어 간다.

생태계의 순환이 항상 시작된 지점에서 완결된다는 보장은 없다. 예를 들면, 물순환의 경우 한 호수에서 증발한 수증기가 공기 중에서 비가 내려 땅에 떨어질 때 그 빗물이 출발지인 호수로 돌아가는 것은 아니다. 바다로 흘러간 빗물 중의 일부는 증발해서 해풍이 불 때 다시 육지로 돌아오지만, 육지로 돌아온 수증기가, 마치 태어난 곳으로 회귀하는 연어처럼, 처음 순환을 시작했던 호수에 되돌아오지는 않는다. 그러나 지구 전체로 볼 때 물은 거대한 원을 그리며 순환한다.

영국의 농부가 구아노를 비료로 사용해서 농사를 지을 때, 땅에 뿌려진 구아노 속의 인은 작물에 흡수되거나 흙 입자에 흡착되지 못하면 빗물을 따라 강으로 유출되어 템스강을 오염시킬 뿐만 아니라 저 멀리 바다까지 원거리 여행을 떠난다. 이 여행은 돌아오는 길을 생각하지 않는 편도 여정이다. 땅에서 물로 이동한 영양소는 하천의 충적지를 비옥하게 할 뿐만 아니라 강과 바다의 생산성을 증진하는 수생태계의 비료 역할을 수행한다. 알렉시스 드 토크빌Alexis de Tocqueville이 1835년 영국과 아일랜드를 여행하던 중 맨체스터를 방문했을 때 하수를 쏟아내는 하천을 보고 비슷한 생각을 했다. "이 더러운 하수구로부터 인간 산업의 가장 위대한 하천이 흘러나와 전 세계를 비옥하게 한다. 이 오염된 하수구로부터 순금이 흘러나온다."8

농업 활동은 인과 다른 영양소를 유출시킬 뿐만 아니라 침식을 통해 토양 자체를 물리적으로 훼손시킨다. 아시아와 유럽 같은 구대륙에서 토양 침식은 인류문명만큼이나 오래된 환경 문제이다. 물론 인간의 영향이 없는 자연 상태에서도 '지질학적 침식'을 통한 토양의 유출이 발생한다. 사면의 경사가 심한 고산지대의 경우에는 연간 최대 10밀리미터 이상의 침식이 발생할 수 있다. 저지대나 낮은 산지의 경우에는 연간 침식률이 각각 0. 01밀리미터와 1밀리미터를 넘지 않는다. 그러나 농사짓는 땅에서 침식은 일상사가 된다. 침식을 예방하는 노력이 이루어지지 않는 관행 농법으로 농사짓는 땅에서는 연간 침식률이 평균 1밀리미터가 넘으며 자연 상태에 비해 최대 100배 이상 침식률이 증가할 수 있다. 9

농업 활동은 침식을 통한 인 유출뿐만 아니라 토양의 유기물에도 큰 영향을 미친다. 유기물은 토양의 통기성과 함수력含水力을 증진하며, 분해 과정에서 식물과 미생물의 성장에 필수적인 영양소를 제공하기 때문에 건강한 토양을 유지하는 데 없어서는 안 될 소중한 존재이다. 농사짓는 과정에서 갈아엎어진 흙 속의 유기물은 공기와의 접촉이 많아져 분해가 촉진된다. 따라서 산림 토양처럼 자연 상태의 토양은 장기적으로 탄소를 저장하지만 농업 토양은 오히려 이산화탄소나 메테인 같은 온실기체를 배출하는 탄소 배출원 역할을 하게 된다. 사회주의자 토양학자인 프레드 맥도프Fred McDoff 교수는 토양에 저장되어야 할 탄소가 농업 활동에 의해 교란되어 대기로 배출되는 현상을 '토양 탄소 균열soil carbon rift'이라 이름 붙였다. 탄소 균열을 통해 토양의 유기물이 줄게 되면 함수력이 감소한 토양 표면에 비가 내릴 경우 침식이 심해지고 인과 같은 영양소의 유출도 증가하게 된다. 이렇게 토질이 악화된 토양은 계속해서 침식과 영양소 유출 및 이산화탄소 배출이 심해지는 악순환에 빠진다. 인류문명의 출발부터 현재까지 침식과 영양소 유출 문제를 지속해 온 농업 활동이 이제 21세기 최대의 문제라 할 수 있는 기후변화를 심화하는 주요 원인으로 작용하게 된 것이다.[10]

인의 두 얼굴

"아가시Louis Agassiz는 작가들에게 생선을 먹으라고 권한다. 생선에 들어 있는 인이 뇌를 만들기 때문이다. 그러나 나는 얼마만큼 섭취해야 하는지에 대해 결정하는 것을 도울 수는 없다. 아마도 고래 한두 마리는 돼야 충분할 것이다."[11] 1871년 마크 트웨인Mark Twain이 작가 지망생들에게 글쓰기 능력을 향상시킬 비법으로 조언한 말이다. 트웨인은 스위스 태생의 저명한 지질학자인 하버드대 아가시 교수의 권위를 빌려 뇌기능을 촉진하는 인의 중요성을 강조했다. 인은 독일의 연금술사인 헤닝 브란트Henning Brandt가 1669년 처음으로 오줌에서 분리했으며, 1811년에는 프랑스의 분석화학자인 보클랭Nicolas-Louis Vauquelin이 뇌 조직의 인 함량을 보고하며 뇌 기능과 인의 연관성에 대한 연구가 시작된다. 19세기 중반에 인이 뇌 기능을 어떻게 촉진하는지 밝히려는 뇌화학 연구가 활발했을 때, 네덜란드의 생리학자이자 유물론자인 야코프 몰레스호트Jacob Moleschott는 "인이 없으면 생각도 없다"는 말로 인의 중요성을 강조했다.

고래 한두 마리는 먹어야 효과를 볼 거라는 트웨인의 말은 약간 과장되긴 했지만, 인이 자연에 항상 부족하게 존재한다는 사실을 재치 있게 잘 표현하였다. 생명현상을 유지하는 데 필수적인 유전자, ATP, 인지질을 구성하는 인이 충분하지 않으면 단지 뇌 기능뿐만 아니라 생명체와 생태계 전반의 물질대사가 지장을 받을 수밖에 없다.

그러나 이제 인은 지구 곳곳에 넘쳐 난다. 리비히와 마르크스가 살던 시대에 템스강을 오염시켰던 인은 남미에서 수입된 구아노나 다른 유기성 비료에서 유래했다. 1940년대부터 구아노와는 비교할 수 없는 강력한 화학 비료가 사용되어 왔다. 질소 비료는 공기 중의 질소 분자로부터 하버-보쉬Haber-Bosch 공법을 이용해 꽤 힘들게 만들어 내지만, 인의 경우에는 인산염 광물을 채굴한 후 인산을 추출하는 비교적 간단한 공정을 거쳐 비료를 제조한다. 1961년부터 2013년까지 지구상의 인 유동량을 추정한 한 연구에 따르면 50년이 조금 넘는 기간 동안 인의 총사용량은 5배가 증가해 3,100만 톤이 되었다. 2013년 한 해 동안 사용된 인의 총량 중 인산염 비료가 차지하는 비중이 76%로 가장 높았고, 산업용으로 사용된 인이 12%로 그 뒤를 따랐다. 그 외 식품 첨가제와 세제로 각각 6%와 4%가 사용되었다.12 인간의 생존을 위한 식량 생산에 90% 이상의 인이 사용되었으니, "인이 없으면 생각도 없다"고 했던 몰레스호트의 말이 지나친 과장은 아닌 셈이다.

인산염 비료는 20세기 녹색혁명의 주역이지만 과다한 사용으로 지구환경을 악화시키는 주요 오염물질이 되었다. 하천을 통해 바다로 유입되던 인의 총량은 자연 상태에서는 연간 450만 톤에 불과했으나 오늘날은 그 양이 1,260만 톤으로 3배 가까이 증가했다. 농경지에서 담수로 유입되는 양만 해도 1,040

만 톤이며, 70억 명이 넘는 인간들이 배출하는 분뇨 중에서 재사용되지 못하고 하수로 유출되는 양이 200만 톤에 달한다. 1천만 톤이 넘는 가축 분뇨는 50~60% 정도만 퇴비로 농경지에 재사용되고, 나머지는 환경에 부담을 지우는 오염물질이 된다.13 이렇게 세계의 강과 호소湖沼에 유입되는 인의 양이 급격하게 증가함으로써 담수생태계는 이제 인이 지나치게 많아서 문제가 되는 부영양화로 몸살을 앓고 있다. 토크빌은 "인간 산업의 가장 위대한 하천"에서 온 세상을 비옥하게 하는 순금이 흘러나온다고 생각했지만, 지나치게 많은 인은 자연의 축복이 아니라 재앙이 되고 있다.

인과 질소 같은 영양소가 많아지는 부영양화 상태에서는 광합성을 통해 호소의 1차 생산을 담당하는 식물성 플랑크톤이 크게 번성하게 된다. 식물성 플랑크톤은 조류algae뿐만 아니라 흔히 남조류라고 불리는 남세균cyanobacteria을 포함해서 광합성을 하며 물 표층에 떠 있는 다양한 미생물로 이루어져 있다. 인이라는 귀한 먹거리가 어느 날 갑자기 많아지면서 인에 의해 성장이 제약되었던 플랑크톤 무리는 단비가 내린 후 시들어 가던 초원의 풀이 싱싱하게 자라나는 것처럼 빠른 속도로 성장하게 된다. 부영양화가 아주 심해지면 플랑크톤 무리 중에서도 특히 남세균의 세력이 강해져 물 표면을 녹색으로 물들이는 유해 녹조가 발생할 수 있다.

인산염 광물이 처음 채굴되기 시작한 1840년대 이후 2세기가 안 되는 기간 동안 인류는 땅속에서 깊은 잠을 자고 있던 인을 지구 전역에 퍼트렸고, 이제 그 결과로 생겨난 부영양화라는 환경 문제를 해결하기 위해 골머리를 썩고 있다. 그런데 짧은 시간 동안에 그렇게 많은 양의 인산염 광물을 채굴했는데도 앞으로 우리가 계속 사용하기에 충분한 양이 남아 있을까? 부영양화가 환경에 인이 많아져서 생기는 오염 문제라면 인산염 광물의 고갈은 자원 부족이라는 다른 차원의 문제이다. 몬태나주립대의 육수학자 제임스 엘저James Elser 교수는 오염과 고갈이라는 이중고를 강조하기 위해 인이 "두 얼굴을 가지고 있다"고 표현했다.14

2008년에 세계 농산물 가격이 폭등하면서 북아프리카와 중동 지역의 여러 국가에서 폭동이 발생했을 때 의외의 나라와 자원이 주목을 끌었다. 전 세계적으로 인산염 광물을 채굴해서 수출하는 나라는 많지 않다. 전 세계 보유량의 85% 이상이 단지 세 나라에 매장되어 있으며, 그중에서도 모로코 한 나라가 전체 보유량의 대다수를 차지한다.15 2008년 정치적 혼란의 여파로 인산염 교역이 지장을 받자 이전에 1톤당 50달러에 불과하던 인산염 원석의 가격이 최고 431달러까지 치솟았다.16 북아프리카와 중동뿐만 아니라 아이티나 인도처럼 식량과 비료의 가격이 동시에 폭등한 많은 나라에서 정치적 소요가 한동안 지속됐다.

이런 혼란의 와중에 출간된 한 논문은 인 보유량이 100년 내에 고갈될 거라는 예측을 내놓아 큰 주목을 받았다.17 이 논문은 석유 생산 정점을 의미하는 '피크 오일peak oil'을 차용해서 '피크 인peak phosphorus', 즉 세계 인산염 생산의 정점이 2030년경에 도래할 것으로 예측함으로써 관련 연구자들 사이에서 세계 인산염 보유량에 대한 논쟁을 촉발했다. 바로 다음 해에는 모로코의 인산염 지대에서 실시된 지질 조사 결과에 근거한 새로운 인산염 보유량 추정치가 제시되었으며, 이후 세계 인산염 보유량 및 생산량과 관련해서 가장 많이 인용되는 미국 지질조사국USGS 보고서에 이전과는 판이한 추정치가 제시된다.18 USGS의 2021년 보고서를 보면, 세계 인산염 광물 보유량은 710억 톤이며, 이중 모로코와 사하라 서부 지역의 보유량이 500억 톤으로 전체의 70%를 차지한다.19 USGS 보고서는 변경된 매장량 추정치에 기초해서 "인산염 암석의 당면한 부족은 없다"고 명시하고 있다.

그러나 매장량에 대한 추정의 불확실성이 높고 최근 수십 년 동안 수요가 급증하면서 채굴이 용이한 암석이 우선적으로 상품화된 상황을 염두에 두면, 앞으로도 상품가치가 높은 인산염 생산이 이전처럼 계속 증가할 수 있을지 의문이다. 미국처럼 이전에 비교적 많은 인산염을 보유했던 일부 국가의 인산염 생산이 급감함으로써 모로코에 대한 의존도가 갈수록 높아질 수밖에 없다. 엘저 교수는 앞으로 인산염 확보는 식량 및 안보 문제와 관련해 핵심적 위험요소가 될 것임을 강조한다.[20] 인류와 지구생태계의 물질대사가 단절되지 않도록 만들기 위해서 우리는 과잉과 결핍의 이중고에 처한 인의 중요성을 분명하게 인식해야 한다. 이런 점에서 원래 생화학자였지만 SF 작가로 더 잘 알려진 아이작 아시모프Isaac Asimov의 말을 되새겨 볼 필요가 있다.

> 우리는 원자력을 석탄으로, 플라스틱을 나무로, 효모를 고기로, 그리고 친밀함을 고립으로 대체할 수 있다. 그러나 인의 경우에는 대체품substitute도 없고 교체할 물질replacement도 없다.[21]

생명의 그물을 옥죄는 상품의 사슬

코로나19 확산이 처음 시작된 중국 우한에서 2020년 1월 말에 감염자 수가 급격하게 증가하자 도시 전체가 봉쇄됐다. 이때 세계 곳곳에 우한 시민만큼이나 곤경에 빠진 사람들이 생겨났다. 우한의 공장들이 문을 닫자 납품을 받지 못하는 다른 나라의 기업들이 생산 차질로 인해 큰 피해를 보게 된 것이다. 한 조사에 따르면 전 세계적으로 5만 1천 개 이상의 기업들이 최소한 1개 이상의 우한 소재 업체에서 원료 및 부품을 직접 공급받고 있었으며, 500만 개 이상의 기업들이 우한에 1개 이상의 2차 공급업자를 두고 있었다.22 우한 한 곳과 이렇게 많은 세계의 기업들이 관계를 맺고 있으니 '세계의 공장' 중국 전체에서 원료와 부품을 공급받는 전 세계 기업들의 수는 과연 얼마나 될까?

복잡한 인과 관계를 추적하다 보면 글로벌 팬데믹의 뿌리가 바로 자본주의 상품사슬에 닿아 있다는 사실과 직면하게 된다. 오랫동안 팬데믹의 발생을 연구해 온 진화론적 역학 연구자 롭 월리스Rob Wallace는 "신자유주의 질병 발생에 대한 일반 이론"을 제시했다. 이 이론에 따르면 "지역적 전파local spillover"

에 불과했던 이전의 풍토병과 달리 이제 전염병은 "지구적 여행-교역 연결망global webs of travel and trade"을 통해 지구 전역으로 신속하게 확산될 수 있으며, 이 전염병 확산의 연결망은 '공급사슬supply chains'과 '가치사슬value chains'로 이루어진 자본주의 상품사슬의 인프라와 겹쳐져 있다.23 더 많은 이윤을 얻기 위해 더 싼 땅과 원료를 찾아 세계의 오지 구석구석을 누비는 다국적 농업기업이 정복한 공급사슬의 프런티어로부터 원료와 함께 병균이 공급되는 것이다.

《침묵의 봄》의 저자 레이첼 카슨은 "산업에 의해 지배된 시대"에는 "어떤 비용을 치르더라도 1달러를 벌겠다는 권리가 좀처럼 도전받지 않는다"고 탄식했다. 한계를 모르는 자본주의적 생산은 그 자체가 지구의 자원과 환경의 지속가능성에 중대한 도전이 되고 있다. 자본주의적 생산의 파괴성을 누구보다 예리하게 파헤쳤던 마르크스는 자본 연구를 상품의 분석부터 시작할 수밖에 없는 이유를 《자본》 1권의 첫 문장에 다음처럼 적었다. "자본주의적 생산 양식이 지배하는 사회에서 부는 하나의 '거대한 상품 집적'으로 나타나고, 하나하나의 상품은 이러한 부의 기본 형태로 나타난다."24 마르크스는 상품의 "신비적인 성격"이 사용가치에서 나오는 것이 아니라 인간의 노동이 갖는 사회적 성격에 의해 정해진다는 사실에 주목했다. 종교적 세계에서 "인간 두뇌의 산물"이 사람과 사람 사이의 관계를 맺는 자립적 존재로 작용하듯이, 상품세계에서 "인간의 손의 산물"인 상품은 "사회적인 물적 존재"로서 일정한 사회적 관계를 형성한다. 인간의 노동 생산물이 상품이 되는 순간 그것은 물신 숭배의 대상이 된다.**25**

가치의 증식이 존재 이유인 자본은 사회와 자연에 어떤 피해가 가해지더라도 상품사슬 마디마디에서 최대의 가치를 창출하기 위해 부단히 운동한다. 마르크스는 자본가를 "가치 증식의 광신자"로 만드는 자본주의 경제체제의 작동 원리에 주목한다.

> 사용가치와 향락이 아니라 교환가치와 그 증식이 자본가의 추진력 동기가 된다. 가치 증식의 광신자인 자본가는 가차 없이 인류에게 생산을 위한 생(따라서 사회적 생산력의 발전)을 강요할 뿐만 아니라, 물적 생산조건 — 각 개인의 완전하고 자유로운 발전을 근본 원리로 하는 더욱 높은 사회형태의 유일한 현실적 기초가 될 수 있는 — 의 창조까지 강요한다. … 경쟁은 자본가에게, 자본을 유지하기 위해서는 그것을 끊임없이 증대시키

도록 강제하고, 그는 오로지 누진적인 축적을 통해서만 자본을 증대시킬 수 있다.[26]

생산 비용을 절감해서 가격 우위를 유지해야만 치열한 생존 경쟁에서 살아남을 수 있기 때문에 기업들은 값싼 땅과 값싼 노동을 찾아 끊임없이 상품사슬의 외부 경계를 확장한다. 이러한 자본에 의한 지구 정복을 마르크스는 《정치경제학 비판 요강》에서 다음처럼 설명한다. "자본은 한편으로 교류, 즉 교환을 가로막는 모든 공간적 장벽을 무너뜨리고 자기 시장을 위해서 지구 전체를 정복하고자 노력해야 하지만, 다른 한편으로 자본은 시간으로 이 공간을 소멸시키고자 노력한다."[27] 값싼 프런티어는 갈수록 줄어들기 때문에 상품사슬을 통한 원료와 제품의 이동 속도를 높여야만 자본의 지속적 축적이 가능한 것이다. 제어할 수 없는 자본 증식의 욕망이 초래하는 사회적 변화에 주목한 배리 카머너는 제2차 세계대전 이후 미국에 등장한 자본주의적 생산 기술이 환경위기를 초래할 수밖에 없는 불가피성에 대해 다음처럼 지적했다. "최근 미국을 집어삼킨 환경위기의 주된 원인은 제2차 세계대전 이후의 생산 기술의 대대적인 변신이다. … 환경에 강한 영향을 초래하는 생산 기술이 덜 파괴적인 기술을 대체했다. 환경위기는 반생태적인counter-ecological 성장 유형의 불가피한 결과이다."28

배리 카머너가 지적한 제 2차 세계대전 이후의 "반생태적인 성장"은 인간사회뿐만 아니라 지구환경 전체를 인공적인 공간으로 변모시켰다. 1950년 이후의 '거대한 가속기' 동안 인류는 상상을 초월하는 양의 인공 구조물을 만들어 왔다. 2020년 〈네이처Nature〉에 발표된 한 논문에 따르면, 인간이 만든 인공물anthropogenic mass의 총량은 2020년에 지구 전체의 생물량인 1.1테라톤(10^{18}g)을 초과했다(〈그림 5-1〉). 이러한 무제한적 생산 활동이 과연 얼마나 더 지속될 수 있을까? 지난 50여 년 동안 지구환경을 거대한 인공 구조물로 변화시킨 자본주의적 생산의 지속가능성에 의문을 가지지 않을 수 없는 이유는 변화의 속도에서 찾을 수 있다. 인공물의 양은 20년마다 2배씩 증가하고 있는데, 이러한 지수적 성장이 지속되기에는 지구의 공간과 자원의 제약이 너무나 명확하다.

사회-생태 시스템의 물질대사를 연구하는 과학자들은 최근 '물질 흐름 분석material flow analysis'을 통해 인간에 의해 지구 전

〈그림 5-1〉 1900년 이후 인공물의 증가[29]

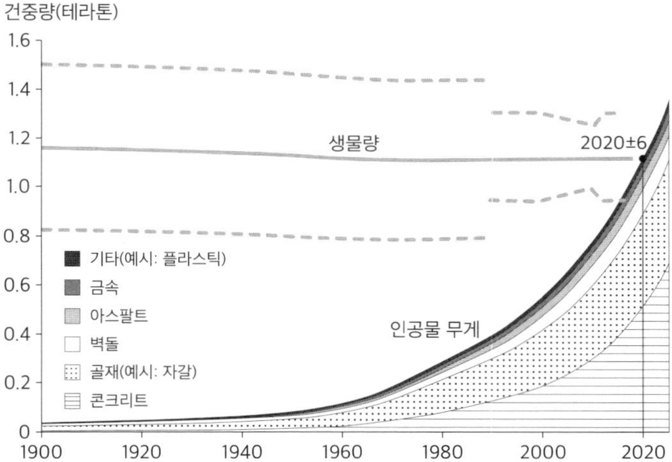

체에 축적된 인공물의 '현존량stocks'과 지속적 생산 과정에서 발생하는 물질의 '유동량flows'을 비교적 정확하게 추정하고 있다. 이 연구자들은 말 그대로 인간과 관련된 지구적 차원의 물질대사를 연구하고 있는 것이다. 여기서 물질의 현존량에는 인간 자신과 가축 및 인공 구조물이 포함되며, 유동량은 자연에서 추출된 자원이 경제 시스템을 통해 현존량에 추가되거나 폐기물로 배출되는 물질 전부를 포괄한다. 모든 인간 활동과 결과물을 통계자료로 정리하는 것은 쉽지 않은 일이다. 가용한 자료를 모두 취합해 1900년부터 2015년까지 인간과 관련된 물질 현존량과 유동량의 변화를 추정한 한 연구에 따르면, 같은 기간 매년 자연에서 추출된 물질의 양은 12배가 증가하여 2015년에는 690억 톤이 되었으며 2015년 기준으로 인간이 차지하는 현존량은 9,610억 톤이 되었다.30

이 연구에서 주목할 만한 점은 인간 활동에 의한 물질의 유동량이 21세기 들어서 제 2차 세계대전 이후의 '거대한 가속기'와 맞먹을 정도의 빠른 속도로 증가하고 있다는 것이다. 2002년부터 2015년까지 짧은 기간 동안의 유동량이 1900년 이래 전체 기간 동안 이동한 총량의 3분의 1을 차지할 정도이다. 이 연구는 전 세계 자원 추출량이 2050년에 연간 2,180억 톤으로 증가할 것으로 예측했다. 이 예측치는 연간 1천억 톤 이하로 추정되는 지속가능한 자원 추출량을 2배 이상 상회한다. 이러한 수치들이 제시하는 명백한 자원의 한계에도 불구하고 지구 구석구석까지 확장된 상품사슬을 통해 무한 증식을 추구하는 자본의 무제한적 운동을 과연 누가 어떻게 통제할 수 있을까? 마르크스가 19세기에 이미 자본의 포식성에 전율하며 대안을 찾아 나섰듯이, 인류문명의 지속가능성을 고민하는 사람이라면 그 누구도 이 질문을 피해 갈 수 없을 것이다.

오지에Augier가 말하듯 화폐가 뺨에 자연의 핏자국을 묻히고 이 세상에 태어난다면, 자본은 머리끝에서 발끝까지 모든 털구멍에서 피와 오물을 흘리면서 태어난다.[31]

6장

공존 vs. 독점

경쟁하지 마라! ―경쟁은 항상 생물종에게 해를 끼치며, 경쟁을 피할 만큼 충분한 자원이 있다!

― 피요트르 크로포트킨, 《만물은 서로 돕는다》[1]

무릇 있는 자는 받아 풍족하게 되고 없는 자는 그 있는 것까지 빼앗기리라.

―〈마태복음〉 25장 29절[2]

자연의 경제

"모든 생명체는 자연의 경제에서 각자의 자리를 차지하기 위해 분투하고 있다고 할 수 있다."[3] 다윈의 《종의 기원》에 나오는 유명한 구절이다. 여기서 '자리'라는 단어는 이후 생태학의 주요 개념으로 자리 잡는 '생태적 니치'를 의미하며, '자연의 경제' 속에서 자리 찾기는 생존을 위한 생물 간의 경쟁에서 각자의 생존을 가능하게 하는 조건을 찾아 적응한다는 다윈의 생각을 잘 보여 준다. 다윈의 글에서 종종 경제학적 개념이 등장하는 것을 보고 다윈 연구자들은 당대에 유행하던 정치경제학이 다윈의 연구에 많은 영향을 주었다고 추측한다. 과학저술가 스티븐 제이 굴드는 "애덤 스미스의 경제학이 자연에 적용"된 것이라고 말하기도 했다.[4]

다윈이 진화론의 아이디어를 발전시키는 초기 단계에 스미스나 맬서스 같은 경제학자들의 책을 열심히 읽었다는 사실은 그의 연구 노트에도 잘 기록되어 있다. 그러나 최근의 과학사 연구를 보면 '자연의 경제'는 《종의 기원》이 출판되기 100년 이전에 이미 다른 생물학자의 저술에 사용된 적이 있다. 생물분류학의 창시자 칼 본 린네Carl Linnaeus가 지도한 박사학위 논문집에 들어 있는 아이작 비베르크Isaac Biberg의 논문 "자연의 경제*Oeconomia Naturae*"(1749)가 그 증거물이다. 다윈이 1841년 5월에 한 지인에게 보낸 편지에 이 논문의 영어 번역본을 읽었다고 적은 걸로 미루어 보면 그가 비베르크의 논문을 통해 자연의 경제라는 말을 알게 됐을 가능성이 높다.

생태학을 뜻하는 영어 단어 ecology는 경제학 economics와 oikos라는 그리스어 어원을 공유한다. oikos가 집이나 가계를 의미하므로 경제학과 비교해서 생태학은 자연의 살림살이, 즉 자연의 경제를 탐구하는 학문으로 볼 수 있다. 비베르크의 박사논문은 비록 18세기 과학지식의 한계를 가지지만 생태학의 기본적 주제를 두루 다루며 자연의 경제를 설명한다. 비베르크는 동물 사체를 먹고 사는 분해자나 소똥을 처리하는 딱정벌레뿐만 아니라, 심지어 아이들 머리에 붙어살며 불필요한 분비물을 없애 주는 이까지 사례로 들며 자연의 경제에서 다양한 생태적 니치가 분화되는 원리를 설명한다.

> 어떤 동물이 죽은 동물을 즐겨 먹지 않는다면 온 세상은 시체와 냄새나는 사체로 가득 찰 것이다.
>
> … 이는 아이들 머릿속에 놀랍게 수를 불리는데, 조악해 보

이지만 쓸모가 없지는 않은 이유가 과도한 체액을 소비하기 때문이다.

딱정벌레 종은 여름에 소똥으로부터 모든 습하고 끈적한 물질을 추출해 내서 소똥이 먼지처럼 되게 만들어 바람에 의해 땅 위로 잘 퍼지게 한다.[5]

비베르크가 관찰한 것처럼, 각각의 생명체는 각자의 자리에서 자신의 생존을 위해 최선을 다할 뿐이지만 이렇게 다양한 생물이 어울려 복잡한 생명의 그물을 형성할 때 그 생태계는 건강하게 제 기능을 유지할 수 있다. 생물다양성과 생태계 기능BEF: Biodiversity and Ecosystem Function 사이의 관계는 수십 년 동안 생태학의 핵심적 연구주제로 활발하게 연구되어 왔다. 다양한 육상 및 수생태계에서 수행된 많은 BEF 연구를 통해 한 가지 공통된 현상이 관찰됐다. 다양성이 높은 생태계는 일반적으로 생산성과 자원의 이용 효율이 높은 반면에,[6] 소수의 종들에 의해 자원이 독점된 생태계는 그 기능이 저하되는 일이 흔하다.[7] 물론 이 현상에는 많은 예외가 있어서 다양한 변주가 나타나기 때문에 지나친 일반화의 위험을 경계해야 한다. 앞의 두 장에서 살펴본 자연생태계의 다양성 원리와 인간에 의한 생태계의 물질대사 교란에 기초해서 이 장에서는 니치 분화를 저해하는 생태계 내 자원의 일시적 독점 현상과 자본주의적 생산체제와 자산 소유의 독점화 경향을 비교하고자 한다.

생태계 독점 사례: 서울의 하수와 한강 녹조

2015년 여름, 한강 곳곳에는 "녹조 라떼"라 불리는 유해 녹조가 창궐했다. 한강 하류에는 이전에 보기 힘들었던 심한 녹조가 발생해 물고기가 집단 폐사하는 일까지 생겼다. 녹조는 보통 흐르는 강물보다는 고여 있는 호수에서 심한 법인데, 인구 천만의 대도시 서울을 관통하는 한강에 창궐한 녹조는 많은 이들에게 심각한 환경 문제로 받아들여졌다. 당시 환경부 장관은 한 인터뷰에서 한강 녹조의 주범으로 서울시 하수처리장을 지목했다. "잠실 수중보에서 신곡 수중보 사이 4개 하수처리장에서 매일 450만 톤 가까운 하수가 들어오는데, 가뭄으로 인해 상류에서 흘러 내려온 물이 적다 보니 하수가 한강물의 50%를 차지한다." 가뭄으로 상류에서 유입되는 강물이 줄어든 상황에서 하수처리장 방류수가 녹조를 유발하는 제한 인자인 인을 많게는 97%까지 한강에 유입시켰다는 것이다.[8]

한강물의 절반이 하수처리장 방류수라는 말은 가뭄이 유난히 심했던 해의 특수한 상황에나 맞겠지만, 우리가 쓰고 버린 물속의 영양소가 강의 녹조를 초래하는 원인이 될 수 있다는 것은 분명한 사실이다. 한강 녹조의 책임을 지게 된 서울시는 이후 인 배출을 줄이기 위해 많은 돈을 들여 하수처리장 고도화 사업을 진행했으며, 녹조가 심했던 한강 일부 구간에는 녹조 제거선을 투입하는 등의 긴급 대응책도 병행했다. 그러나 2018년 여름에도 2015년보다는 정도가 덜했지만 심한 녹조가 발생했다. 하수처리장 고도화 사업으로 인해 한강의 수질이 많이 개선되고 있는 상황에서 녹조가 비정기적으로 재발하는 것에 대해 그 원인을 두고 논란이 일기도 했다.

저자의 연구실에서 한강의 장기 수질 변화를 분석한 바에 따르면, 한강의 녹조는 특정한 요인 한 가지로 설명할 수 없으며 가뭄, 고온, 수질오염 같은 공모자들을 동시에 소환해서 조사해야 사건의 진상이 제대로 파악될 수 있다.[9] 녹조라는 이름 때문에 혼동될 수 있지만 유해 녹조의 주범인 남세균은 진핵세포를 가진 원생생물인 조류와는 생물학적으로 확연히 구분되는 원핵세포로 이루어진 세균이다. 한강 녹조의 우점종은 마이크로시스티스*Microcystis* 속에 속하는 남세균이다. 비교적 가뭄이 심했던 2015~2018년 기간 동안 한강 하류의 마이크로시스티스 세포 수의 변화를 강우량이나 수온과 비교해 보면 2015년과 2018년 여름에 녹조가 심했던 때는 직전에 비도 적게 오고 수온도 높았던 공통점을 확인할 수 있다. 환경부 장관의 말처럼, 가뭄이 심해지면 한강을 흐르는 물 중에서 하수처리장 방류수가 차지하는 비율이 증가한다. 장기적으로는 한강의 인 농도가 계속 감소하고 있지만, 일시적으로 인의 가용도가 증가할 수 있다. 때마침 수온까지 높다면, 고온에서 다른 남세균보다 경쟁력이 높은 마이크로시스티스가 세를 확장할 확률이 높아지게 된다.

한강에서 유해 녹조가 심해질 때 조류 군집과 더 나아가 한강 생태계 전체에는 어떤 변화가 발생할까? 녹조가 심할 때는 한강에서 조사되는 남세균의 네 가지 속 중에서 특히 마이크로시스티스가 차지하는 비율이 높아진다. 조류의 성장을 제한하는 영양소인 질소와 인의 가용도가 어떻게 조류 군집 전체와 특히 남세균에게 영향을 주는지를 알아보기 위해 질소와 인의 비(N/P)와 조류 측정 결과를 비교해 보았다. N/P비가

50 이하로 낮게 떨어질 때, 즉 질소에 비해 인의 가용도가 일정 수준 이상으로 증가할 때 남세균의 세포수가 뚜렷이 증가하고, 그중에서도 특히 마이크로시스티스의 비율이 60~70%를 넘어서 심할 경우 100%에 육박하게 된다. 남세균 성장을 촉진하는 낮은 N/P비 조건에서 조류 군집 전체의 P 이용 효율이 감소하는 경향을 나타냈다. '자원 이용 효율RUE: Resource Use Efficiency'은 조류의 풍부도를 나타내는 지표인 클로로필 chlorophyll a 농도를 인 농도로 나누어 주는 방식으로 계산하는데, 인 단위 농도당 얼마나 많은 조류가 존재하는지를 파악하여 조류 군집의 영양소 이용 효율을 평가할 수 있다.

한강의 영양소 중 인의 상대적 가용도가 증가할 때 이 조건에 잘 맞는 마이크로시스티스 같은 남세균이 자원을 독점하게 되면 조류 군집 차원에서는 인의 이용 효율이 감소하게 된다. 이런 결과는 종 다양성이 높을수록 자원 이용 효율 같은 생태계의 기능성이 높아진다는 최근의 다양성-기능 연구 결과와 잘 부합한다. 생태학에서는 1970년대에 이미 다양성이 높은 생태계에서는 '니치 다원화'를 통해 인과 같은 제한 인자를 더 효율적으로 사용하게 된다는 가설이 제시되었다.10 다양한 생물이 다른 생물과의 경쟁을 피하기 위해 각자의 생존에 필요한 니치를 찾아 생태계 내의 니치를 다원화하여 자원의 이용 효율이 향상된다는 것이다. 주로 호수에서 조류 다양성과 자원 이용 효율을 비교한 해외의 연구에서도 조류 군집의 종 다양성이나 균등도가 높을수록 인 이용 효율이 전반적으로 높은 결과를 보였다.[11]

담수생태계에서 인은 가장 중요한 제한 인자이기 때문에 그 양이 적당한 수준까지 증가하면 조류의 성장을 촉진하게 되지만, 일정한 범위를 벗어날 경우에는 인의 긍정적 효과가 인이 과도한 조건에서 잘 살 수 있는 소수의 종들에게만 돌아가고 조류 군집 차원에서는 자원 이용 효율이 오히려 감소하게 된다. 소수에 의한 자원의 독점이 생물 간의 영양 균형을 깨트려 생태계의 기능성을 떨어뜨리는 부작용을 초래한다. 그러나 한강의 녹조가 보통 한 계절을 넘기지 않는 사실을 보면 알 수 있듯이, 자연생태계의 우점종에 의한 자원 독점은 보통 일시적 현상으로 그친다. 교란이 완화된 이후에는 금방 다양성이 회복되면서 생태계 차원의 자원 이용 효율은 빠르게 회복된다. 그렇다면 인간사회의 자원 이용은 어떻게 조절되고 있을까? 다음에서는 자율적 조절기능을 가지는 자연생태계처럼 인간사회도 독점이 조절될 수 있는지 알아본다.

마태 효과: 부의 독점

코로나 팬데믹으로 인한 위기 상황에도 불구하고 주식시장이 과열되는 기현상이 세계 곳곳에서 벌어졌다. 이 와중에 한국에서는 "동학 개미"라 불리는 개인 투자자들이 대규모로 주식시장에 몰려들어, 2021년 새해 첫 10거래일 동안 14조 원의 주식을 순매수했다.[12] 같은 시기 미국에서는 개인 투자자들이 비우량주인 비디오게임 판매업체 '게임스탑GameStop'의 주식에 집중 투자해서 한때 주가를 1,500%까지 끌어올린 데 이어, 과평가된 주식을 공매도해서 수익을 올리려던 거대 헤지펀드에 맞서는 월스트리트판 "다윗과 골리앗의 싸움"을 벌였다.[13] 그렇다면 세계 주식시장을 과열시킨 개인 투자자들은 1%에 맞서 99%의 부를 지키기 위해 싸우는 개미 투사들인가?

게임스탑 주가를 지키기 위해 월스트리트의 골리앗과 싸운 개인 투자자들은 "금융계를 민주화하는 로빈후드"에 비유되기까지 했다. 그러나 미국의 가계소득별 주식 보유 현황을 보여 주는 통계는 로빈후드 영웅담과는 전혀 다른 현실을 알려준다. 이 통계에 따르면 미국 가계소득의 상위 10%에 해당하는 투자자들이 전체 주식 보유액의 84%를 소유한 것으로 나타났다. 이 연구를 수행한 경제학자 에드워드 울프Edward N. Wolff는 상위 10%에 의한 주식 보유액 독점은 미국 사회가 안고 있는 부의 불평등 문제와 직결된다고 얘기한다. 중산층의 경우 자산의 대부분이 주식이 아니라 부동산에 묶여 있기 때문에 부동산 가격이 급락할 경우 채무 비율이 높은 주택 소유자의 재무 안정성이 낮아질 수밖에 없다. 또한 부의 불평등이 인종 문제와 겹쳐 있는 미국 사회의 특성이 주식 보유 통계에도 고스란히 드러나는데, 주식은 백인 가구가 보유한 부의 17%를 차지하는 반면에 흑인과 히스패닉 가구의 경우 그 비율이 3%에 그친다.[14]

코로나 팬데믹으로 인한 위기 상황을 투자의 기회로 이용해 주식과 부동산 보유액을 늘리는 부자들로 인해 부의 불평등은 더욱 심해지고 있다. 크레디트 스위스Credit Suisse가 2020년에 발간한 《세계의 부 보고서*Global Wealth Report*》에 따르면, 2019년 말 기준으로 미화 100만 달러 이상을 보유한 전 세계 백만장자의 수는 세계 성인 인구의 1%인 5,200만 명에 불과했지만 이들은 전체 부의 43%를 보유했다(〈그림 6-1〉). 반면에 성인 인구의 과반이 넘는 54%에 해당하는 27억 7천만 명은 1인당 재산이 1만 달러를 넘지 못했는데, 이 다수의 가

〈그림 6-1〉 세계의 부 피라미드(2019년 말)[15]

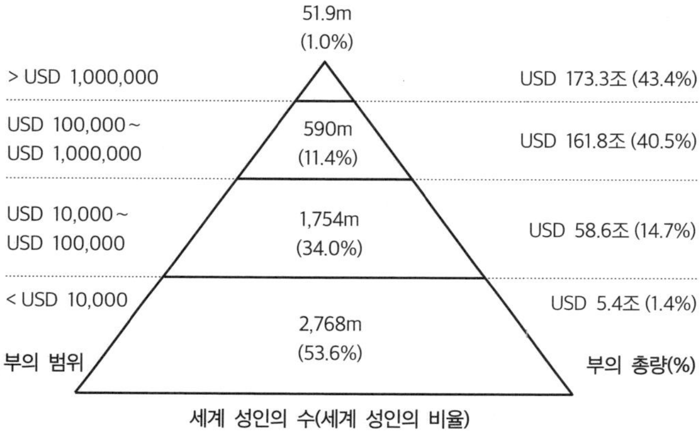

난한 사람들은 전 세계 부의 단지 1.4%를 소유한 것으로 나타났다.[16] 2021년 보고서에는 코로나 팬데믹 기간의 경기 롤러코스터가 그대로 반영돼 있다. 팬데믹 초기인 2020년 첫 분기에는 전 세계 부의 규모가 4.4%나 감소했지만 연말에는 전년 대비 7.4%나 성장했다. 백만장자의 수는 전 세계적으로 520만 명이 늘었으며, 늘어난 부 28.7조 달러 중 12.4조 달러는 북미에서, 9.2조 달러는 유럽에서 증가한 반면에, 인도나 남미처럼 팬데믹의 피해를 많이 입은 개발도상국들은 기록적인 부의 감소를 감내해야 했다.[17]

미국의 사회학자 로버트 머튼Robert K. Merton은 1968년 〈사이언스〉에 "과학 분야의 매튜 효과"라는 논문을 발표했다.18 그는 자신의 아내이자 동료 사회학자인 해리엇 주커만Harriet A. Zuckerman이 1960년대 초 노벨상을 탄 과학자들과의 인터뷰를 통해 밝힌, 권위 있는 과학자들의 업적에 대한 학계의 편중된 평가를 〈마태복음〉 25장 29절의 문구를 빌어 매튜 효과라 칭했다. "무릇 있는 자는 받아 풍족하게 되고 없는 자는 그 있는 것까지 빼앗기리라"는 매튜 효과는 단지 과학자의 권위에만 적용되는 것이 아니고 인간사회의 다양한 독점 현상을 설명하는 일반적 원리임이 입증되어 왔다.

생태학자 하워드 오덤은 '최대 파워 원리'에 기초해서 "돈이 파워와 임파워를 최대화"하는 사회경제적 메커니즘을 설명한다. 경제 시스템 내에서 화폐는 사람들이 네트워크를 강화하는 활동을 지속하게 하며, 상품 생산이 최적 수준을 이룰 수 있도록 상품의 가격과 관련된 활동의 패턴을 조절한다.19 오덤의 설명에는 명확하게 드러나 있지 않지만, 네트워크를 강화하는 돈의 작용은 자본의 소유와 접근성에 따라 크게 달라질 수밖에 없다. 이를 마르크스는 자본의 '집중'으로 설명한다.

> 그것은 이미 형성된 자본들의 집적이자 이들 자본의 개별적 자립성의 폐지이며, 나아가서는 자본가에 의한 자본가의 수탈이고, 다수의 소자본이 소수의 대자본으로 전화함을 뜻한다. … 자본이 산 사람의 수중에서 대폭 팽창하는 것은 그것이 많은 다른 사람의 수중에서 그만큼 소멸하였기 때문이다. 이것은 바로 축적Akkumulation 또는 집적Konzentration과 구별되는 집중Zentralisation이다. 20

자본주의 금융화가 본격화된 계기는 1980년대 미국 레이건 행정부의 신자유주의적 경제 정책에서 찾을 수 있다. 21 투기성 자본에 대한 금융 규제가 완화된 틈을 타 블랙스톤이나 칼라일 같은 신규 자산운영사가 등장했다. 주로 1940년대생 유대인들이 설립한 사모펀드 회사들은 초고속 성장을 이어 갔으며 2000년대 들어서는 이들이 소유한 회사들이 대거 주식시장에 상장되면서 그 존재가 부각되기 시작했다. 2012년 대선에서 '베인 캐피탈Bain Capital'을 세운 미트 롬니Mitt Romney가 대선에 출마하면서 사모펀드 창업자들이 천문학적 보수를 받는다는 것이 대중들에게도 알려지게 되었다. 22

사모펀드가 사업을 확장해 온 방식은 금융공학의 정석을

보여 준다. 이들은 매수할 기업을 담보로 거액을 차입하는 차입매수LBO: Leveraged Buy-Out 기법으로 기업을 인수합병한 후, 회계장부를 정리하고 대규모 직원 해고를 통해 기업 가치를 키우고서 되팔아 천문학적 수입을 거두었다. LBO의 선구자로 알려진 윌리엄 사이먼William Simon은 동업자들과 자기 자본 100만 달러로 기업 '깁슨 그리팅스 카드Gibson Greetings Cards'를 5,800만 달러에 구입했다. 이후 재무공학적 비용 절감을 통해 기업의 가치를 키운 회사는 IPO(기업 공개)를 통해 총 3억 3천만 달러의 주식을 판매했다. 이 과정에서 사이먼은 단돈 33만 3천 달러를 투자해서 총 6,600만 달러를 벌어들였다. 이후 그는 미국 재무부장관도 역임했으니, 부와 권력을 양손에 다 거머쥔 것이다. 또 다른 전설적인 "기업 사냥꾼corporate raiders"인 CNN 창업자 테드 터너의 말처럼, "얼마나 당신이 소유하고 있느냐가 아니라 얼마나 빚을 지느냐"가 더 중요한 것이다. **23**

이렇게 쉽게 돈 버는 방법을 따라하지 않을 자본가가 어디 있을까? 이후 수십 년 동안 자본시장을 휩쓴 인수합병의 광풍은 주가가 폭등하고 제로 금리가 지속된 코로나 팬데믹 기간에 절정으로 치달았다. 2020년 미국에서 이루어진 평균적인

LBO 1건당 사모펀드는 매수한 기업 연매출의 13.2배에 달하는 금액을 지불했는데, 이는 역사상 최고치였던 2019년의 12.9배를 넘어서는 수치다.[24] 사모펀드의 빚잔치가 위험한 이유는 이들이 감당하기 쉽지 않은 채무를 지고 사들인 기업들 중 다수가 채무의 무게를 견디지 못하고 파산하기 때문이다. 2020년에 113년의 역사를 가진 고급 백화점 체인 '니만 마커스Neiman Marcus'가 파산 신청을 했을 때, 이 회사가 진 채무 총액은 50억 달러가 넘었다. 이들 기업은 대부분 정리해고와 임금 삭감 등 노동자의 희생을 통해 기업 가치를 올리려는 "포식성 사모펀드 기업 모델"을 따르고 있다. 미국의 경우 880만 명의 노동자가 사모펀드 소유 기업에 고용돼 있는데, 이는 2021년 6월 기준 미국 전체 전일제 노동자 1억 2,700만 명의 7%에 육박한다.[25]

국가가 개입해서 쉽게 해결할 수 없는 모든 복잡한 경제 문제는 시장의 '보이지 않는 손'에 맡겨 스스로 해결되게 하라는 신자유주의의 복음이 여전히 강력하다. 2021년 한국에서는 스무 번이 넘게 수정된 부동산 정책에도 불구하고 주택 가격이 지속해서 상승하자, 주택시장의 자율적 공급-수요 균형이

유일한 해결책이라는 주장이 힘을 얻었다. 과연 시장에 맡겨두면 정부가 해결할 수 없었던 부동산 문제든 갈수록 심화하는 부의 불평등 문제든 저절로 다 해결될 수 있을까? 신자유주의의 대부 밀턴 프리드먼Milton Friedman은 본인의 말로 자본가의 사적 이윤 추구가 사회의 공익 실현과 거리가 멀다는 사실을 명확히 했다. "기업의 사회적 책임은 기업의 이익을 증가시키는 것이다."[26] 그러나 생산과 고용이라는 '사회적 책임'은 외면하고 차입매수를 통해 '기업의 이익'만 좇는 사모펀드의 LBO 사례에서 알 수 있듯이, 돈이 돈을 버는 금융 자본주의 시대에 소수의 수중에 집중된 자본은 판돈을 불려 가며 버블 붕괴 전까지 폭탄 돌리기를 계속할 것이다. 99%가 이 폭탄 돌리기의 피해자가 될 것이라는 점을 우리는 멀지 않은 과거의 쓰라린 경험으로 잘 알고 있다.

도시는 효율적인가?

"대도시는 효율적이다. 다만 개개인의 삶은 팍팍해진다. 국토 균형발전은 좋은 얘기지만 현실적이지는 않다." 한 언론인은 도시 효율성 연구에 기초해서 수도권 인구 집중에 대한 불가피성을 강조한다. 그가 보기에 일자리와 편리함을 좇아 대도시로 몰리는 사람을 "흩어 버릴 방안보다는 모인 사람들이 조금이라도 편안하게 살 방법을 고민"하는 것이 자연의 법칙에 더 맞는 것이다.27 이 언론인이 생각하는 것처럼 정말 도시는 효율적인가?

최근 사회 현상에서도 자연 현상과 같은 물리적 법칙을 찾기를 원하는 일부 과학자들이 도시의 효율성을 설명할 수 있는 규칙성을 탐구 중이다. 물리학자 제프리 웨스트Geoffrey West가 2018년에 발간한 책 《스케일》에는 생명체와 인간사회에 공통적으로 발견되는 규칙성에 대한 다양한 연구 결과가 잘 정리돼 있다.28 웨스트와 동료 연구자들은 생물체의 크기와 물질대사의 효율에 나타나는 규칙성을 도시의 규모와 생산성의 관계에서 확인했다. 생물체의 무게가 100% 증가하면 호흡률은 75% 가량 증가하는데, 무게가 더 나갈수록, 즉 세포수가 많아질수록 호흡의 효율이 25% 정도 증가하는 것이다. 크기가 다른 다양한 생물들이 세포나 분자 단위에서 공통의 생화학적 과정을 통해 생명 유지와 번식에 필요한 에너지를 얻는다. 이 모든 과정이 "민주적이고 효율적인" 자원 획득과 소비를 통해 가능하다. 이때 생명을 작동시키는 무수한 구성요소 사이에 "위계적 분지형 네트워크hierarchichal branching networks"가 형성되어 물질대사가 진행되는 장소 사이로 물질과 에너지가 쉴 새 없이 이동한다. 웨스트의 설명대로, "생물학적 시스템은 궁극적으로 에너지와 대사물질 및 정보가 위계적 네트워크를 통해 공급되는 속도에 의해 조절된다."

도시도 규모가 증가함에 따라 네트워크 형성에 따른 효율성이 증대한다. 생물체의 경우 크기가 100% 증가하면 물질대사율이 75% 증가하지만, 도시의 크기가 100% 증가하면 도시 인프라는 85% 정도 증가한다. 인프라와 달리 물질대사에 상응하는 소득이나 오염 같은 사회경제적 지표는 대략 115% 증가해서 도시에 형성되는 다양한 네트워크가 인프라를 15% 정도 절약하는 반면에 사회적 활동은 15% 더 촉진시킨다는 사실을 알려 준다. "말은 제주도로 보내고 사람은 서울로 보내라"는 속담이 갈수록 더 공감을 얻고 있는 한국의 상황에서 웨스트가 설명하는 스케일 법칙은 도시의 효율성에 대한 우리의 신념을 강화시킨다.

그러나 웨스트가 보여 준 스케일 법칙은 도시의 행정구역 외부에 연결된 도시 생산성의 숨은 조력자는 고려하지 않는

다. 행정구역상의 명확한 경계를 가지고 있지만 실제 도시는 고립된 닫힌 공간이 아니라 주변의 농촌 및 다른 도시들과 연결된 복잡한 사회-생태적 네트워크의 한 구성요소이다. 인류 역사 전체를 통해 어떤 문명이든 도시를 중심으로 발전했지만, 지금의 자본주의 산업문명에서는 도시가 단지 주변의 농촌에서 공급되는 자원과 에너지를 집중할 뿐만 아니라 시공간을 초월해 도시로 전달되는 에너지, 바로 화석연료를 집중적으로 소비해서 이전 시대에는 상상도 할 수 없었을 고도의 생산성을 실현하고 있다.

하워드 오덤은 눈에 보이지 않는 낮은 영양 단계의 에너지까지 고려한 에머지 개념에 기초해 도시를 가동시키는 임파워의 밀도가 도시에 따라 그리고 도심에서의 거리에 따라 어떻게 차이를 보이는지를 미국의 세 도시인 시카고, 마이애미, 샌프란시스코를 대상으로 비교해 보았다. 세 도시 모두 단위 면적당 임파워 밀도가 도시 외곽에서는 매우 낮지만 도심에 가까울수록 선형적으로 증가하여 외곽보다 1천 배 이상 높았다.29 이 결과는 도시의 생산성과 효율성이 결국 도시 외부와 과거로부터 이전된 자원과 에너지를 좁은 도시공간에 집중시켜 사용한 결과임을 확인시켜 준다.

대도시의 도심에서 자원과 에너지 사용이 집중되면, 생명체의 물질대사가 활발할 때 노폐물 발생량이 증가하는 것과 동일하게, 도시의 폐기물 발생이 크게 증가할 수밖에 없다. 개별 생명체나 자연생태계와 달리 도시라는 인공적 생태계에서 발생하는 폐기물은 고도의 처리장치가 구비되어 있더라도 완벽하게 시스템 내부에 순환되지 못하고 환경오염을 초래한다. 이러한 폐기물 문제는 특히 최근 폭발적으로 증가하고 있는 개발도상국 인구를 수용하는 인구 1천만 명 이상의 메가시티에서 심각한 양상을 보인다. UN 인구통계에 따르면 2018년 기준 세계 인구의 55%가 도시에 살고 있으며, 1990년에 10개에 불과했던 메가시티는 2018년 33개로 늘었다.[30] 한 국제 공동연구팀이 2010년 기준 전 세계 27개 메가시티를 대상으로 자원과 폐기물의 유동량을 비교했을 때, 웨스트의 스케일 법칙으로 예상할 수 있듯이 세계 인구의 7%밖에 차지하지 않는 메가시티가 GDP의 15%를 생산했다. 이러한 메가시티의 고생산성은 타 지역의 인구보다 더 많은 화석연료를 소비하고 더 많은 폐기물을 배출한 결과로 가능한 것이다.[31]

화석연료라는 지질학적 유산이 가능하게 한 현대 도시의 생산성은 또한 농촌과 환경의 희생 없이는 지속될 수 없다.

이어지는 3부에서는 화석연료의 축복이 언제까지 우리의 에너지 파티를 지속시킬 수 있을지 검토한다. 그 전에 잠깐 비베르크 논문의 마무리 글을 읽으며 우리가 구가하는 도시문명의 풍요가 자연의 경제가 허용하는 한계 내에서 지속가능할 수 있을지 생각해 보자.

> 이러한 자연에 대한 지식으로 우리의 정신을 향상시키고 연마하려면 분명히 우리는 우리의 경제를 이롭게 하는 대단한 쓸모 외에도 더 훌륭한 자연의 경제를 발견해야 하며 그것이 발견될 때 더 강하게 추앙해야 한다. 32

3

탄소

세계 최초의 유조선 '조로아스터Zoroaster호'는 1878년 스웨덴의 예테보리Gothenburg 항구부터 카스피해까지의 긴 항해를 마치고 아제르바이잔Azerbaijan의 수도 바쿠Baku에 입항했다. 이 배는 알프레드 노벨Alfred Nobel의 두 형 루드비히Ludvig와 로베르트Robert에 의해 1876년 바쿠에서 창립된 석유회사 브라노벨Branobel의 원유를 운반할 목적으로 예테보리의 조선소에서 특수 제작되었다. 노벨 형제의 회사라는 의미를 가지는 브라노벨은 세계 최대 규모의 석유회사로 한때 세계 원유 생산량의 절반을 아제르바이잔에서 생산했다. 카스피해 연안의 가장 큰 도시인 바쿠는 러시아가 1837년에 최초의 정유공장을 건설한 후, 1846년에는 최초의 유전이 굴착되었으며, 20세기 초에는 펜실베이니아를 제치고 세계 최대의 석유 생산지가 됐다. 최근 석유산업이 부활하면서 바쿠는 중앙아시아에서 가장 부유한 도시로 성장했으며, 도시의 랜드마크가 된 182미터의 주상복합건물 '불꽃 타워'는 조로아스터교와 석유를 형상화하고 있다.

'바쿠의 불꽃 사원'이라 불리는 아테쉬가Ateshgah 사원의 이름은 불꽃을 의미하는 페르시아어 아태쉬Atash에서 유래했다. 이 사원은 지하에서 새어 나오는 천연가스의 불꽃으로 유명한데, 이를 보려고 많은 힌두교와 조로아스터교 순례자들이 방문한 바 있다. 그러나 수 세기 동안 꺼지지 않고 타오르던 사원의 불꽃은 1969

년에 지하에 저장된 천연가스가 고갈돼 수명을 다했다. 현재는 관광객들을 위해 인근 도시에서 공급하는 가스를 이용해 인공 불꽃을 피우고 있다. 아테쉬가 사원의 꺼진 불꽃은 화석연료라는 값싸고 풍부한 에너지원을 이용해 막대한 부를 이룩한 '탄소문명carbon civilization'이 화석연료가 고갈되는 머지않은 미래에 처하게 될 불길한 운명을 예감하게 한다.

3부는 화석연료의 주성분인 탄소의 관점에서 화석연료에 의존하는 자본주의 산업문명의 현재와 미래를 조명한다. 먼저 7장에서는 '석유 생산 정점peak oil'과 '투자 대비 에너지 회수EROI'를 중심으로 화석연료가 고갈되는 문제를 살펴보고 화석연료의 과다 사용이 초래하는 여러 사회 문제를 '국내총문제Gross Domestic Problem'라는 이름으로 정리한다. 8장은 탄소순환과 기후변화에 대한 최신 연구에 기초하여 화석연료에 기반한 탄소문명이 초래하는 기후위기의 실상을 살펴본다. 마지막으로 9장은 화석연료의 고갈과 기후위기를 중심으로 탄소문명이 초래한 복합재난의 해결책을 찾는 두 대안을 소개한다. 먼저 신·재생 에너지로 화석연료를 대체하는 '에너지 전환'의 가능성을 검토한다. 특히 최근에 관심이 집중되고 있는 '탄소중립carbon neutrality' 논의 과정에서 기후변화 대응이라는 원래의 목적보다는 저성장의 늪에 빠진 세계경제의 돌파구를 찾는 데 초점이 맞춰진 '녹색 성장'의 한계를 비판하고, 지구환경의 물리적 제약 속에서 인간과 자연의 균형을 회복하는 탈성장 대안이 가능할지 탐색한다.

7장

화석연료와 국내총문제

리비히 남작이 말하길, 문명은 파워의 경제이며 우리의 파워는 석탄이다. 우리의 산업을 현재의 모습으로 유지하는 것은 석탄을 사용하는 경제이며, 석탄을 더 효과적이고 경제적으로 사용할수록 산업은 더 번성하고 문명의 산물은 성장한다.

— 윌리엄 스탠리 제본스[1]

이것들이 검게 그을린 연통에서 매연을 뿜어내는 동안, 런던이란 도시는 차라리 불카누스의 작업장이나 지옥의 입구라는 에트나 화산의 모습을 닮았다.

— 존 이블린[2]

제본스의 질문

"우리는 이 나라의 상업을 오랫동안 유지할 수 있는 수준 이상으로 도약시킬 정도로 현명한가?" '제본스의 패러독스'로 유명한 경제학자 제본스는 1865년에 출간한 책 《석탄 문제》에서 석탄의 지속가능한 사용이 가능한지 질문한다.[3] 제본스의 이 질문은 21세기 인류가 해결해야 할 가장 중요한 지속가능성 문제를 19세기 경제학자의 언어로 제기했을 뿐만 아니라, 에너지가 경제성장의 핵심동력임을 경제학자가 인정한 최초의 발언이기도 하다.[4] 19세기에 제본스는 "문명은 파워의 경제이며 우리의 파워는 석탄"이라고 했지만, 20세기는 석유의 시대가 되었다. 19세기에 제본스는 석탄 문제에 주목했지만, 20세기의 에너지 전문가들은 석유 문제에 집중했다.

지질학자 킹 허버트M. King Hubbert, 1903~1989는 20세기 전반까지의 석유 통계자료를 정리하여 석유 생산 정점을 예측하고 정점 이후에 도래할 수 있는 경제위기에 대해 경고했다. 허버트는 당대의 가장 논쟁적인 지구과학자 중 한 명이었다. 시카고대에서 학위를 취득한 후 컬럼비아대에서 교수직을 시작한 허버트는 까다롭고 화를 잘 내는 성격 때문에 동료들과 잘 지내지 못했다. 1929년 시작된 대공황이 정치인과 경제학자들의 탓이라고 믿은 허버트는 민주주의 대신에 과학자와 공학자가 사회와 경제를 이성적으로 통제하는 '기술정치technocracy'를 신봉하게 됐다. 그는 기술정치 운동의 창시자인 하워드 스콧Howard Scott과 함께 1933년 '기술정치 법인Technocracy Incorporated'이라는 조직을 결성한 후 15년 동안 이 조직의 교육 책임자를 맡았다. 기술정치의 추종자들은 지도자를 "위대한 엔지니어Great Engineer"라고 부르며 경의를 표했다. 이 조직은 한때 캘리포니아에서만 조직원이 수십만 명이 될 정도로 성장했지만, 제 2차 세계대전 당시 지도부 내부의 균열로 인해 몰락의 길을 걷게 된다. 그러나 아직도 온라인 활동을 지속하고 있는 조직의 홈페이지(https://www.technocracyinc.org)에서 허버트가 작성한 기술정치 교재 *Technocracy Study Course*를 확인할 수 있다.

동료 교수들과의 불화로 인해 정년 심사에서 탈락하여 컬럼비아대를 떠나야 했던 허버트는 석유회사 쉘Shell의 연구원이 되었다. 그는 쉘과 마지막 직장인 미국지질조사국USGS에서도 동료들이 함께 일하기를 기피하는 싸움닭으로 악명을 날렸다.5 함께 일하기 좋은 동료가 아니었는지 모르지만 석유

전문가로서 허버트의 권위는 누구도 부정할 수 없다. 미국의 석유 생산 정점에 대한 그의 예측은 부분적으로 맞았지만, 사후 그의 예측과 달리 석유 생산량이 반등하면서 허버트는 기술 혁신을 통해 자원의 한계를 극복할 수 있다는 낙관론자들의 조롱거리가 되기도 했다.

그러나 그 어떤 낙관론자도 지구의 석유는 재생 불가능한 한정된 자원이라는 사실을 부인할 수는 없을 것이다. 과연 우리가, 그리고 우리의 후손이 쓰기에 충분한 석유와 석탄과 천연가스가 남아 있을까? 그리고 남아 있는 화석연료를 다 태워도 지구환경은 큰 탈 없이 지속가능하게 유지될 수 있을까? 이 두 질문은 이 장과 이어지는 8장에서 다룰 주제이자 21세기 인류의 생존과 직결되는 가장 중요한 문제이기도 하다.

피크 오일에서 피크 이산화탄소로

〈007 언리미티드〉는 1999년에 만들어진 007 시리즈의 19번째 작품이다. 이 영화의 원제인 *The World Is Not Enough*는 16세기 에스파냐 왕가의 문장으로 쓰인 "Non sufficit orbis"

(세상은 충분하지 않다)에서 유래한다. 피어스 브로스넌이 제임스 본드를 맡은 이 영화에는 1980년대 청춘스타 소피 마르소가 '세상은 충분하지 않다'고 생각하는 욕망의 화신 엘렉트라 역으로 등장한다. 석유재벌 로버트 킹이 의문의 살인을 당한 후 제임스 본드는 킹의 외동딸 엘렉트라를 보호하는 임무를 맡게 된다. 본드는 핵폭탄으로 이스탄불을 통째로 날려 거대한 송유관을 파괴하려는 테러리스트 르나드를 추격하던 중에 엘렉트라가 자신을 납치했던 르나드와 공모하여 아버지를 죽인 사실을 알게 된다. 엘렉트라는 아버지의 송유관을 독점하는 데 만족하지 않고 터키의 송유관을 파괴해서 석유가격을 치솟게 하려는 야심을 품고 있었다.

이 영화에서 엘렉트라가 차지하려 한 '킹 송유관King pipeline'의 모델이 'BTC 송유관Baku-Tbilisi-Ceyhan Pipeline'이다. BTC 송유관은 아제르바이잔 바쿠에서 출발해서 조지아의 수도 트빌리시를 경유하여 터키의 지중해 연안 항구도시 제이한까지 연결되며, 총길이가 1,768킬로미터에 이른다. 현재 BTC 송유관은 영화에 나오는 가상의 킹 가문이 아닌 영국의 석유기업 BP가 운영하며, 카스피해에 위치한 세계 3위의 ACGAzeri-Chirag-deepwater Gunashli와 인근 유전에서 매일 120만 배럴의 원유를 제이한까지 운송하고 있다. 2006년에 가동을 시작한 이래 2021년 1분기까지 BTC 송유관을 통해 제이한의 항구를 거쳐 세계 석유시장으로 팔려 나간 원유의 총량은 36억 배럴로 4억 8천만 톤을 상회한다.[6]

BTC 송유관 프로젝트는 1992년에 터키 정부에 의해 처음 제안된 이후 2003년 공사가 시작되기까지 많은 난관을 극복해야 했으며, 이 힘든 공사는 석유를 놓고 펼쳐지는 21세기 지정학의 복잡성을 잘 보여 준다. 아제르바이잔을 중심으로 한 중앙아시아 유전은 1990년대 소비에트가 붕괴되기 전까지는 철저하게 러시아에 의해 통제되었다. 1990년대 이후 재점화된 중앙아시아의 유전 개발 붐은 중동의 주요 산유국에 대한 의존을 줄일 수 있는 안정적 원유 공급처를 확보하기 위해 혈안이 된 미국과 유럽 국가들에 의해 주도되었다. 그러나 기존의 통제력을 지키려는 러시아와 아제르바이잔과 적대적인 이웃 국가 아르메니아를 벗어나서 우회로인 조지아의 코카서스 산맥을 관통하고 자그마치 1,500개의 개울과 강을 가로질러야 하는 송유관 사업은 "21세기의 첫 번째 거대 엔지니어링 프로젝트"로 불리게 됐다.[7]

수많은 강과 거대한 산맥을 가로지르는 1,768킬로미터의

BTC 송유관을 흘러 제이한에 도착한 원유는 거기서 유조선과 트럭에 실려 세계 곳곳으로 이동된다. 현대 문명을 움직이는 에너지의 실체로서 석유가 유전에서 송유관이나 유조선을 통해 세계 각지의 소비처로 분배되는 모습은 자유 에너지가 주어질 경우 자발적으로 뻗어 나가는 모습을 취하는 여러 자연 현상과 비슷하다. 듀크대 기계공학과의 에이드리언 베얀Adrian Bejan 교수는 유전 깊은 곳까지 뻗어 나간 여러 파이프로부터 하나의 채굴관으로 원유를 뽑아내는 채굴 과정이 여러 지류가 모여 거대한 강의 본류를 이루는 것과 유사한 합류의 형태를 나타낸다는 사실에 착안하여 원유의 확산형 흐름이 나타내는 형태와 속도를 수식으로 설명했다. 다른 자연 현상과 유사하게, 원유 채굴 네트워크를 통한 원유의 유동량 변화는 S자형 로지스틱 증가 패턴을 나타낸다.8

베얀 교수가 설명한 S자형 증가 곡선은 물질이나 에너지를 일정한 면적 혹은 부피의 공간에서 채굴하는 모든 합류형 현상에 적용된다. 따라서 피크 오일, 즉 석유 생산 정점을 설명할 때도 석유 생산의 증가 속도를 S자형 곡선을 적용해서 설명할 수 있다. 빌 게이츠가 "신작을 가장 기다리는 작가"라며 애정을 표시한 바츨라프 스밀Vaclav Smil도 2019년 출간한 《성장*Growth*》에서 수백 가지의 자연 및 사회적 사례를 통해 S자형 증가 패턴의 편재성을 확인한 바 있다. 베얀의 말을 빌리자면, 이러한 S자형 로지스틱 성장 패턴은 인구든 인간이 개발한 기술이든 모두 "'성장의 한계'라는 물리적 법칙"을 우리에게 되풀이해서 가르쳐 준다.

2장에서 분석한 최신 에너지 통계에서 확인할 수 있었던 것처럼, 셰일 오일 같이 이전에 기대하지 못한 새로운 에너지원이 발굴되면서 석유 생산 정점의 도래가 일시적으로 지연될 수는 있다. 1956년 석유 회사 쉘의 연구원이었던 허버트는 텍사스의 '미국 석유 연구소'에서 개최한 학회에 제출된 논문에서 이후 "허버트 정점Hubbert's peak"이라고 불리게 될 미국 석유 생산의 정점을 예측했다. 그가 제시한 종 모양의 생산량 곡선에 따르면 미국의 일반 원유 생산은 1965~1970년경에 정점에 도달할 것으로 예측됐다.**9** 셰일 오일을 제외한다면 피크오일에 대한 허버트의 예측은 크게 빗나가지 않았다. 실제로 미국의 석유 생산은 1970년경 정점에 도달했으며, 이후 1970년대의 오일 쇼크를 거치면서 허버트는 에너지 위기를 경고한 선지자로 추앙받게 된다. 그러나 2000년대에 들어서면서 셰

〈그림 7-1〉 허버트 정점과 실제 미국 원유 생산 자료의 비교[10]

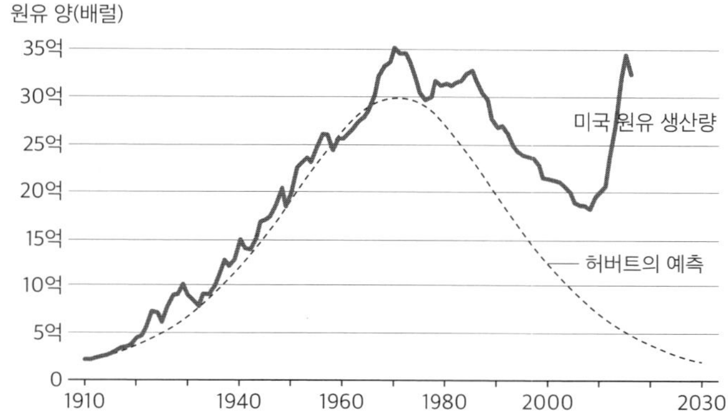

일 붐이 일고 석유 생산량이 반등했다. 그 결과 2010년 미국의 실제 석유 생산량은 허버트의 예측치보다 4배 이상 높았다. 미국의 석유 생산 통계와 허버트가 예측한 생산 곡선을 비교해 보면 일반 원유만 고려한 허버트의 생산 곡선이 정점인 1970년경부터 비재래식 석유가 추가된 실제 생산량 곡선과 차이를 나타내는 것을 확인할 수 있다(〈그림 7-1〉).

피크 오일의 정확한 타이밍에 대해서는 논란이 끊이지 않지만, 화석연료와 관련해서 부인할 수 없는 명백한 사실은 연료 채굴과 가공에 점점 더 많은 에너지와 비용이 든다는 것이다. 특정 에너지원의 회수 효율을 평가하는 대표적 지표로 '투자 대비 에너지 회수'를 의미하는 EROIEnergy Return On Investment가 있다. EROI는 투입되는 에너지 대비 사용할 수 있는 에너지의 비율이기 때문에 특정 에너지의 EROI가 최소한 1 이상이 되어야 경제성을 가진다. 1배럴의 석유를 들여 1배럴의 석유를 얻는다는 것은 말이 되지 않는다. EROI 분석 결과가 종종 논란을 초래하는 이유는 에너지 생산 시스템의 어느 단계까지 분석에 포함시킬지에 대해 연구자들의 합의가 이루어져 있지 않기 때문이다. 예를 들면, 원유에 100메가줄MJ의 에너지가 있다면 유전의 관정에서 석유를 시추할 때는 90메가줄이 남지만, 이후 정유 및 수송 단계를 거쳐 소비자가 이용할 때는 20.5메가줄만 남는다. 따라서 어느 단계까지 EROI 분석을 실시하는지에 따라 EROI 값은 크게 변화할 수밖에 없다.[11]

주요 에너지원에 대한 최근의 EROI 분석 결과를 보면 20세기 이후 화석연료 중 석유와 천연가스의 EROI가 뚜렷하게 감소하고 있다. 1장에서 소개한 하워드 오덤의 제자인 생태학자 찰스 홀Charles A. S. Hall 교수는 지난 수십 년 동안 발표된 EROI 분석 결과를 정리하여, 석탄을 제외하고 석유나 천연가스 같은 화석연료의 EROI가 지속적으로 감소하고 있으며, 재생 에너지의 EROI가 화석연료보다 더 높다는 결론을 얻었다.[12] 프랑스의 한 연구진이 19세기부터 2012년까지의 세계 에너지 통계를 이용해 화석연료 유형별로 EROI 변화를 분석한 결과를 보면, 홀 교수의 논문 결과를 재확인할 수 있다. 석유와 천연가스의 EROI는 모두 1930년대와 1940년대에 각각 50 대 1과 150 대 1로 정점에 도달한 이후 연간 변동이 적지 않지만 장기적으로는 뚜렷하게 감소하는 경향을 보였다. 석탄의 EROI는 아직 정점에 도달하지 않았지만, 2025~2045년경에 정점을 찍은 후 점차 감소하게 될 것으로 예측됐다.[13] EROI 감소는 사회적 차원에서 중요한 의미를 가진다. EROI가 감소하면, 즉 에너지 획득을 위해서 더 많은 에너지가 투입되어야 한다면, 산출된 에너지의 점점 더 많은 몫이 에너지 확보에 투입되어야 한다. 따라서 에너지 비용이 증가하여 경제 활동이 위축되면 경제성장에 제동이 걸리게 된다.

국내총문제

화석연료에 기반한 탄소문명은 에너지원 고갈 위기에 직면했을 뿐만 아니라 화석연료의 과다한 사용으로 가능했던 경제성장이 초래한 사회적 불평등과 환경오염의 이중고를 겪고 있다. 중단 없는 경제성장의 대명사가 된 GDP가 사실은 국내총문제Gross Domestic Problem의 약어라는 조롱 섞인 비판이 제기될 정도다.[14] 제목이 희화적인 《국내총문제》의 저자가 말한 것처럼, 경제성장의 지표로서 GDP에 대한 비판은 "우리 사회의 대안을 탐색하고 고질적인 불평등과 부정의를 극복하기 위한 투쟁의 촉매"가 되고 있다.[15]

17세기에 이블린이 "불카누스의 작업장이나 지옥의 입구라는 에트나 화산의 모습을 닮았다"고 했던 런던의 매연은 20세기 후반 이후 많이 개선되었다. 이블린이 살았던 시대에 시작된 영국의 산업화는 19세기 빅토리아 여왕 시대를 거치며 가속도가 붙는다. 이때 런던 같은 주요 산업도시에서 석탄의 과도한 사용이 초래한 대기오염이 절정에 도달했다. 최근의 한 연구에 따르면 빅토리아 시대의 환경오염이 오늘날까지 런던의 공간적 불평등도를 결정하는 주요한 요인으로 작용하고 있다. 이 연구의 분석에 따르면 과거의 오염이 현재 런던의 동쪽에 집중된 저소득층 분포의 20%를 설명한다. 19세기 런던에는 바람이 불 때 매연이 흘러가는 도시 동쪽에 가난한 노동자들이 모여 살았다. 런던의 대기오염은 1970년대부터 양호

한 수준으로 개선되었지만, 과거의 유산이 현재 런던의 불평등 지도에 뚜렷한 흔적을 남긴 것이다.16

경제성장을 위해 갈수록 더 많은 화석연료를 태우고 있는 세계의 많은 지역에서 대기오염은 여전히 현재진행형의 환경 문제이다. 미세먼지가 유난히 심했던 2019년 3월 초에 우리나라 9개 시도의 초미세먼지(PM2.5) 농도가 관측 이래 최고치를 기록했으며, 서울의 경우 일평균 농도가 142μg/m³라는 기록적 수치를 보였다.17 한국의 대기오염이 세계 최고 수준이라는 근거 없는 우려도 제기되었지만, 사실 한국에서 관측된 기록적 미세먼지 농도는 미세먼지가 심한 나라에서는 일상적 수준에 불과하다. 미세먼지 통계자료를 보면 인도와 파키스탄이 있는 남아시아 지역에 오염이 극심한 도시들이 몰려 있으며, 1위를 차지한 인도의 가지아바드Ghaziabad의 경우 2019년 연평균농도가 110μg/m³를 기록했다.18

미세먼지는 쉽게 눈에 띄는 오염이라 주목을 많이 받고 있지만, 우리가 잘 인식하지 못하는 곳에서도 화석연료의 부산물은 '은밀한 오염'을 초래하고 있다. 예를 들면, 도시에서 버려진 모든 오염된 물이 모여드는 하수처리장에서도 화석연료의 부산물을 확인할 수 있다. 뉴욕주와 코네티컷주의 하수처리장 시료를 채취해 유기물의 안정동위원소비와 방사성동위원소비를 측정한 연구에 따르면, 하수에 녹아 있는 유기물의 평균 나이가 1,600년이 넘었다. 이 측정 결과에 기초해서 연구진은 하수처리장 용존 유기물의 25%가 합성세제나 의약품 같은 석유 추출물에서 유래한 것으로 평가했다.19 저자의 연구실에서 한강 시료를 분석한 결과를 보면, 한강 하류의 유기물 나이는 600~700년 정도로 추정된다. 한강의 물도 석유 기원 물질에 의한 은밀한 오염의 피해를 입고 있는 것이다.20

요즘 가장 심각한 수질오염물질로 부상하고 있는 것은 바로 석유에서 추출된 물질인 '미세플라스틱microplastics'이다. 바켈라이트Bakelite 같은 합성 플라스틱이 처음 만들어진 것은 20세기 초까지 거슬러 올라가지만 플라스틱의 대량 생산이 시작된 것은 1950년대 들어서다. 앞서 자본주의 대량 생산체제가 제2차 세계대전 이후 본격화된 과정을 살펴보았는데, 플라스틱이 바로 20세기 후반의 급격한 경제성장의 대표적 산물이라고 볼 수 있다. 2015년까지 인류가 생산한 플라스틱의 총량은 83억 톤에 이르며, 이 중 63억 톤은 폐기물이 되었지만 이 엄청난 폐기물의 단지 9%만이 재활용된 것으로 추정된다.21 그 많은 플라스틱은 다 어디로 간 걸까? 플라스틱은 쉽게 분해되거나 변성되지 않는 화학적 안정성 덕분에 우리의 생활을 편리하게 만들었다. 역설적으로 바로 이 화학적 안정성 때문에 플라스틱은 폐기물로 배출된 후에도 오랜 시간 사라지지 않고 환경에 부담을 끼치는 유해물질로 존재하게 된다.

미세플라스틱 중에서 합성의류에서 생겨난 미세플라스틱 섬유microplastic fiber는 일반 입자보다 오염이 더 심하고 길쭉한 모양으로 인해 생체 내 피해도 더 크다.[22] 최근 '패스트 패션fast fashion'의 유행을 타고 폭발적으로 성장한 의류산업은 미세플라스틱이 초래하는 환경 문제를 심화시키고 있다. 현재 전 세계에서 생산되는 의류의 65%는 합성섬유를 원료로 한다. 옷의 원료로 쓰이는 폴리에스터 섬유를 생산하기 위해서 연간 7천만 배럴의 원유가 소모된다. 의류산업은 2015년 한 해에만 790억 세제곱미터의 물을 소비했고, 17억 톤의 이산화탄소를 배출했으며, 9,200만 톤의 폐기물을 발생시켰다.[23] 패스트 패션은 저개발국가의 값싼 임금과 환경오염이라는 "진짜 비용"을 감추고 있다.[24] 세계 2위 의류 생산국인 방글라데시의 의류 노동자는 월 10만 원이 조금 넘는 임금을 받고 하루 최장 18시간의 살인적 노동을 감내해야 한다. 비용 감축에 혈안이 된 글로벌 의류업체는 방글라데시의 하청업체가 아무런

처리 없이 폐수를 방류하도록 조장한다. 방글라데시 노동자의 눈물과 폐수가 검게 죽은 강을 채우는 사이 우리의 옷장에는 석유로 만든 값싼 옷들이 쌓여 가고 있다.

플라스틱 문제는 화석연료에 기반한 탄소문명의 위기가 기술 혁신과 소비자 의식 변화만으로 해결될 수 없는 자본주의 생산체제의 문제임을 상기시킨다. 앞서 인류가 20세기 전반부터 2015년까지 생산한 플라스틱의 총량이 83억 톤에 달한다고 했는데, 2015년 이후 몇 년 동안에도 플라스틱의 생산은 계속해서 폭발적으로 증가하고 있다. 2019년 한 해 동안에만 자그마치 3억 7천만 톤이 생산되었으니,[25] 같은 속도로 10년만 더 플라스틱이 생산된다면 2015년까지 생산된 총량의 절반에 맞먹는 새 플라스틱이 지구환경에 부담을 더하게 된다. 이런 가공할 생산 속도가 늦춰지지 않을 경우 현재의 폐기물 처리기술로는 이미 지구환경이 감당할 수준을 넘어선 미세플라스틱 오염 문제를 해결할 수 없을 것이다.

19세기에 제본스가 제기한 석탄의 지속가능한 사용에 대한 질문은 21세기에도 여전히 화석연료의 고갈과 과도한 화석연료 사용이 야기한 환경 문제로 인류를 괴롭히고 있다. 루이스 멈퍼드는 18세기 중엽 이후 그가 "구기술 시기paleotechnic phase"

라 칭한 화석연료로 가동되는 산업시대의 시작과 함께 "새로운 야만주의"가 등장했다고 말한다. 이 시기에 석탄은 기계적 동력의 원료이자 새로운 철 제련법을 탄생시켜 "석탄-철 복합체"라는 새로운 기술문명을 가능하게 했다. 19세기에는 대규모 탄광에 자본이 집중되면서 일확천금을 노리는 광산 개발 붐이 일었다. 단기간에 광산을 개발하여 이윤을 취하고 폐광을 버리고 떠나는 광업의 착취 방식이 산업 전반의 생산 양식으로 자리 잡게 된다. 사회는 "석탄 중심 자본주의의 심리적 효과인 도덕적 해이, 일확천금의 꿈, 균형 있는 생산과 소비에 대한 무관심, 난잡한 행동의 습관화"로 병들어 갔다.[26]

노벨 화학상을 탄 화학자이지만 생애 후반은 자본주의 경제의 모순을 파헤치는 데 전념한 프레더릭 소디가 얘기한 것처럼, 화석연료는 자본주의 문명을 움직이는 "진짜 자본"이다. 그러나 값싼 노동력과 "값싼 자연"[27]의 희생 없이는 존립할 수 없는 자본주의 생산체제는 GDP의 무한성장을 추구하는 과정에서 연료의 고갈뿐만 아니라 국민총문제의 증가로 인해 지속가능성의 위기에 직면해 있다. 다음 장에서는 화석연료에 기초한 탄소문명이 새롭게 직면한 기후위기에 대해 살펴본다.

석탄은 진짜 자본이다. 그것의 소비를 통해 자본주의 문명이 건설되었다. 그러나 석탄의 개발을 통해 증가하게 된 인구의 생계수단과 관련해서 석탄의 사용은 간접적이며 중단될 것이다. 이것은 자본주의의 가장 큰 패러독스이다.

— 프레더릭 소디28

8장

탄소문명과 기후위기

우리의 문명은 석탄 위에 세워졌다. … 우리의 삶을 지탱해 주는 기계, 기계를 만드는 기계, 이 모두가 직·간접적으로 석탄에 의존한다. 서방 세계의 신진대사에서 광부는 농부 다음으로 중요하다.

— 조지 오웰[1]

문명은 지질학적 동의가 있어야 존재한다. 변동은 예고 없이 닥치므로.

— 윌 듀런트[2]

프리모 레비의 탄소

"모든 원소는, 젊은 시절 방문했던 계곡이나 해변처럼 각자에게 다른 것을 말하게 된다. 어쩌면 탄소는 예외로 해야 할지도 모른다. 탄소는 모두에게 모든 것을 말한다."[3] 프리모 레비는 애틋한 사랑의 감정을 감추고 줄리아를 떠나보낸 후, 혼자서 계속 토끼와 씨름해야 하는 실험실에 남아 엉뚱한 공상을 하며 힘든 시간을 보내야 했다. 그는 "화학자들만이 알고 있는 엄숙한 시"를 대중에게 전하기 위해 "탄소에 대한 대하소설"을 구상했다.[4] "탄소 원자의 역사"를 쓰겠다는 꿈이 있었기에 그는 이후 겪어야만 했던 엄혹한 시간들을 견딜 수 있었다고 고백한다.[5] 레비의 공상 속에서 수십억 년의 역사를 배경으로 한 장대한 대하소설의 주인공이 된 탄소는 단지 화학자뿐만 아니라 지구와 생명의 역사를 탐구하는 많은 과학자들이 오랜 시간 흠모했지만 베일에 싸인 모습을 제대로 볼 수 없어서 애태우며 연구했던 대상이다.

탄소를 뜻하는 영어 단어 carbon의 어원인 라틴어 'carbo'는 탄炭, 즉 숯을 의미한다. 인류는 아주 오래전부터 생명체를 구성하는 어떤 공통된 성분이 불에 탄 후에 남아 숯을 이룬다는 막연한 생각을 가져 왔다. 이 성분의 존재를 최초로 실험적으로 증명한 이가 바로 근대 화학의 아버지라 불리는 라부아지에다. 부유한 변호사 집안에서 태어난 라부아지에는 법학을 공부하고 세금 업무를 담당하는 관리가 되었지만 화학의 초석을 다지는 중요한 실험을 수행하고 최초의 화학 교과서를 출판했다. 그는 연소 실험을 통해 다이아몬드나 숯이나 모두 공통의 원소인 탄소로 이루어져 있으며, 탄소를 가진 물질이 연소되면 이산화탄소를 배출한다는 사실을 실험적으로 입증했다. 그의 《화학 교과서*Traité* Élémentaire de Chimie》가 출판된 연도는 1789년, 바로 프랑스혁명이 일어난 해였다. 세금 징수와 관련된 고위직을 맡았던 라부아지에도 혁명의 소용돌이를 비켜가지 못하고 결국 1794년 단두대의 이슬로 사라지게 된다.6

레비가 쓰고 싶었던 "탄소 원자의 역사"가 쓰였다면 문학적 상상력이 가미된 일종의 야사野史가 되었을 것이다. 레비와 달리 탄소의 정사正史를 서술하기 위해 평생을 탄소 원자 연구에 매달린 과학자들이 많았다. 탄소의 역사를 밝히는 데 그 누구보다도 큰 기여를 한 과학자는 영국의 괴짜 천체물리학자 프레드 호일Fred Hoyle이다. 그는 빅뱅이라는 말을 처음 사용한 이로 알려져 있다. 우주의 시작이 있고 우주 공간이 끊임없이 팽창한다는 빅뱅 이론을 반대한 호일은 1949년 BBC의 한 라디오 프로그램에 출연해서 한 번의 폭발로 우주를 탄생시킨 "빅뱅이 있었다"는 주장을 조롱조로 반박했다. 4장에서 대부분의 원소는 빅뱅으로 인해서가 아니라 별의 내부에서 생성됐다는 '항성 핵합성' 가설을 소개했는데, 호일은 이 가설을 통해 우주는 항상 '안정 상태steady state'로 존재해 왔다는 그의 주장을 입증하고자 했다.

우주의 안정 상태에 대한 그의 생각은 결국 빅뱅 이론에 패배했지만, 그의 항성 핵합성 이론은 다양한 실험적 검증을 통해 탄소의 역사를 밝힌 가장 중요한 업적으로 인정받게 된다. 그러나 노벨상 위원회는 헬륨으로부터 탄소가 생성되는 과정을 설명한 '삼단알파 과정'에 대한 호일의 업적을 외면하고 대신에 그의 미국인 동료 윌리엄 파울러에게 노벨 물리학상을 시상했다. 파울러가 노벨상 수상 강연에서 인정했듯이 원소의 핵합성 가설은 호일에 의해 처음 제안되었으며, 그의 기여가 없었다면 빅뱅을 통해 생성된 수소와 헬륨보다 더 무거운 원소들이 어떻게 생성되었는지 이해하는 데 훨씬 더 오랜 시간이 걸렸을 것이다. 아무튼 호일과 동료 과학자들의 노력을 통해 우리는 탄소의 탄생과 우리 자신의 근원에 대해 좀더 상세하게 알게 됐다. 파울러가 말한 "별 부스러기"인 우리 몸속의 탄소는 어느 이름 모를 별 속에서 헬륨 핵 3개가 합쳐져 탄생한 것이다. 7

많은 과학자들의 노력으로 레비가 얘기한 "화학자들만이 알고 있는 엄숙한 시"는 이제 21세기 인류의 생존과 직결되는 중요한 문제를 다루는 현장 보고서 역할을 맡게 되었다. 다음에는 생명의 필수원소인 탄소가 왜 인류의 생존을 위협하는 파괴적 존재로 전락하였는지 알아본다. 먼저 이산화탄소와 다른 온실기체의 중요성을 밝힌 주요 과학자들을 소개한다.

지구온난화의 발견자들

찰스 데이비드 킬링Charles David Keeling 박사가 시작한 하와이섬 '마우나 로아 관측소Mauna Loa Observatory'의 이산화탄소 관측기록은 인간과 지구환경의 잘못된 관계를 고발하는 중요한 증거자료다. 8 캠핑과 하이킹 등의 야외 활동을 좋아한 킬링 박사는 고분자 화학을 전공했지만 석유회사에 취업하는 대신에 캘리포니아공과대학Caltech에 새로 생긴 지구화학 연구실에서 박사후과정 연구를 시작했다. 이때 처음으로 대기 중의 이산화탄소를 현장에서 측정할 수 있는 분석기를 개발한 킬링 박사는 캘리포니아의 해안에서 캠핑을 하며 대기 중 이산화탄소를 측정해 이산화탄소 농도가 19세기보다 크게 증가한 사실을 확인했다. 1958년 '스크립스 해양 연구소'로 자리를 옮긴 킬링 박사는 소장인 로저 레벨Roger Revelle 박사의 권유로 해발 3,397미터의 마우나 로아 관측소에서 대기 중 이산화탄소 농도 관측을 시작하게 된다. 이후 하버드대 교수가 된 레벨 박사의 수업을 들었던 앨 고어는 기후변화 문제 해결에 앞장서는 정치인이 되었으니, 레벨은 킬링뿐만 아니라 많은 이들의 삶에 영향을 끼친 멘토였던 셈이다.

킬링 박사는 세계 최초로 대기 중 이산화탄소 농도를 연속 측정하여 이산화탄소 농도가 광합성이 활발한 봄~여름철에는 감소하지만 겨울이 되면 식물에 의한 흡수가 줄면서 다시 증가하는 계절적 변동을 확인할 수 있었다. 연속 측정 결과가 2년 이상 축적되면서 킬링 박사는 대기 중 농도가 계절적 변이를 넘어서서 장기적으로 뚜렷이 증가하고 있다는 새로운 사실을 발견한다. 이러한 킬링 박사의 연구 결과를 대수롭지 않게 생각한 미국 과학재단이 지원을 중단하려고도 했지만 우여곡절 끝에 킬링 박사의 모니터링은 지금까지 지속되고 있다. 현재 미국 국립해양대기청NOAA이 직접 관리하는 마우나 로아 관측소의 이산화탄소 관측 결과는 누구나 웹페이지(https://gml.noaa.gov/ccgg/trends/)를 통해 쉽게 확인할 수 있다. 킬링 박사가 관측을 시작했을 때는 310ppm 정도에 불과했던 이산화탄소 농도는 2021년 5월에 419ppm까지 치솟았다. '킬링 커브Keeling curve'로 불리는 이 마우나 로아의 이산화탄소 관측 결과는 화석연료 과다 사용이 초래한 인류의 환경범죄 기록을 보여 준다.

천체물리학자이자 과학사가인 스펜서 위어트Spencer Weart가 쓴 《지구온난화의 발견*The Discovery of Global Warming*》에는 지난 2세기 동안 과학자들이 지구온난화를 밝히기 위해 분투한 과정이 잘 정리돼 있다.**9** 19세기 말에 이미 스웨덴의 화학자 아레니우스Svante August Arrhenius는 인류의 석탄 연소로 인해 향후 지구 기온이 크게 상승할 것이라고 예측하였다. 킬링 박사의 이산화탄소 관측 결과는 이산화탄소 증가에 대한 아레니우스의 예측이 틀리지 않았음을 확인시켜 주었다. 아레니우스와 다른 19세기 과학자들이 대기 중 이산화탄소가 지표에서 방출되는 열을 흡수하여 기온을 상승시키는 온실효과에 관심을 가진 이유는 한결같았다. 그들은 화석연료의 연소 같은 인간 활동이 기후에 미치는 영향보다는 빙하기와 간빙기의 온도 변화를 온실효과로 설명하고자 했다.

아일랜드의 물리학자 존 틴들은 열렬한 등반가로 알프스의 고산을 등반하며 마주친 빙하를 보며 지난 빙하기와 온난한 간빙기 사이 어떤 요인에 의해 급격한 온도 변화가 발생했는지 궁금증을 키웠다. 그는 1820년대에 프랑스의 수학자이자 물리학자인 조제프 푸리에Joseph Fourier가 수행한 연구에 주목했다. 푸리에는 공기는 가시광선을 투과하지만 열은 가두어 기온을 올라가게 할 수 있다는 사실을 처음으로 발견했다. 그는 공기 중의 어떤 기체가 열을 가두는지는 몰랐지만 19세기 초에 이미 온실효과의 중요성을 제대로 이해했던 것이다. 1859년 틴들은 과연 공기 중의 어떤 기체가 열을 흡수하는지를 찾아내기 위해 정교한 실험을 진행했다. 틴들이 확인한 온실기체는 수증기, 이산화탄소, 메테인 등이었다.

틴들이 찾은 온실기체들 중에서 아레니우스는 이산화탄소에 주목했다. 수증기는 장소와 시간에 따라 농도 변화가 매우 심한 반면에 이산화탄소는 화산 폭발에 의해 분출된 후 대기 중에서 아주 천천히 농도가 변하므로 빙하기와 간빙기 사이의 장기적 기온 변화를 설명하기에 적합한 온실기체라고 생각했던 것이다. 1896년에 아레니우스는 대기 중 이산화탄소 농도가 반으로 줄면 지구 기온이 몇 도 감소하게 될지를 계산해 냈다. 오늘날처럼 고성능 슈퍼컴퓨터나 기후모델을 사용할 수도 없었지만 그는 오직 손과 머리만 사용해서 복잡한 계산을 했다. 같은 해에 이혼을 해서 혼자서 외로운 밤을 복잡한 계산을 하며 보냈을 거라 짐작하는 이도 있다. 아무튼 빙하기의 비밀을 풀기 위한 아레니우스의 열정은 이산화탄소 농도가 반으로 줄어들 경우 기온이 4~5℃ 정도 내려간다는 새로운 발견을 이끌었다. 이 과정에서 아레니우스는 이산화탄소에 대해 자문을 해주던 동료 아비드 회그봄Arvid Högbom에게서 석탄의 연소로 인해 대기 중 이산화탄소 농도가 증가하고 있을 거라는 얘기를 듣게 된다. 이후 추가 계산 작업을 통해 아레니우스는 인간 활동의 영향으로 이산화탄소 농도가 2배로 증가하면 지구 기온이 5~6℃ 증가할 거라는 결과를 얻게 된다. 그의 예측은 오늘날 사용되는 최첨단 기후모델의 시뮬레이션 결과와 크게 다르지 않으니, 아레니우스가 신뢰할 만한 결과를 얻기 위해 얼마나 애썼는지 짐작할 수 있다.

아레니우스는 이산화탄소 농도가 2배로 증가하려면 족히 3천 년은 걸릴 것이라고 생각했다. 그러나 아레니우스의 시대에는 280ppm 정도에 불과했던 이산화탄소 농도는 킬링 커브 위에서 롤러코스터를 타고 순식간에 420ppm(2021년 기준) 가까이 도달했다. 앞으로도 제동장치가 작동하지 않으면 이 롤러코스터는 아레니우스가 도저히 생각할 수 없던 짧은 시간 안에 불가능처럼 여겨졌던 2배 고지도 넘어설지 모른다. 아레니우스는 화석연료 연소로 인한 이산화탄소 배출만 고려했지만 여러 가지 온실기체들이 다양한 인간 활동을 통해 배출되고 있으며 20세기 이후 대기 중 온실기체 농도의 증가 속도는 19세기보다 훨씬 빨라지고 있다.

510억 톤의 무게

2021년, 신축년辛丑年 '흰 소의 해'를 맞아 풍요의 상징인 소의 미덕을 기리는 얘기가 회자되는 동안에 다른 한편에서는 소의 생리 현상에 세금을 물려야 한다는 웃지 못할 얘기가 진지하게 논의되기도 했다. "소는 하품밖에 버릴 게 없다"는 속담이 있을 정도로 소는 인간에게 이로운 존재로 여겨 왔는데, 소의 트림과 방귀에 세금을 매기겠다는 "방귀세" 논의가 유럽의 일부 국가에서 진행된 것이다.[10] 원래 방귀세는 2003년에 뉴질랜드에서 축산 부문의 온실기체 배출 감축을 위해 처음으로 도입이 시도되었다. 축산 강국인 뉴질랜드는 가축을 통한 온실기체 배출이 국가 전체 온실기체 배출의 60% 이상을 차지해 2008년에 시작될 예정이었던 〈교토 의정서〉 감축 의무를 이행하기 위한 조치로서 소, 양, 염소 등의 반추동물을 사육하는 축산농가에 1년에 뉴질랜드 화폐로 300달러를 부여하려 했다. 그러나 농민들의 거센 반발에 부딪쳐 세금을 도입하려던 계획을 연기해야 했다.[11]

방귀세라는 이름 때문에 오해가 있을 수 있지만, 되새김질하는 반추동물은 이산화탄소보다 30배 가까이 온실효과가 강한 메테인을 대부분 트림으로 배출한다. 소와 같은 반추동물의 위는 4개로 분화되어 있는데, 보통 제 1위와 제 2위를 통틀어 반추위라 부른다. 제 1위는 곱창집에서는 보통 양이라는 이름으로 불리며 혹위라고도 한다. 제 1위 내부의 산소가 없는 혐기성 조건에서 되새김질에 의해 잘게 분쇄된 먹이의 발효가 이루어진다. 일부 혐기성 고세균에 의해 생성된 메테인의 대부분은 소의 트림으로, 그리고 10%가 안 되는 적은 양은 방귀를 통해 밖으로 배출된다.12 UN 식량농업기구FAO 추산에 따르면 축산 부문에서 배출되는 온실기체의 총량은 71억 이산화탄소 환산톤으로, 인간에 의해 배출되는 온실기체 총배출량의 15%가량을 차지한다. 반추동물의 미생물 발효가 축산 부문 배출량의 39%를 차지한 반면에, 가축 사료의 생산 과정에서 전체 배출량의 45%가 발생해 소의 트림만큼이나 소에게 먹이는 사료를 생산하는 과정에서 다량의 온실기체가 발생함을 알 수 있다.13

제프 베이조스에게 1위 자리를 빼앗기기 전까지 세계 최고 부자였던 빌 게이츠는 역시 숫자에 밝다. 그는 기후변화의 해결책을 제안한 책 《기후재앙을 피하는 법*How to Avoid a Climate Disaster*》에서 510억이라는 숫자를 강조한다.14 가장 최신 자료에 기초했다고만 밝히고 정확한 출처를 표시하지는 않았지만, 게이츠는 현재 인간에 의해 배출되는 온실기체 총량을 510억 톤으로 제시했다. 그는 기후재앙으로부터 인류를 구하기 위해 510억 톤의 온실기체 배출을 0으로 줄일 구체적 방안을 제안한다. 누가 언제까지 그 목표를 실현할 수 있을지에 대해서는 명확하게 제시하지 않았지만 게이츠의 제안이 구체적으로 보이는 이유는 그가 배출량 통계자료에 기초해서 주요 온실기체 배출원에 대해 감축 방안을 제시하기 때문이다. 역시 정확한 출처는 제시하지 않았지만, 배출량 상위 4개 부문은 제조업(31%), 전기(27%), "기르는 것"(19%), 이동수단(16%) 순이다.

온실기체 및 기후변화와 관련된 가장 공신력 있는 최신 정보를 얻기 원한다면 세계기상기구WMO를 중심으로 기후변화와 관련된 국제기구들이 협력해서 매해 출간하는 *United in Science*를 참고할 수 있다.[15] 2020년 보고서에 따르면, 2019년에 화석연료 연소와 시멘트 제조로 인해 발생하는 이산화탄소 배출량이 367억 톤으로 사상 최고치를 기록했다. 이 수치는 〈파리협정〉 이전의 〈교토 의정서〉 체제하에서 선진국의 온실기체 배출 감축 기준년도인 1990년의 배출량과 비교했을 때 62% 증가한 값으로, 지금까지의 선진국 중심의 온실가스 감축 노력이 지구적 차원에서는 큰 성과가 없었음을 방증한다. 화석연료 연소 외에도 열대우림 파괴와 같은 토지 이용의 변화를 통해서도 적지 않은 양의 이산화탄소가 대기로 배출된다. 이전 세기보다는 많이 줄었지만 2019년 산림 파괴로 인한 이산화탄소 배출량은 60억 톤을 초과해서, 이 양

을 화석연료 배출량과 합치면 이산화탄소 총배출량은 430억 톤에 달했다.[16]

메테인과 아산화질소N_2O의 경우 이산화탄소보다는 적은 양이 배출된다. 그러나 이산화탄소와 비교했을 때 다른 온실기체 한 분자가 나타내는 온난화 효과를 뜻하는 '지구온난화 포텐셜global warming potential'이 메테인은 배출된 후 100년 동안 이산화탄소의 28~34배이며 아산화질소는 265~298배이다.[17] 메테인은 농업 활동, 폐기물 처리, 화석연료 생산 및 사용, 바이오매스 연소 같은 인위적 배출원에서 2017년 기준 총 3억 6,300만 톤이 배출되었다. 메테인의 지구온난화 포텐셜을 낮게 잡아서 이산화탄소 대비 28배로 선택할 때, 메테인의 배출량은 102억 이산화탄소 환산톤에 해당한다. 아산화질소는 농업 활동, 폐기물 처리, 화석연료와 산업 부문 등에서 2007년부터 2016년 사이에 평균적으로 연간 2,294만 톤이 배출되었다.[18] 역시 가장 낮은 지구온난화 포텐셜값인 265배를 선택해서 이산화탄소 환산톤을 계산해 보면 전 세계 아산화질소 배출량은 60억 톤에 해당한다.

3대 온실기체의 총배출량을 이산화탄소 환산톤으로 나타내면 592억 톤이 된다.[19] 상대적으로 적은 양이지만 불소를 함유한 미량 온실기체들도 있기 때문에 실제 온실기체 배출 총량은 더 커질 수 있다. 아무튼 3대 온실기체만 합쳐도 총배출량은 592억 톤으로 빌 게이츠가 줄이자고 제안한 510억 톤을 훨씬 넘어선다. 〈파리협정〉이 목표하는 대로 온난화를 산업화 이전 대비 1.5℃로 제한하기 위해서는 2030년까지 허용되는 배출량이 정해져 있지만, *United in Science*의 추정에 따르면 현재 추세대로 진행될 경우 2030년에 여전히 290~320억 톤의 온실기체가 허용치를 초과해 배출될 것으로 예상된다. 빌 게이츠는 기술 혁신을 통해 510억 톤을 줄이는 것이 불가능하지 않다고 주장하지만, 현재의 기술 수준과 감축 의지를 고려할 때 줄여야 할 온실기체의 무게가 너무 무겁다는 사실은 분명하다.

*United in Science*에 정리된 기후변화의 최신 현황을 점검해 보면, 2016~2020년 동안 평균 지구 표면 기온은 산업화 이전 시기(1850~1900년) 보다 1.1℃ 더 증가했다. 따라서 〈파리협정〉의 1.5℃와 비교하면 단지 0.4℃의 여분이 남아 있을 뿐이다. 지구 기온이 지속적으로 상승하여 초래될 수 있는 가장 대표적인 지구환경 변화로는 해수면 상승이 있다. 인공위성을 이용해 해수면 고도를 측정하는 해수면고도측정법altimetry에

의한 해수면 측정이 시작된 1993년부터 2020년까지 지구 평균 해수면 고도는 90밀리미터가 증가하였다. 총 27년의 관측 기간 평균 연간 증가율은 3.2밀리미터이지만, 직전 5년(2016~2020년) 동안은 4.8밀리미터로 증가 속도가 빨라지고 있다. 수온 증가로 인한 바닷물의 팽창에 더해 남극과 그린란드 같은 육지의 빙하가 녹은 물이 더 빠른 속도로 바다에 유입되고 있기 때문이다. 두 지역의 빙상이 2012~2016년 기간에 연간 1.2밀리미터 정도 해수면을 상승시킨 것으로 추정된다.

내륙의 고산 지대에 있는 빙하도 더 빠른 속도로 녹고 있어서 우려를 더하고 있다. 2018~2019년 동안 연간 빙하 감소량은 강수량으로 치면 1천 밀리미터를 초과한 것으로 추정된다. 북극의 해빙海氷도 빠른 속도로 감소하고 있다. 1979~2019년 기간에 면적이 최소가 되는 늦여름을 기준으로 했을 때 해빙은 연평균 1.3% 정도 감소했다.

최근의 온난화와 지구적 파장을 짧게 살펴보았지만, 연간 온실기체 배출량 510억 톤의 무게가 지구환경이 감당하기 벅찬 수준인 것은 분명해 보인다. 온난화는 지구적 차원의 환경 변화뿐만 아니라 세계 곳곳에서 각 지역에 고유한 기상이변 현상들을 통해 이미 다양한 '기후위기'를 초래하고 있다. 이

위기의 실상을 다음 절에서 보다 자세히 살펴본다.

지옥에서 보낼 한 철?

"지옥에서 보낸 한 철"은 랭보의 시집 제목이 아니라, 미국 시사주간지 〈타임〉의 1993년 7월 19일 자 기사 제목이다.[20] 1993년은 전 세계적으로 기록적 기상이변이 속출한 해였다. 이 기사는 기상이변을 초래하는 원인을 분석하면서 그 당시만 해도 생소했던 지구온난화의 영향에 대해서 조심스럽게 언급하였다. 기후 시스템의 복잡성 때문에 인간이 초래한 지구온난화가 기상이변을 증가시키는 원인이라고 단정 지을 수 없다는 조심스런 논조를 취했지만, 기사의 마지막 문장은 기후변화에 대한 소극적 대응이 초래할 수 있는 위험에 대해 경고한다. "지난주의 홍수와 열파는 기상예보관이 날씨가 무엇이 문제인지 알려 줄 때를 기다린다면 그것에 대해 무슨 조치를 취하기에는 너무 늦을 거라는 경고를 보낸 것이다."

〈타임〉의 기사가 나온 이후 세계 곳곳에서 기상이변이 더 빈번하게 발생했으며, 그에 따라 기후변화와의 관련성에 대해서도 많은 연구가 진행됐다. 기상 현상에 내재된 변동성이 워낙 커서 1993년처럼 홍수와 태풍 피해 같은 물난리가 심했던 해도 많았지만, 기록적 집중호우가 쏟아진 해의 다음 몇 년간 극심한 가뭄이 이어지기도 했다. 그러나 1990년대 이후 지구 평균 기온과 기상 변동성이 지속적으로 증가하고 있는 것은 분명한 사실이다. 여전히 인간이 기후변화를 초래한다는 사실을 부정하는 회의론자들이 존재하지만, '기후변화에 관한 정부 간 협의체IPCC' 보고서에서 확인할 수 있는 것처럼, 적어도 주류 과학자 사회에서는 인간 활동에 의해 기후변화가 초래되고 있다는 사실에 대해 분명한 합의가 이루어지고 있다. 기후변화가 초래할 기후위기와 더 나아가 '기후재난climate disaster'에 대해 우려하는 과학자들의 예측대로, 인류는 금세기에 "지옥에서 보낼 한 철"을 맞게 될까?

인간 의식의 보수성은 항원에 대응하는 면역체계의 반응과 유사하다. 항체가 항원을 무장해제시키듯이, 우리의 의식은 자신에게 익숙하지 않은 낯선 생각을 관습적 사고의 잣대로 검열한다. 1970년대 후반 소수의 과학자들이 지구온난화의 가능성을 제기한 이후, 기후변화 문제는 심지어 과학자 사회에서도 그 위기의 실상이 제대로 인식되기까지 오랜 시간이 걸렸다. 그러나 2000년대 들어 전 세계적으로 극한 기상 현상이 빈발하면서 상황은 급변하고 있다. 2003년 여름 유럽 전역을 한증막으로 만들어 버린 기록적 무더위로 인해 2억 2천~3억 1천 명의 인명 손실이 초래되었으며, 프랑스의 경우 하룻밤 사이에 2천 명의 사상자가 발생했다.**21** 2021년 6월 말 캐나다의 한 지역은 기온이 49.6℃까지 치솟아 1937년의 최고 기록을 4.6℃나 초과했다. 이 기록적 열파 현상의 원인을 분석한 한 연구는 기후변화가 열파의 발생 가능성을 150배나 증가시킨 것으로 추정했다.**22** 열파를 경험한 주민들은 랭보의 시 〈지옥의 밤〉에 묘사된 극한의 고통을 생생히 겪어야 했을 것이다. "목이 말라 죽겠다, 숨이 막힌다, 소리를 지를 수가 없다. 이것이 바로 지옥이다, 영원한 고통이다. 보라, 이 불길이 어떻게 솟아오르는가를!"

2005년 여름 미국 루이지애나주를 폐허로 만든 허리케인 카트리나에 대해 〈워싱턴포스트〉의 한 기사는 "카트리나는 지구온난화의 9·11이다"라고 지적했다.**23** 기상이변 증가에 따른 인명 손실 및 경제적 피해를 통해 많은 사람들이 기후변화가 바로 우리의 생존과 직결된 문제임을 인식하고 있다. 세계 최대 재보험 업체인 '뮌헨 재보험Munich Re'은 기원후 79년부터 현재까지 수만 건의 자연재해에 대한 데이터베이스를 구축하고 있다. 카트리나 사태에 대한 뮌헨 재보험의 분석에 따르면 허리케인으로 인한 총사망자 수는 1,300명이 넘었고, 경제적 피해 규모는 1,250억 달러에 달했다. 1980년부터 2020년까지 세계 기상 재난 피해액은 총 4조 2천억 달러에 달했으며, 거의 100만 명의 사망자가 발생했다.24 이러한 천문학적 피해 규모는 기후변화에 따른 기상이변 증가가 단순히 자연 재난을 넘어서 현대 사회의 정치경제적 기반을 그 뿌리에서부터 뒤흔들 수 있음을 시사한다.

왜 기후변화는 기상 재난의 빈도와 강도를 증가시킬까? 열역학에서 액체의 증기압과 절대온도의 상관관계를 설명하는 '클라우지우스-클라페롱 방정식Clausius-Clapeyron equation'에 따르면, 공기는 온도가 1℃ 상승함에 따라 7% 더 많은 수증기를 머금을 수 있다. 따라서 기온 상승은 지구의 물순환을 가속시키며 지역별로 다양한 기상 현상의 변화를 수반한다. 전 세계적으로 비교적 일정한 양상을 나타내는 온난화와는 달리 수문기상의 변화는 지역적 편차와 연도별 변화가 매우 커서 일반화하기가 쉽지 않다. 특히 온난화는 대기 순환에 영향을 미쳐 기압대 형성과 이동 과정의 변화를 초래함으로써 특정 지역 자체의 대기 수증기량 변화와 무관하게 그 지역의 강수 패턴을 변화시킬 수 있다. 따라서 집중호우가 심해지는 지역이 느는 만큼 장기적 가뭄으로 고통받는 지역도 많아질 수 있다.

지역적 편차가 매우 큼에도 불구하고, 최근 들어 기후변화가 전 지구적 물순환과 지역적 수문기상에 미치는 영향에 몇 가지 경향성이 나타나고 있다. 첫 번째 주목할 양상으로, 북반구의 중위도 및 고위도권을 중심으로 강수량과 하천을 통한 유출량이 증가하고 있다. 반면에 열대 지역이나 지중해 연안처럼 건조한 지역의 경우 강수량이 소폭 감소하는 곳이 많아졌다. 인구증가와 경제성장으로 인해 물 사용이 지속적으로 증가하고 있기 때문에, 기후변화에 따른 강수량 변화를 하천 유출량의 장기적 변화에서 확인하는 것은 쉽지가 않다. 그러나 12개의 기후모델을 이용하여 하천 유출량 변화를 예측한 연구는 20세기 후반에 관측된 지역적 기후변화에 따른 유출량의 장기적 변화를 확인했다.[25] 20세기 전반 및 중반부와 대비해서 21세기 중반부에는 하천 유출량이 북반구의 고위도권 대부분과 아프리카 동부의 적도 지역 등에서 10~40% 증가하는 반면, 남부 아프리카, 남부 유럽, 중동, 북미 서부의 중위도권 지역 등에서는 10~30% 감소하는 것으로 예측되었다.

두 번째 특징으로, 강수량의 총량 변화와 무관하게 많은 지역에 걸쳐 집중호우의 발생 빈도 및 강도가 증가하고 있다. 2005년 여름 뭄바이에서는 하루에 944밀리미터의 폭우가 쏟아져 인도에서 기상 관측이 시작된 이래 최고치로 기록되었다. **26** 2020년 여름 양쯔강 유역에서 물난리가 난 중국에서는 다음 해 7월에도 허난성 성도인 정저우를 중심으로 “1천 년 만의 폭우”가 쏟아졌다. 사흘 동안 617밀리미터의 폭우가 내렸으며, 마지막 날에는 24시간 강우량이 458밀리미터에 달해 1951년 기상 관측이 시작된 이래 최대 일일 강우량으로 기록됐다. **27**

이전에는 홍수 발생 빈도가 매우 낮았던 중부 유럽에서도 2002년 8월 엘베강과 다뉴브강 홍수의 경우 범람 수위가 관측이 시작된 13세기 이후 최고를 기록하였다. 엘베강 범람으로 체코공화국에서 30억 달러, 독일에서 최소 90억 달러의 경제 피해가 발생했다. **28** 2021년 7월에도 서부 독일, 벨기에 및 네덜란드에서 120명 이상의 사망자를 초래하는 초대형 물난리가 발생했다. 홍수 발생 직후 독일의 시사주간지 〈슈피겔 *Spiegel*〉에 실린 기고문에서 저명한 기후학자 슈테판 람스토프 Stefan Rahmstorf 교수는 클라우지우스-클라페롱 방정식을 언급

하며 기후변화 때문에 집중호우에 의한 홍수 피해가 갈수록 더 심해질 거라고 경고했다. **29**

기후재난이 인류의 생존을 위협하는 현실은 "문명은 지질학적 동의가 있어야 존재한다"는 철학자 윌 듀런트의 말을 예증한다. 마지막 빙하기 이후 1만 년가량의 간빙기 동안 인류는 유례없이 안정된 기후 속에 문명을 발전시켜 왔다. 지난 수십만 년 동안 그린란드나 남극에 축적된 빙하에서 채취한 시료(ice core)를 이용한 고기후 연구 결과를 보면 현재의 기후 안정기는 지극히 예외적인 상황으로 볼 수밖에 없다. **30** 지금으로부터 약 1만 2천 년 전의 '영거 드라이아스Younger Dryas'라 불리는 시기에는 온난화가 불과 10년도 안 되는 짧은 기간 내에 반전되어 유럽 전역의 기온이 급강하했다. 영거 드라이아스처럼 현재 북대서양 연안의 기후를 결정하는 걸프 난류와 전 지구적 해류순환이 지구온난화에 의해 교란될 수 있다는 과학자들의 경고가 현실이 되면 우리가 살고 있는 시대에도 과거와 유사한 급격한 기후변화가 발생할 수 있다.

불확실한 미래를 준비하기 위해 어떤 이성적 태도를 취해야 할까? 발생 위험성을 완전히 배제할 수 없다면 기후위기가 더 이상 심화되지 않도록 기후변화의 원인을 제거하기 위해 최선을 다해야 할 것이다. 1993년 〈타임〉지에 "지옥에서 보낸 한 철" 기사가 실리기 4일 전 과학저널 〈네이처〉에는 고기후를 연구하는 지화학자 제임스 화이트James White 박사가 지난 빙하기 동안의 급격한 기온 변화를 분석한 논문을 소개하는 글을 실었다. 화이트 박사는 그해 극심했던 기상이변의 저변에 도사린 기후변화의 위험성을 경고하는 메시지로 글을 마무리했다. 30년 가까운 시간이 흐른 지금도 그의 경고는 여전히 유효하다.

> 만약 지구에 작동 매뉴얼이 있다면, 기후에 대한 장은 다음의 경고문으로 시작할 것이다. 이 시스템은 공장에서 최적의 편안한 상태로 설정되어 왔으니 절대 다이얼을 함부로 돌리지 마시오. 31

탄소는 우리의 적?

온실기체 배출과 기후위기 현황을 살펴보는 과정에서 분명하게 확인할 수 있었던 사실은 생명의 필수 원소인 탄소가 어느 순간 인류의 생존을 위협하는 존재로 전락했다는 것이다. 건축가 윌리엄 맥도너William McDonough가 〈네이처〉에 발표한 "탄소는 적이 아니다"라는 제목의 짧은 글에서 지적한 것처럼, 문제는 탄소가 아니라 탄소의 순환을 교란시킨 인간이다.[32] 저탄소, 탈탄소decarbonization, 탄소중립을 넘어서 이제 '네거티브 탄소negative carbon'까지 등장하다 보니, 탄소는 거부해야 하는 부정적 존재로 인식되고 있다. 건축가답게 맥도너는 탄소 순환이 교란되어 기후변화 같은 문제가 발생하게 된 것을 "디자인 실패"로 파악한다. 기후변화는 탄소가 "잘못된 양이 잘못된 기간 동안 잘못된 자리"에 있기 때문에 발생하는 문제이므로, 탄소가 제자리를 찾을 수 있도록 자연의 순환 원리에 맞춰 우리 사회를 새롭게 설계하면 문제는 해결될 수 있다는 것이다.

그렇다면 누가 510억 톤의 무게를 극복하고 '저탄소 사회'를 설계할 수 있을까? 화석연료라는 지질학적 유산과 산업화라는 과거의 유산이 기후변화라는 현재진행형의 문제를 초래했지만, 이 문제는 갈수록 더 심해질 가능성이 높기 때문에 기성세대보다는 미래세대가 더 큰 피해자가 될 것이다. 따라서 기후위기에 대한 세대 간 인식차가 클 수밖에 없다. 〈한겨레〉가 우리나라 성인과 청소년 각각 500명을 대상으로 기후변화에 대한 인식을 설문조사한 기사에서 사회운동가 블라이스 페피노는 "기후위기로 재앙 직전의 세계에서 아이를 낳고 키우는 것은 잘못된 일"이라고 말한다. 페피노는 영국에서 "출산 파업Birth Strike" 운동을 주도하고 있는데, 그녀의 주장에 공감하는 사람들이 한국에도 적지 않다. "기후변화로 출산을 고민해 본 적이 있느냐?"는 질문에 성인의 28%가 그렇다고 답했으며, 청소년을 포함할 경우 그 비율은 43%로 늘었다. 기후변화에 대한 세대 간 온도 차이도 커서, "기후변화를 피부로 느낀다"는 비율이 성인은 19%에 불과했지만, 청소년은 42%나 되었다.[33]

기후변화와 관련된 가장 심각한 불평등 문제는 기후변화의 원인과 피해에 나타나는 국가 간 비대칭성이다. 2019년 화석연료로 인한 이산화탄소 배출량은 EU 27개국을 한 나라로 볼 경우 중국, 미국, EU 27개국, 인도, 러시아, 일본 순으로 6

개 배출국이 전체 배출량의 65%를 차지했다. EU 27개국은 최근의 감축 노력에 힘입어 배출량이 많이 감소해 2019년 전 세계 배출량의 8%를 차지했다. 그러나 1850년부터 2019년까지의 누적 배출량을 보면 EU 27개국은 총배출량의 17%, 영국은 5%를 차지해 1위를 차지한 미국(25%) 다음으로 큰 역사적 책임을 지고 있다.34 2019년 이산화탄소 배출량을 인구 분포로 나타내면 전체 배출량의 48%가 상위 10%에 의해 배출된 것을 알 수 있다.35 이 부유한 10%의 "오염 엘리트"가 1990년부터 2015년까지 세계 온실기체 배출량 증가의 46%를 차지했다.36 상위 10%에 속하는 영국의 배출량은 최근 뚜렷이 줄고 있지만, 영국인 1명이 5일 동안 배출하는 이산화탄소의 양은 아프리카 르완다 국민 1명이 1년 내내 배출하는 양과 맞먹는다.37 영국의 과거 식민지인 방글라데시의 1인당 이산화탄소 배출량은 세계 최하위 수준으로 낮지만, 방글라데시 국민들은 해수면 상승과 반복되는 홍수 피해로 인해 심각한 기후재난에 직면해 있다.

2050년 탄소중립 목표를 달성하는 데 있어 가장 큰 걸림돌은 무한성장을 추구하는 현재의 자본주의 생산체제가 근본적인 구조 변화 없이 지속되는 것이다. 1995년부터 2015년 사이에 원료 생산을 통한 온실기체 배출량이 120% 증가하여 2015년 배출량은 110억 이산화탄소 환산톤에 이르렀다. 생산된 원료의 5분의 2는 건축 재료로 사용됐고, 또 다른 5분의 2는 기계, 자동차 등의 제조업 원료로 활용됐으며, 전체 원료 생산 관련 온실기체 배출량의 60%는 신규 자본 투입량에서 유래했다.[38] 사회나 환경에 초래되는 피해에도 불구하고 이윤 추구를 위해 끊임없이 투자 기회를 확대하는 자본의 포식성을 통제하지 않는 한, 짧은 기간 내에 온실기체 배출을 큰 폭으로 감축하는 것은 쉽지 않다. UCLA의 사회학자 마이클 만Michael Mann이 "자본주의는 미래가 있는가"라는 질문의 답에서 지적한 것처럼, 기후변화로 대표되는 21세기의 총체적 환경위기를 극복하기 위해서는 결국 자본주의의 위기를 극복해야 할 것이다. 마지막 장에서는 탄소문명의 위기를 극복할 수 있는 대안에 대해 살펴본다.

> 기후변화의 위기는 세계화된 오늘날의 모든 지배적인 제도들 — 무제한의 이윤 추구로서의 자본주의, 제각기 주권을 주장하는 자치적 민족국가들, 현대 국가와 시장을 동시에 정당화하는 개개인의 소비자 권리 — 에서 비롯하기 때문에, 저지하기가

그만큼 쉽지 않다. 그러므로 생태위기를 해결하려면 오늘날 우리 삶의 제도적 조건에서 일대 변화가 일어나지 않으면 안 될 것이다.[39]

9장

녹색 성장 vs. 탈성장

태양계에 1조 명의 인간들이 존재할 수 있다. 이 말은 앞으로 1천 명의 모차르트와 1천 명의 아인슈타인이 나올 수 있다는 뜻이다. 이것은 정말 놀라운 문명이 될 것이다.

— 제프 베이조스[1]

지구는 우리가 알게 될 유일한 천국이다. 우리가 눈을 뜨는 순간 그것을 알게 될 것이다. 우리가 지구를 천국으로 만들 필요는 없다. 지구는 이미 천국이니. 단지 우리 자신을 지구에 살기 적합하게 만들면 된다.

— 헨리 밀러[2]

녹색 에너지 거인과 우주 정복자

코로나 팬데믹이 초래한 경제위기에 대응하기 위한 세계 각국의 양적 완화 조치로 인해 주식시장이 과열되는 기현상 속에서 향후 세계경제의 판도 변화를 예고하는 일련의 흥미로운 뉴스가 전해졌다. 주가지수가 연일 최고치를 갱신하던 2020년도 후반기 미국 주식시장에서 가장 주목을 받은 이는 일론 머스크였다. 주식시장의 과열과 신·재생 에너지 분야에 대한 집중 투자를 공약한 바이든이 미국 대통령으로 선출되는 우호적 환경 변화에 힘입어 2020년 한 해 동안 테슬라의 주가가 650% 급상승함으로써 머스크는 세계 2위의 부자로 등극했다. 머스크의 자산 총액은 2020년 3월까지만 해도 246억 달러에 불과했으나, 2020년 12월에 1,447억 달러로 늘어 아마존의 제프 베이조스가 가진 1,855억 달러에 400억 달러 차로 근접했다.[3] 2021년에도 테슬라의 주가 상승 랠리는 지속되었으며, 1월 7일 자산 총액이 1,950억 달러가 된 머스크는 베이조스를 제치고 세계 제일의 부자에 등극했다.[4]

머스크의 주식만큼 주목을 받지는 못했지만 에너지 산업의 대변혁을 예고하는 큰 사건이 관련 기업들의 주가 상승으로 확인됐다. 많은 사람들에게 아직 이름도 생소한 미국의 신·재생 에너지 기업 넥스트에라NextEra가 2020년 10월 한때 주가 총액이 1,460억 달러에 육박하면서 세계 최대 석유기업인 엑손 모빌Exxon Mobil의 가치를 넘어섰다.5 플로리다의 지역 전력회사에 불과했던 넥스트에라는 지난 5년간 기업 가치가 3배가량 증가하면서 신·재생 에너지 분야의 선도기업으로 급성장했다. 넥스트에라와 함께 이탈리아의 에넬Enel, 스페인의 이베르드롤라Iberdrola, 덴마크의 오스테드Orsted 등 신생 에너지 기업들의 비약적 성장을 보도한 〈월스트리트저널〉 기사는 이들 신·재생 에너지 기업들에게 "새로운 녹색 에너지 거인들"이라는 이름을 부여했다.

반면에 1세기 이상 세계 에너지 시장을 장악했던, "빅 오일"이라 불리는 7대 석유기업들은 고전을 면치 못했다. 특히 "석유 공룡" 엑손 모빌은 팬데믹의 여파로 인해 석유 수요가 줄면서 계속 적자가 늘었고, 2020년 초에는 한 주당 70달러였던 주가가 12월 말에는 40달러 초반까지 떨어졌다.6 에너지업계의 판도 변화가 석유 시대의 종말을 고한다고 섣불리 판단하기에는 이르지만, 앞으로 재생에너지의 보급이 확대될수록 석유 수요가 크게 감소할 거라는 예상이 석유업계 내부에서 조심스럽게 제시되고 있다. 시가총액 기준 세계 4위의 석유 기업인 영국의 BP는 2020년 에너지 전망 보고서에서 코로나 팬데믹에 의한 석유 수요의 감소와 신·재생 에너지 비중의 증가로 인해 2019년이 세계 석유 수요의 정점이 될 것으로 예상했다.7 BP의 CEO 버나드 루니Bernard Looney는 2030년까지 석유와 가스 생산을 40% 줄이는 대신에 신·재생 에너지 투자를 크게 늘리겠다는 탄소중립 전략을 제시했다. 화석이 될 운명에 처한 석유 공룡들이 필사적 생존전략을 내놓기 시작한 것이다. 탄소문명의 주역이었던 고탄소 업종은 이제 주식가치의 하락과 함께 금융권의 대출 압력에 직면하여 생존 자체가 위태로워진 상황이다.

세계 1위 부자 자리를 다투는 머스크와 베이조스는 '우주 식민지' 개척에 열을 올리고 있다. 이들은 15세기 이후 아메리카 대륙을 정복한 스페인의 콩키스타도르보다 더 큰 야심을 가지고 우주 식민지 건설을 위한 무모한 도전을 계속하고 있다. 〈가디언〉의 한 칼럼에서 맷 쇼Matt Shaw 교수는 이들 우주 정복자들의 우주 식민지 프로젝트를 "우리의 미래를 사유화" 하는 시도라며 비판했다.8 우주 식민지 프로젝트는 상상력을 자극하는 환상적 이미지를 통해 대중의 마음을 움직인다. 이런 대중적 인기에 힘입어 해당 기업가들은 손쉽게 공적 자금을 끌어들여 천문학적 사업비를 조달할 뿐만 아니라, 기업의 주가 상승이라는 사적 이익을 추구한다. 문제는 빅테크 억만장자들이 소유한 사기업들이 "미래의 이미지를 조작하여 우리의 미래 자체와 인프라를 통제"할 수 있다는 데 있다. 마지막 장에서는 먼저 성장의 한계와 환경위기를 기술 혁신을 통해 해결하겠다는 낙관론자들의 미래 비전에 대해 알아본다. 구체적으로는 '그린 뉴딜Green New Deal'과 탄소중립의 오해와 진실을 파헤치며, 성장 중독을 벗어나 자연과 인간의 균형을 회복하려는 탈성장 대안의 가능성과 한계도 점검한다. 지금까지 다룬 경제·환경·기후 복합위기에 대한 해결책을 제시할 수는 없지만, 앞으로 지속가능한 대안 문명을 탐색하는 데 필요한 새로운 관점의 필요성을 강조하고자 한다.

그린 뉴딜: 에너지 전환과 녹색 성장(의 허구)

대니얼 예긴Daniel Yergin은 《2030 에너지 전쟁》이라는 다소 살벌한 제목을 달고 번역된 책(*The Quest*)에서 두 신조어를 이용해 화석연료의 위기와 바이오 에너지의 급부상을 대비했다. "석유의 시대인 20세기의 정수를 구현한 '탄화수소 인간 Hydrocarbon Man'은 21세기 동안 '탄수화물 인간Carbohydrate Man'에게 점차 자리를 내줄 것이다."9 2장에서 분석한 1800년 이후의 세계 1차 에너지 통계(〈그림 2-1〉)를 보면, 예긴이 탄수화물 에너지로 표현한 바이오 연료는 21세기 들어서 (화석연료에 비교해서는 여전히 미미하지만) 사용량이 급증했다. 바이오 연료는 91테라와트시TWh의 미미한 양으로 1990년 처음 세계 에너지 통계에 진입했지만, 21세기 들어 사용량이 급증하여 2019년에는 1,143테라와트시가 됐다.

예긴이 예측한 것처럼 탄수화물 인간의 시대가 정말 도래한 것일까? 2019년의 바이오 에너지 사용량은 전 세계 1차 에너지 사용량의 단지 2.5%를 차지했을 뿐이다. 다른 재생 에너지는 상황이 더 나을까? 2019년에 사용된 태양 에너지와 풍력 에너지는 각각 724테라와트시와 1,430테라와트시로 전체 에너지 사용량의 1.6%와 3.2%를 차지했다. 기후위기에 대응하기 위해 화석연료에서 기인하는 온실기체 배출을 급격하게 줄여야 하는 상황이지만 인류는 여전히 탄화수소 인간으로 살고 있다.

세계경제의 에너지 사용에 나타나는 새로운 트렌드에 대해서는 상이한 분석이 제시되고 있다. 예를 들면 컨설팅 회사 맥킨지는 2019년에 발간한 《세계 에너지 사용 동향 보고서》에서 최근의 산업 전반에서 나타나는 에너지 요구량의 감소 추세를 "GDP-에너지 비동조화decoupling" 현상으로 해석한다. 이 보고서는 세계 에너지 수요는 2030년경 정점에 도달한 후 안정세를 지속하게 될 것으로 예상한다. 경제가 이전보다는 완만한 속도지만 계속 성장하는 추세를 감안할 때, 향후 에너지 요구량이 일정 수준에서 안정화된다는 것은 경제 활동 전반에 이전보다는 적은 에너지가 투입된다는 것을 의미한다. 이는 GDP 1달러 생산에 요구되는 에너지 투입량을 의미하는 '에너지 강도'의 감소로 나타난다.

신·재생 에너지 전환에 대한 낙관론은 최근 선진국을 중심으로 다시 동력을 얻고 있는 그린 뉴딜 논의에서 잘 확인된다. 제레미 리프킨Jeremy Rifkin은 《글로벌 그린 뉴딜》에서 신·재생 에너지 기술 혁신과 기후 정책에 힘입어 세계경제의 탈탄소화가 급물살을 타서 2023년부터 2030년 사이에 약 100조 달러의 화석연료 자산에 기반을 둔 "탄소 버블carbon bubble"이 폭발할 것으로 예측했다.[10] 2028년이라는 멀지 않은 미래의 시점까지 못 박으며 탈탄소 동향을 강조한 리프킨의 예측이 근거가 없는 것은 아니다. 앞의 맥킨지 보고서에서 강조한 에너지 시스템의 전기화 과정에서 신·재생 에너지가 화석연료를 밀어내는 '티핑 포인트'는 신·재생 에너지의 가격에 의해 결정된다. 북미의 경우 단위 전력MWh 생산당 에너지 비용이 최근 들어 풍력과 태양력 모두 100달러 이하로 감소해서 재생 에너지가 화석연료와 원자력 발전보다 더 경제적인 에너지원이 됐다.[11] 옥스퍼드대의 한 경제학 연구소가 2021년에 발간한 보고서에 따르면, 현재의 추세대로 재생 에너지로 빠른 전환이 이루어지면 화석연료에 기반한 에너지 시스템을 유지할 경우보다 14조 달러 이상의 순비용 절감이 기대된다.[12] 그러나 재생 에너지의 고질적 문제 한 가지가 재생 에너지의 확산을 막는 장벽으로 남아 있다. 가변적 기상 조건에 따른 전력 생산의 변동성에 대처하기 위해서는 재생 에너지의 저장 및 분배 시스템이 필요하다. 이런 시스템이 제대로 구축되기까지는 많은 비용과 시간이 요구된다.

미국에서 그린 뉴딜은 29세에 돌풍을 일으키며 하원의원이 된 알렉산드리아 오카시오-코르테스Alexandria Ocasio-Cortez

가 2019년 의회에 법안을 제출하면서 정치권의 핵심 정책의 제로 부상했다. 유럽에서는 유럽연합 집행위원회가 상정한 법안이 2020년 1월 유럽 의회에서 비준됐지만, 오카시오-코르테스의 법안은 상원에서 부결되고 만다. 그러나 기후변화를 부인하며 기존의 기후 정책을 철회한 트럼프 대통령을 물리친 바이든은 그린 뉴딜을 가장 중요한 정책으로 추진하고 있다. 1조 달러에 육박하는 천문학적 공적 자금이 투입될 바이든 정책의 핵심 목표는 에너지 전환을 통해 〈파리협정〉의 1.5℃ 목표에 기여할 뿐만 아니라 그린 인프라를 기반으로 한 산업구조 전환을 통해 수백만 개의 고급 일자리를 창출하겠다는 것이다.[13]

미국 정부가 추진하는 그린 뉴딜 정책에 대해서 우파와 좌파 모두 비판하고 있다. 특히 2030년까지 2005년 배출량의 50%를 감축하겠다는 바이든의 공약에 대해서는 실행 가능성이 낮은 정책이라는 비판이 제기됐다. 앞에서 살펴본 대로 지금까지의 느린 신·재생 에너지 확산 속도를 감안하면 앞으로 20년이 채 남지 않은 기간 동안 온실기체 배출의 주범인 화석연료의 사용을 대대적으로 줄이겠다는 계획이 비현실적이라는 비판은 일리가 있다. '저탄소문명' 전환은 에너지 전환을 넘어서는 사회·경제 시스템의 변화를 의미한다. 이 과정에서 특히 화석연료에 기반한 기존의 생산 구조를 변화시키는 일에 큰 진통이 따를 것으로 예상된다.

2020년 불과 한 해 동안에 머스크가 보유한 주식가치가 1,700억 달러나 증가한 사실에서 알 수 있듯이, 현재 그린 뉴딜에 쏠린 시장의 관심은 경제의 펀더멘털보다는 미래에 대한 기대 심리를 반영하고 있다. 장기적 저성장 단계에 들어선 자본주의 세계경제는 새로운 돌파구가 필요한 상황인데, 그린 인프라에 대한 천문학적 투자는 새로운 시장을 개척하려는 기업가들에게는 반가울 수밖에 없는 소식이다. 우파 쪽에서는 오랫동안 그린 뉴딜이 사회주의 정책이라는 비판을 제기해 왔지만, 정작 좌파 진영에서는 그린 뉴딜이 기후위기의 근본 원인인 자본주의 경제체제의 확장을 정당화하는 "그린워시green-wash"에 불과하다고 비판한다. 신·재생 에너지 보급이 느린 상황에서 단기간에 기후위기에 대응하기 위해서는 화석연료의 감축은 피할 수 없는 화두이기에 경제의 적정 규모에 대한 논의는 불가피하다. 이와 관련해 이 장의 마지막에서 탈성장 논의를 지속한다.

탄소중립, 혹은 탄소 유니콘

2020년은 유난히 기상재해가 심한 해였다. 코로나 팬데믹으로 인해 자연재해에 대한 불안감이 고조된 상황에서 세계 곳곳에서 발생하는 기상재해를 불안하게 지켜보던 사람들은 급증하는 기상재해의 원인으로 지목된 기후변화를 이전보다 훨씬 더 심각하게 받아들였다. 이런 상황에서 여러 나라 정부와 기업들이 앞다투어 탄소중립 목표를 선언하면서 탄소중립은 그린 뉴딜과 함께 시대의 전환을 상징하는 유행어로 자리 잡았다. 한국 정부는 "한국판 뉴딜"의 핵심전략으로 "디지털 뉴딜"과 함께 "그린 뉴딜" 패러다임을 공표했다.[14] 기후변화 대응전략의 핵심은 〈파리협정〉에 따른 자발적 '국가 감축 목표NDC: Nationally Determined Contribution'의 수립이다. 한국 정부는 2030년까지 2018년 온실기체 배출량 대비 26.3%를 감축하겠다는 단기 목표를 수립하여 기후변화협약UNFCCC에 제출했으나 2021년 10월에는 '탄소중립위원회'가 2030년까지 온실기체 배출량을 2018년 대비 40% 감축한다는 수정안을 내놓아 실행 가능성과 과도한 경제적 비용에 대한 논란을 일으켰다.[15] 문제는 시간이다. 2050년까지 채 30년이 남지 않았는

데, 과연 이 짧은 기간에 탄소중립을 달성할 수 있을까?

2018년 IPCC는 〈파리협정〉의 실행 계획 수립에 필요한 과학적 근거자료를 정리해 《지구온난화 1.5℃》라는 제목의 특별 보고서를 발간했다.16 이 보고서에 따르면 〈파리협정〉의 1.5°C 목표를 달성하기 위해 2050년까지는 탄소중립을 이루어야 하며, 단기적으로는 2030년까지 2010년 배출량의 45%를 감축해야 한다(〈그림 9-1〉). 1.5°C 목표를 달성하기 위해서는 2018년 이후 매년 20억 톤 정도의 이산화탄소 배출량을 줄여야 한다는 의미이다. 이 양은 2020년에 코로나 팬데믹으로 인해 화석연료를 통한 이산화탄소 배출량이 전년 대비 7%나 감소했을 때의 감축량인 24억 톤에 버금간다. 코로나 위기로 인해 세계경제가 위축된 정도의 피해를 감수해야 〈파리협정〉의 온실기체 감축 목표를 달성할 수 있다는 것이다.

UNFCCC는 2021년 9월에 〈파리협정〉에 가입한 191개 국가 중에서 그해 7월까지 NDC를 보고한 164개국의 온실기체 감축 계획을 취합하여 《NDC 종합 보고서》를 발간했다. 164개 국가의 감축 계획을 반영하여 향후 세계 배출량을 예측해 보면, 2030년 배출량은 551억 이산화탄소 환산톤으로 이는 2010년 배출량보다 16.3%가 증가한 값이다(〈그림 9-1〉).

〈그림 9-1〉 세계 온실기체 배출량 전망[17]

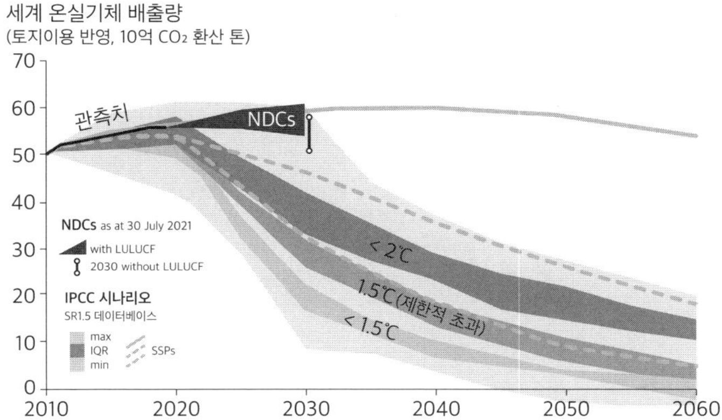

앞에서 1.5°C 목표를 달성하기 위해서는 2030년까지 2010년 배출량의 45%를 감축해야 된다고 했으므로, UNFCCC에 제출된 NDC 계획만으로는 목표 달성이 불가능한 상황이다.[18] 이후 〈네이처〉에 발표된 한 논문은 1.5°C 목표를 달성할 확률이 50%가 되기 위해서는 앞으로 매장량이 확인된 석탄의 90%와 석유와 천연가스의 60%가 채굴되지 않아야 된다고 추정했다.[19] NDC를 통해 2021년까지 약속된 감축 계획은 논문에서 제시한 채굴량을 많이 초과하므로 추가적 감축 목표의 설정이 필요하다.

탄소중립이 선언에 그치지 않고 기후변화 대응이라는 본래의 목표를 달성하기 위해서는 먼저 탄소중립의 명확한 의미와 목표에 따라 구체적 계획이 수립되어야 한다. 탄소중립은 탄소의 배출, 정확하게는 온실기체의 배출을 완전히 줄이겠다는 것이 아니라 순배출량을 제로로 한다는 의미이다. 현재 세계경제의 화석연료 의존성 때문에 온실기체의 최대 배출원인 화석연료의 사용을 단기간 내에 줄이는 것은 쉽지 않을 것이다. 따라서 온실기체 배출량을 줄일 수 있는 만큼 줄이되, 줄이지 못하고 계속 배출되는 온실기체를 산림 같은 자연적 흡수원이나 '탄소 포집 및 저장CCS: Carbon Capture and Storage' 같은 인위적 제거 방법을 통해 상쇄시켜 순배출량을 제로로 만들겠다는 전략이다.

앞 절에서 살펴보았듯이 에너지 전환이 탄소중립 전략의 핵심이지만, 현재까지 이루어진 에너지 전환 속도를 보면 신·재생 에너지만으로 탄소중립을 달성하는 것은 어려운 상황이다. 2019년 세계 1차 에너지 공급량 중 재생 에너지가 차지하는 비율은 5%에 불과하다. 한국의 경우에는 2019년 신·재생 에너지 생산량이 1,624만 6천toe●로 1차 에너지 공급량

● 석유 1톤을 연소시킬 때의 발열량으로 1천만kcal(1kcal = 1000cal)에 해당.

의 5.4%를 차지했다. 핵심 재생 에너지원이라고 할 수 있는 태양 에너지와 풍력은 신·재생 에너지 총량의 21%에 불과했다.[20] 최근 들어 전 세계적으로 석유와 석탄의 사용 비율이 줄어드는 경향이지만, 한국은 그 비율 감소가 뚜렷하지 않고 재생 에너지 중 태양 에너지와 풍력 부문의 증가 속도가 다른 선진국들에 비해 더딘 편이다.

에너지 전환에 많은 시간과 비용이 들기 때문에 온실기체가 배출된 후 대기에서 제거해서 배출량을 상쇄하겠다는 다양한 온실기체 제거 방안이 제안되었으며, 이 중 일부 기술은 이미 상용화되었거나 시운전 단계에 있다. 전체 온실기체의 75%를 차지하는 이산화탄소를 대기로부터 제거하는 방법을 '이산화탄소 제거CDR: Carbon Dioxide Removal' 기술이라 부른다.[21] CDR 기술은 대기로부터 이산화탄소를 제거한 후 포집된 기체를 안전한 곳에 장기간 저장하는 두 단계로 이루어진다. 다양한 종류의 CDR 기술은 식물과 플랑크톤의 광합성 작용을 통한 생물학적 제거, 암석의 풍화와 같은 무생물적 제거, 그리고 인공 흡착제에 의한 화학적 제거로 분류된다. 포집된 기체는 육상의 바이오매스, 땅속 지층, 바다 및 목조 건축물이나 콘크리트 빌딩 같은 인공 구조물에 장기간 저장될 수 있다.

CDR 기술은 기술적 실효성, 경제성, 환경에 미치는 영향, 대중 수용성 등의 기준에 따라 적합성을 평가한다. 지난 수십 년 동안 다양한 CDR 기술이 제안되었지만 어느 한 가지 방법도 모든 적합성 기준을 다 충족시키지 못했다. 예를 들면, 제거효율 측면에서 기술적 포텐셜이 매우 높은 것으로 평가되는 CCS 기술의 경우 이산화탄소 포집, 이동 및 저장을 위해 많은 비용이 들기 때문에 경제성이 낮다. 상대적으로 적은 비용이 드는 조림 사업의 경우 경제성은 높지만 수목 생장에 걸리는 시간 때문에 온실기체 제거효율이 낮게 평가된다.[22]

세계 3대 환경보호 단체 중 하나인 '지구의 벗Friends of Earth'이 2021년에 발간한 보고서(*Chasing Carbon Unicorns*)에서는 CDR이 "탄소 유니콘"에 비유된다. 뿔이 하나 달린 전설상의 동물 유니콘이 실제로 존재하지 않는 가상의 존재인 것처럼, 다양한 CDR 기술이 온실기체 배출을 감축하지 않고도 대기에서 직접 온실기체를 제거해서 기후위기를 해결할 수 있다는 환상을 유포한다는 것이다.[23] 무엇보다 온실기체 배출의 직접적 책임을 져야 하는 기업들이 자신들이 배출한 온실기체를 CDR이라는 환상적 기술로 상쇄시킬 수 있다는 잘못된 믿음을 가지게 돼, 결과적으로는 온실기체 감축 노력을 소홀히 할 수 있다. 이 보고서에 나오는 욕조 그림에는 CDR 같은 온실기체 상쇄 방안이 욕조의 물이 빠져나가는 배수구로 묘사된다. "확인되지 않았고 불확실한 배수구"인 온실기체 상쇄 방안을 믿고 공장 굴뚝이라는 수도꼭지로부터 감당할 수 없이 많은 온실기체를 계속 흘려보내면 우리가 살고 있는 지구라는 욕조에는 어떤 일이 생길까? 이 욕조의 배수구 비유는 우리에게 기후위기의 근본적 해결을 위해서는 화석연료의 사용을 줄여야 한다는 강력한 메시지를 전한다.

기온 증가를 1.5°C 이하로 제한하고자 할 때 인류가 배출할 수 있는 온실기체 양은 정해져 있다. 2019년 〈네이처〉에 발표된 한 논문에 따르면, 2100년까지 기온 증가를 1.5°C 이하로 제한(50% 확률)하기 위해서는 앞으로 이산화탄소를 4,800억 톤 이상 배출해서는 안 된다.**24** 앞 장에서 2019년 이산화탄소 총배출량이 430억 톤에 이른다는 것을 알아보았다. 따라서 앞으로 배출해도 되는 이산화탄소 4,800억 톤을 2019년 한 해의 온실기체 배출량으로 나누어 보면 우리에게 남은 시간은 2019년부터 11년밖에 되지 않는다. 물론 그사이 온실기체 배출량은 조금씩 줄고 CDR을 통해 상쇄되는 배출량도 늘겠지만, 현재의 상황이 그대로 지속되면 〈파리협정〉의 목표를 달성하는 것은 불가능해 보인다.

온실기체 배출의 역사적 책임이 큰 유럽과 북미의 국가들에게 배출량 감축 의무도 무겁게 부과되어야 한다. 1.5℃ 목표를 달성하기 위해서는 1인당 연간 이산화탄소 배출량은 2톤이 넘어서는 안 되지만 인류의 상위 1%는 70톤 이상을 배출하고 있다. 인구의 90%가 앞으로 탄소 배출을 완전히 멈추더라도 부유한 상위 10%가 10년 내외에 허용된 배출량을 다 소진하게 된다. 기후변화 대응책을 제안한 책을 출간해 대학생들에게 무료로 배포하고 있는 빌 게이츠는 여섯 채의 주택과 네 대의 제트 비행기 등 '탄소 족적carbon footprint'이 큰 생활양식으로 인해 매해 7,500톤에 가까운 이산화탄소를 배출하고 있다.[25] 게이츠가 얘기하는 첨단기술의 개발도 중요하지만 배출량의 절대적 감축이 선행되어야 한다. 이제 기후위기의 진정한 해결을 위해서 자본주의 경제에 내재된 무한성장의 모순을 극복하려는 탈성장 대안에 대해 살펴보자.

탈성장: 성장 없는 번영은 가능한가?

독일의 사회학자 볼프강 작스Wolfgang Sachs는 1999년에 발표한 논문에서 "지속가능한 발전은 형용모순oxymoron"이라는 유명한 말을 남겼다. 환경의 물리적 제약을 고려하지 않는 무한성장의 논리적 모순을 꼬집으며, 작스는 현재 우리가 당면한 지속가능성의 위기를 극복하기 위해서는 "무한성장을 요구하지 않는 번영의 형태를 찾아야" 한다고 주문한다.[26] 《인구 폭탄》으로 유명한 생태학자 폴 에를리히Paul Ehrlich는 "영원한 성장은 암 세포의 신조"[27]라고 비판했다. 자본의 축적을 실현하기 위해 작동하는 자본주의 경제의 특성 때문에 성장을 멈추는 것은 실업률 증가 같은 막대한 사회적 비용이 불가피하므로 자본주의의 대안은 생각할 수 없다는 현실론이 무한성장에 대한 강박증을 강화한다. 이러한 자본주의 현실론에 대해 한 탈성장 연구자는 "대안이 없다는 바로 그 시스템 자체가, 계속 자라나 죽게 되는 암 세포처럼, 자기 파괴적 과정에 있다"고 꼬집는다.[28]

탈성장이라는 용어 자체는 21세기 들어서 처음 사용되기 시작했다. 2000년대 초반 프랑스 리옹의 환경운동가들이 자동차로 대표되는 소비문화를 반대하는 활동을 펼칠 때 구호로 내건 것이 프랑스어로 D'ecroissance, 즉 탈성장이었다. 이 단어는 앞서 소개한 생태경제학의 대부인 게오르게스쿠-뢰겐의 에세이 모음집의 프랑스어 번역문 제목에 처음 등장한 것으로 알려져 있다.[29] 이후 세르주 라투슈Serge Latouche가 주창한 '탈성장 경제학degrowth economics'은 2008년 파리에서 개최된 한 학회를 계기로 유럽의 생태적 대안 운동의 모토로 부상했다.[30]

서론에서 게오르게스쿠-뢰겐을 허먼 데일리 같은 생태경제학자들의 정신적 지주로 소개했지만, 게오르게스쿠-뢰겐보다 훨씬 앞서 엔트로피 개념을 경제학에 도입한 이가 있다. 바로 경제학계의 이단아 프레더릭 소디이다. 그는 방사성 동위원소에 대한 연구업적을 인정받아 1920년에 노벨 화학상을 수상했지만, 늦깎이 경제학자로 자연의 원리에 기초하여 자본주의 경제의 모순을 파헤쳤다. 소디는 과학이 사회의 발전에 기여한다고 확신했지만, 제 1차 세계대전과 이후의 사회적 혼란을 경험하면서 잘못된 사회구조 때문에 제대로 과학의 결실을 거둘 수 없다는 생각을 가지게 됐다. 사회 문제의 근본 원인이 잘못된 경제학에 있다고 판단한 소디는 인생의 후반부를 경제학 연구에 바쳤다. 그러나 그의 자본주의 경제체제에 대한 과학적 비판은 소수의 경제학자를 제외하고는 주류 경제학계에서 철저히 무시당했다. 31

소디가 보기에 자본주의 경제체제의 근본 모순은 화폐의 오류에 있다. 모든 실질적 부는 양(+)의 수량을 가지며 인간과 생명체의 존립을 가능하게 하는 필수품의 역할을 수행한다. 소 한 마리는 있지만, 소 마이너스(-) 한 마리는 존재할 수 없다. 반면에 그가 "가상의 부virtual wealth"라 칭한 "음(-)의 수량 혹은 결손이라는 형태를 가진" 자산의 양은 "상상된 음(-)의 자산 수량"으로 에너지 보존과 엔트로피 법칙을 무시하고 무한성장의 환상을 창조한다. 소디가 보기에는 화폐 자체가 바로 음의 수량을 가진 가상의 부이다. 예를 들면 100만 원은 가상의 수치에 불과하지만, 이 100만 원에 가치를 부여하는 제도하에서는 그 돈을 지불함으로써 소 한 마리를 소유할 수 있는 권리를 가진다. 가상의 부를 분배하는 화폐 시스템에서는 일정량의 부가 화폐 소유자에 의해 "소유되는owned" 것이 아니라, 화폐 소유자에게 "빚진owed" 상태가 된다. 즉, 화폐는 소유자가 필요할 때 실제의 부를 취득할 수 있는 권리인 것이다. 따라서 한 공동체가 보유한 화폐 총량은 공동체가

소유하기보다는 화폐 소유자에게 빚지고 있는 부의 총량을 나타낸다.32

신용도 돈과 마찬가지로 음의 수량을 가지는 부로 기능한다. 실재하는 부를 구매할 때 신용은 갚아야 할 부채를 남기지만 화폐는 소유자가 갚아야 할 부채가 없다는 차이만 있다. 은행에서 신용 대출로 10억 원을 빌려 아파트를 살 때와 내가 가진 돈 10억 원으로 같은 아파트를 살 때의 차이인 것이다. 소디의 개념에 따르면, 내 돈을 주고 아파트를 살 때 아파트를 판매한 이에게 돈의 형태로 다시 부의 청구권이 넘어가게 된다. 신용 대출을 받은 사람은 채권자에게 "빚을 갚겠다는 IOU(차용증)"를 주지만, 돈이라는 구매력은 "국가적 IOU"로 계속해서 순환하며 공동체의 빚진 상태를 유지시킨다.33 화폐의 새로운 소유자가 계속 공동체에 부의 소유에 대한 청구권을 행사한다는 면에서 화폐는 공동체의 영원히 변제되지 않는 채무인 셈이다. 코로나 팬데믹에 대응하기 위해 정부가 빚을 내어 마련한 돈을 재난지원금 명목으로 국민들에게 지급했을 때 우리는 화폐가 결국 국가의 채무라는 사실을 직접 체험할 수 있었다.

음의 수량을 가진 화폐나 신용이 실재하는 부의 소유를 청구하는 권한을 지니기 때문에 그 자체로서는 아무런 실질적 부를 창조하지 않지만 계속 가치를 부풀려 소유자를 부자가 되게 하는 마술을 부리게 된다. 부동산 시장이 과열될 때 신용 대출로 고가의 아파트를 구매한 후 웃돈을 붙여 되팔아서 목돈을 챙기는 사람들을 보자. 그들이 그 과정에서 어떤 실질적 부를 창조하는가? 개체의 죽음을 통해 생태계 차원의 물질 순환이 지속될 수 있는 자연과 달리 경제라는 인공 시스템에서 수치로만 존재하는 가상의 부는 새뮤얼슨의 도식에 나오는 원형 순환에 묘사된 것처럼 영원한 생명을 유지하며 무한 증식을 꾀한다. 여기서 문제는 (화폐의 순환은 엔트로피의 법칙을 무시할 수 있지만) 자본의 증식을 위한 경제 활동은 자연의 물리적 제약에서 자유로울 수 없기 때문에, 화폐 순환이 가속되면 될수록 자원 고갈과 환경오염의 위험은 커질 수밖에 없다는 데 있다.

소디가 가상의 부라 부른 화폐나 신용을 통해 경제적 이익을 추구하는 현 경제 시스템의 기득권층은 "교환의 매개수단이라는 돈의 목적을 이자를 낳는 부채라는 목적으로 변질시켰다". **34** 오직 부채를 창출함으로써 가상자산을 늘릴 수 있는 경제 시스템에서는 모든 경제 과정이 인간의 생존과 복지에 필요한 필수품의 생산보다는 수치로만 존재하는 가상자산을 증식하기 위해 더욱더 부채에 의존할 수밖에 없는 모순적 상황에 빠지게 된다.

1933년에 출간한 《화폐 대 인간*Money Versus Man*》에서 소디는 "경제적 자족은 모든 국가적 위대함과 진보의 핵심적 기초다"고 주장했다. 35 탈성장 운동의 중요한 목적은 '충분함'을 훨씬 넘어선 과잉 성장의 시대에 소디가 말한 자족을 새로운 경제적 패러다임으로 제시하는 것이다. 탈성장 용어를 대중화시킨 라투슈는 탈성장의 일차적 목적은 "발전이라는 이름으로 지속되는 파괴를 거부"하고 "자족적이고 물질적으로 책임감 있는" 사회를 이루는 것임을 강조한다. 36

탈성장은 다양한 정치적 지향과 함의를 가지지만, "가장 발전하고 과성장한 경제의 에너지와 자원 수요를 계획적이며 공평하게 축소"하자는 공통된 주장을 펼치고 있다. 37 라투슈가 성장을 "경제적 축소 혹은 다운스케일링"이라고 정의한 것처럼, 탈성장의 원뜻은 '역성장'에 가깝다. 라투슈는 탈성장이 하나의 체계를 갖춘 이론이기보다는 성장주의를 반대하기 위해 제시된 키워드일 뿐이며, '무성장non-growth'이라는 단어가 더 정확한 용어일지 모른다고 생각했다. 38 탈성장주의자들은 체제의 안정을 위해서는 성장할 수밖에 없는 자본주의의 구조적 모순을 직시하고, 경제성장을 지속하며 환경 문제를 해결할 수 있다는 성장주의의 논리적 모순을 집중 공략한다. 탈성장주의의 핵심 질문은 바로 "우리 사회가 성장 없이 유지되거나 번영할 수 있는가"이다. 39

2017년에 출간된 케이트 레이워스Kate Raworth의 책 《도넛 경제학*Doughnut Economics*》은 도넛 모양의 친근한 도식을 이용해 일반 대중에게 지속가능한 대안적 경제체제의 목표와 방법론을 소개한다. 레이워스의 도넛은 "지구의 한계 속에서 모든 사람들의 필요를 만족"할 수 있는 "안전하고 공정한" 공간을 상징한다. 도넛의 바깥 경계에 해당하는 '생태적 한계ecological ceiling'는 환경학 분야에서는 이제 너무나 친숙해진 '지구위험한계planetary boundaries' 개념에 기초한다. 40 지구적 환경 변화를 연구하는 과학자들이 지구 시스템이 정상적으로 작동하는 데 꼭 필요한 9개의 항목에 대해 인류가 환경적 재난에 직면하지 않고 살아갈 수 있는 "안전한 작동 범위"의 한계를 정의하기 위해 지구위험한계라는 개념을 제시했다. 이 논문에서 기후변화와 생물다양성 감소가 지구 생물권의 지속가능성을 위협하는 핵심 위기로 평가됐다.

레이워스는 과학자들이 제안한 지구위험한계에 더해 '사회적 기반social foundation'을 안전한 작동 범위의 하한선으로 제시했다. 사회적 기반은 인간의 존엄성을 지켜 줄 공정한 사회의 토대를 이룬다. 레이워스는 사회적 기반의 튼실함을 측정할 수 있는 12개의 지표를 제안했다. 12개의 지표에는 식량, 물, 에너지 같은 생존의 필수품뿐만 아니라, 사회적 존재로서 인간에게 필수적인 소득과 일자리, 교육, 보건, 주거, 네트워크, 성 평등, 사회적 공평성, 정치적 발언권, 평화와 정의가 망라돼 있다. 생태적 한계와 사회적 토대가 형성하는 "안전하고 정의로운 공간"에서는 자원의 이용이 인간의 기본적 필요를 충족시킬 정도로 충분하지만 환경적 한계를 넘어설 만큼 과도하지 않다. 따라서 도넛이 형상화하는 안전하고 정의로운 공간은 추상적 수준에서 논의돼 온 "포용적이고 지속가능한" 경제 발전의 구체적 목표를 형상화한다.

현재 도넛 경제모델의 생태적 한계와 사회적 기초를 완전히 충족하는 나라는 없다. 이는 도넛 경제모델에 '생태적 발자국ecological footprint'● 같은 기존의 지속가능성 평가 방법을 융

● 현존하는 인구를 부양하기 위해 감당해야 할 환경부하량을 그에 상응하는

합한 다른 연구 결과와도 일치한다. 다른 항목이 추가되더라도 평가의 공통된 결론은 선진국들 대부분이 생태적 한계를 크게 초과하고 있다는 것이다. 예를 들면, "지구위험한계 내에서 모두를 위해 좋은 삶"이라는 제목의 한 논문에서 미국은 도넛 경제모델의 생태적 한계에 해당하는 7개 항목들을 모두 초과했다.**41** '2020 서울혁신주간'에 초청된 레이워스는 한국의 환경적 안정성과 사회적 공정성을 도넛 경제모델을 적용해 진단하기도 했다. 레이워스의 분석에 따르면, 한국은 사회적 기반의 경우 단지 두 가지 지표만 기준을 충족하지 못한 반면에 환경 기준들에 대해서는 대부분 생태적 한계를 크게 초과한 것으로 평가됐다.**42**

현재의 자본주의 시스템에서 적절한 제도적 보완이 없다면, 성장 없는 경제는 실업률 증가 등 심각한 사회적 혼란에 직면할 수 있다. 기술 혁신을 통한 생산력의 향상으로 인해 고용은 갈수록 줄어들 수밖에 없는 상황에서 경제 규모가 축

토지의 면적으로 표시하며, 원래는 "한 도시 지역을 부양하기 위해 필요한 토지의 총면적"의 의미로 제안됨〔Rees, W. (1992), "Ecological footprints and appropriated carrying capacity", *Environment & Urbanization*, 4: 121~130〕.

소되면 실업률 증가와 그로 인한 사회적 비용과 정치적 혼란이 가중될 수 있는 것이다. 따라서 탈성장 논의가 공허한 이론에 그치지 않고 실행 가능한 대안으로 자리 잡기 위해서는 대안적 경제모델만큼이나 정치적 실천 방안을 깊이 있게 탐색해야 한다. 환경주의라는 이상론을 탈피하고 녹색의 정치적 색깔을 찾는 일이 지속가능한 미래를 탐색하는 과정에서 마지막으로 다룰 주제이다.

레드 그린: 지속가능한 미래의 색깔을 찾아서

지금까지 살펴본 것처럼 21세기 인류가 직면한 경제・환경・기후 복합재난은 지난 500여 년 동안 지구의 모든 공간을 상품사슬로 연결한 자본주의적 세계화의 산물이다. 무한 증식의 악무한에 빠진 자본의 '경제적 광기'가 인류세의 본질이 아닐까? 환경사회학자 제이슨 무어Jason W. Moore의 말처럼 인류세는 "자본세Capitalocene", 즉 자본의 시대이기도 하다. 무어의 말을 빌리자면, 자본세에 "자본주의는 자연을 조직하는 방식"이 되었다.[43] 자본주의에 의해 조직된 자연은 바로 서론에서 제시한 개념인 넋누리의 현재적 상태이며, 구체적으로는 인간이 초래한 물질대사의 균열에 의해 위기에 빠진 사회-생태 시스템을 의미한다.

탈성장 논의에서 살펴본 것처럼, 지속가능성의 위기에 직면한 넋누리의 안정성을 회복하기 위해서는 버블이 붕괴할 때까지 사회-생태 시스템 전반의 부채를 늘리는 파괴적 경제성장을 제어해야 한다. 기술 혁신을 통해 자본주의가 초래한 복합위기를 극복할 수 있다는 낙관론자들의 주장대로 성장의 제약을 극복하고 계속해서 경제의 규모를 키워 간다면 경제를 화석연료로부터 탈동조화하고 (기후위기 대응 차원에서) 탈탄소화하는 일은 갈수록 어려워질 것이다. 그렇다면 탈성장론자들이 주장하는 것처럼 "인간의 웰빙을 물질 투입량으로부터 탈동조화"하는 것이, 즉 경제성장 없이 인간의 행복을 추구하는 것이 "사람들과 지구를 위해 지속가능한 번영"을 가져다줄 유일한 대안일까?**44**

현재의 사회-경제 시스템을 구조화하는 힘은 자본이며, 정치권력과 대중문화에 대한 자본의 통제는 갈수록 강력해지고 있다. 따라서 변화의 주체와 구체적 방법론이 제시되지 않으면 사회-경제 시스템의 실질적 변화를 기대할 수 없다. 이런 관점에서 공정하고 안전한 자원 배분 시스템으로 경제를 전환시킬 정치적 세력을 논외로 하는 (의식 개선 수준의) 탈성장 운동은 한계를 가질 수밖에 없다. 기술 혁신이 성장의 한계를 돌파할 거라 믿는 우파적 시각의 탈성장 비판과 달리 좌파에서는 탈성장주의자들이 자본주의의 구조적 모순이 아닌 성장 중독이라는 겉으로 드러난 증상에 초점을 두어 문제의 본질을 흐린다고 비판한다. 리버럴 좌파가 주도하는 탈성장론은 성장에 대한 비판에 과도하게 집착함으로써 개인의 자기 절제를 통해 소비를 제한하는 것과 같은 개량주의적 해결책을 제시하는 데 그치곤 한다. 예를 들면 최근의 탈성장 논의에서 크게 주목받고 있는 생태경제학자 요르고스 칼리스Giorgos Kallis는 맬서스Thomas Robert Malthus 식의 성장을 방해하는 외부로부터 강제된 제약이 아니라 "제한된 자원을 공유하기 위한 자기절제"가 커먼즈(공동자산)에 기반한 지속가능한 경제 시스템의 구성 원리임을 강조한다. 45

사회주의적 비평가의 관점에서 보면 탈성장주의자들은 자본주의 경제가 자본가의 이윤 추구에 의해 가동된다는 사실을 외면하고 있다. 46 따라서 진정한 제도적 변화를 추구하는 세력은 자본에 의해 형성된 사회적 관계를 환경과 기후위기의 근본 원인으로 파악하는 생태사회주의의 주장에도 귀를 기울일 필요가 있다. 생태사회주의자 존 벨라미 포스터는 탈성장주의자들이 "성장 아니면 죽음이라는 사회grow-or-die society"의 근본 모순에 주목해야 한다고 지적한다.47 성장 중독이라는 증상은 자본 축적을 위해 가동되는 자본주의 경제가 초래하는 불가피한 결과인데, 탈성장 논의는 문제의 본질보다는 증상에만 초점이 맞춰져 있다는 것이다. 포스터가 보기에 라투슈로 대표되는 1세대 탈성장 운동의 문제점은 탈성장의 이론 자체보다는 자본주의의 근본 모순에 대한 질문을 회피한 채 "생태-양립적 자본주의eco-compatible capitalism"라는 실현 불가능한 목표를 제시하는 데 있다. 그는 한 걸음 더 나아가, "(탈성장 운동이 제안하는) 생태적 투쟁이 단지 추상적인 탈성장만을 목표로 삼지 말고, 더 구체적으로 '탈축적deaccumulation' — 끝없는 자본의 축적을 위해 구비된 시스템으로부터 벗어나는 전환 — 을 지향"할 것을 조언한다.

자본주의 산업문명의 대안을 찾는 '대전환 이니셔티브Great Transition Initiative'에 소개된 생태사회주의자 마이클 뢰비Michael Löwy의 글은 적녹red green의 색깔로 생태사회주의가 지향하는 미래를 그리고 있다. 정치적 지향이 명확하지 않은 녹색의 탈성장주의와 달리 적녹색의 생태사회주의는 "자본주의적 생산수단에 대한 사회적 관리"라는 보다 명확한 정치의제를 제기한다. "생태학의 기본 원리와 마르크스의 정치경제학 비판을 종합한" 생태사회주의는 자본주의를 비판하지 않는 "시장 생태주의market ecology"와 자연의 물리적 제약을 고려하지 않는 소비에트식 "생산력주의자 사회주의productivist socialism"를 다 같이 극복하고자 한다. 48

여기서 한 가지 주의할 점은 소비에트식 생산력주의를 마르크스의 사상과 일치시켜서는 안 된다는 것이다. 서론에서 살펴본 것처럼 마르크스는 그 누구보다 철저하게 자연과 조화된 사회적 생산관계를 고민했다. 그가 생각한 올바른 사회적 생산관계는 자연과의 "물질대사를 합리적으로 규제하고 공통의 통제하에 두는" 생산자의 연합association에 의해 가능하다. 이러한 생산자 연합과 자연의 물질대사는 "최소의 힘", 즉 최소의 에너지를 소비하여 이루어진다.

> 이 영역에서의 자유는 오직 다음과 같은 것에서만 있을 수 있다. 즉 사회화된 인간(결합된 생산자들)이 마치 어떤 맹목적인 힘에 의해 지배당하는 것처럼 자신과 자연의 물질대사에 의해

지배당하는 대신에, 이 물질대사를 합리적으로 규제하고 공동의 통제하에 두는 것, 요컨대 최소한의 힘만 소비하여 인간적 본성에 가장 가치 있고 가장 적합한 조건에서 이 물질대사를 수행하는 것이다.49

어떻게 생태-사회 시스템의 물질대사가 "인간적 본성에 가장 가치 있고 가장 적합한 조건에서" 수행될 수 있을까? 자본의 축적을 목적으로 가동되는 자본주의 경제의 원형 순환은 경제 주체의 삶과 자연을 약탈하는 방식을 취할 수밖에 없다. 자본가는 값싼 노동력과 값싼 자연을 착취하여 무한 경쟁에서 살아남고자 하며, 값싼 제품의 다량 생산은 엔트로피를 증가시키는 폐기물을 대량으로 발생시킨다. 게오르게스쿠-뢰겐은 경제 과정이 곧 폐기물 생산이라는 모순을 극복하기 위해서는 경제 주체의 심리적 가치인 '삶의 즐거움'을 증진하는 것을 경제 과정의 목적으로 인식해야 한다고 주장했다.50 자본 축적을 목적으로 가동되는 자본주의 경제와 비교할 때 삶의 즐거움을 증진하는 대안 경제는 '삶의 경제' 혹은 '살림 경제'로 부를 수 있을 것이다. 새뮤얼슨의 원형 순환 도식 뒤에 숨은 이윤 추구라는 보이지 않는 손이 자본주의적 생산과 소비

과정에서 투입과 산출의 유량을 지속적으로 증가시킨다. 살림 경제를 순환시키는 물질적 유량은 GDP의 무한 증가를 위해서가 아니라 자원과 환경이 부여하는 물질적 제약 속에서 삶의 즐거움을 증진하는 방향으로 움직인다.

해방철학자 엔리케 두셀은 칸트가 전쟁이 완전히 사라진 상태를 지칭한 "영원한 평화"라는 표현을 차용하여 생명의 생산과 재생산이 지속적으로 고양되는 상태인 "영원한 생명"을 인간사회가 이루어야 할 합리성의 기준으로 제시한다. 이 기준에 따르면 자본은 비합리적이다. 왜냐하면 자본은 생명을 파괴해서 증식하기 때문이다. 갚을 수 없는 빚에 의존해서 버블을 통해 증식을 추구하는 자본은 경제적 합리성 차원에서도 모순적 존재이다.

두셀의 생명윤리와 합리성에 근거한 경제 시스템에는 세 가지 지속가능성의 원리가 작용한다. 첫째, 사회적 생산에 투입되는 재생가능한 자원은 자연적 복원력의 범위 내에서 사용해야 한다. 1970년대에 이미 배리 카머너가 강조했던 순환 경제의 원리이다. 둘째, 재생 불가능한 자원은 동일한 양을 대체할 수 있는 역량과 비례해서 사용해야 한다. 쉽게 말해서 재생 불가능한 자원의 사용은 자제하라는 것이다. 셋째, 오염물질은 배출된 후 자연이 흡수하거나 인간이 재활용할 수 있는 양과 동일하게 배출해야 한다.51 사회적 생산은 자연생태계가 생산하고 처리할 수 있는 범위 내에서 이루어져야 하며, 자연의 한계를 벗어나서 자원을 사용하거나 오염물을 발생시킬 때는 그만큼을 인공적 방법으로 처리해야 한다는 의미이다.

두셀이 제시한 세 가지 원리가 생명을 고양하는 경제를 위해 필수적이지만, 철저하게 반생명적 원리에 의해 움직이는 지금의 경제체제가 자본의 이익에 반하는 살림 경제의 원리를 수용할 수 있을까? 게오르게스쿠-뢰겐의 설명에 따르면 경제 과정은 가치를 창조하기 위해 환경으로부터 낮은 엔트로피를 가지는 자원과 에너지를 "분리수거하여 사용"하는 활동이다.52 따라서 경제는 기본적으로 분류하고 선택하는 개개인의 활동에 기초할 수밖에 없다. 그러나 어떤 활동에 얼마만큼의 가치가 부여되는지를 결정하는 것은 개인의 주관적 선택이 아니라 개인의 활동이 기반하는 경제 시스템의 운영 원리이다. 자본주의 경제에서는 자본 증식에 기여하는 정도에 비례하여 상품의 교환 가치가 결정되지만, 살림 경제에서는 삶의 즐거움을 증진하는 노력에 대해 참된 가치가 부여될 것이다. 개인의 경제 활동과 그에 대한 가치 부여가 개인이

속한 사회의 제도에 의해 제약되며, 새로운 제도는 다수의 경제 주체에 의해 선택될 때만 효력을 발휘할 수 있다. 따라서 탈성장 운동이 개인의 단순한 정신적 지향을 넘어서 생명을 고양하는 살림 경제를 창조하는 단계로 발전할 수 있는 제도적 전환을 가능하게 하기 위해서는 사회구성원 다수의 정치적 선택이 불가피하다.

탈성장론자 제이슨 히켈Jason Hickel은 자본의 축적을 위해 가동되는 지금의 경제 시스템이 인간의 행복과 지구 생물권의 안녕을 위해 생산과 소비가 조절되는 "탈자본주의 경제post-capitalist economy"로 이행될 수 있는 유일한 방법은 참여 민주주의임을 강조한다. 그는 제한된 지구의 자원을 현재 사회의 성원 모두와 미래세대를 위해 공평하고 지속가능하게 사용해야 한다는 당위를 사회구성원 다수가 받아들인다는 최신 연구 결과에 주목한다. 문제는 다수의 의지에 반하는 현실 정치에 있다. 소수의 사익 추구 행위와 이를 뒷받침하는 금권정치가 인류와 생물권 전체의 공동자산인 자원과 환경을 파괴한다. 구성원 모두가 공동체의 이익을 위해 이기적 개인들의 파괴적 행동을 통제할 때 개인의 사익 추구가 공동자산을 축소시키는 로더데일 패러독스가 극복될 수 있다. 즉, 참여 민주주의를

통한 의사결정 과정이 공동체의 지속가능성을 담보하는 가장 확실한 정치적 선택인 것이다.[53]

지속가능한 사회로 이행하기 위한 정치적 실천에 동참하고자 하는 이들에게 자연과 자본주의적 생산체제 사이의 물질대사적 관계를 이성적으로 조절할 수 있는 구체적인 정치 어젠다를 제시해야 탈성장과 생태사회주의는 앞으로 전개될 대전환을 주도할 수 있는 정치적 세력을 형성할 수 있다. 이러한 대전환 과정에서 가장 어려운 과제는 공동체의 "'공공선the common good'을 제도의 DNA"로 정착시키기 위해 대안적 질서를 구축하는 일이 될 것이다.[54] 무엇보다도 오래 전에 소디가 꿰뚫어 본 것처럼, "공동체의 채무"인 화폐의 지배로부터 자연과 공동체를 해방시키는 노력이 무한성장에 중독된 자본주의의 위기를 벗어나는 실행전략을 제시할 수 있다.

하워드 오덤은 1장에서 소개한 생태계 에너지 이론에 기초하여 자본의 단기적인 이윤 추구가 공동체 전체의 이익에 반하는 자본주의 경제의 모순을 극복할 수 있는 구체적인 방안을 제시한다. 그는 시장이 '자연 자본natural capital'에 대해 제대로 교환가치를 부여하지 않는다는 사실에 주목하여, "공생을 위해 바람직한 환경적 생산"의 참가치를 증진할 수 있는 시장보

완적 메커니즘을 제안한다. 오덤이 구상한 지속가능한 경제 시스템에서는 에머지에 기초한 엠달러emdollar를 이용하여 자연 자본의 참가치를 평가하며, '환경 이용자'는 자연 자본의 가치를 축소시키는 경제 활동을 할 때 자연 자본의 가치에 상응하는 엠달러 쿠폰을 '환경 관리자'로부터 구매해서 사용하거나 자연 자본의 가치를 증진하는 활동을 통해 확보한 쿠폰으로 비용을 치를 수 있다.55 한 기업이 화석연료를 연소하여 '대기 커먼즈atmospheric commons'라는 자연 자본을 훼손하는 경우를 예로 들면, 그 기업은 온실기체에 의해 손상되는 대기의 가치만큼 엠달러를 당국으로부터 직접 구매하거나 산림 조성이나 CCS 처럼 온실기체를 감축하는 별도의 활동을 통해 확보할 수 있다. 오덤의 구상이 탄소세 같은 환경세 징수나 탄소배출권 거래 같은 시장 메커니즘에 기초한 환경 관리와 다른 점은 기존의 화폐가 아니라 에머지에 기초해 자연 자본의 진정한 가치를 평가하는 비시장적 시스템을 활용하는 데 있다.

대안 화폐가 시장의 폐해를 줄이는 보조수단을 넘어서 지속가능한 넋누리를 창조하는 대안 문명으로 전환하는 과정의 촉진제가 되기 위해서는 주택, 전력, 수도 등 사회적 공동자산을 구성하는 핵심 분야에서 대안 화폐를 활용하는 다양한 방안을 시도해야 한다. 유럽이나 북미의 일부 지역 공동체에서 시민이 주도하여 친환경 발전시설을 관리하는 경우처럼, 지역에서 생산된 에너지와 기타 환경 제품을 지역 내에서 소비하는 과정에서 생산자와 소비자가 대안 화폐로 비용을 치루거나 소득을 확보할 수 있다면 커먼즈에 기반한 대안 경제의 영역은 크게 확장될 수 있다. 코로나 팬데믹이나 기후위기 같은 당면한 상황이 "대안은 없다"는 신자유주의의 망령을 떨쳐낼 수 있는 좋은 기회를 제공하고 있다. 예를 들면, 코로나 팬데믹이 야기한 경기 침체를 극복하기 위해 도입된 지역화폐 형식의 '재난기본소득'은 탈성장 실행전략을 수립하는 데 필요한 대안 화폐의 초보적 형태로 생각할 수 있다. 스웨덴의 정치생태학자 알프 호른보리Alf Hornborg가 제안한 기본소득 사례를 보면, 공동체 기반의 기본소득이 특수 목적의 지역화폐로 지급될 경우 장거리 상품 운송을 줄이고 지역 내의 자급적 경제 활동을 촉진함으로써 온실기체 배출을 저감하는 효과적 기후위기 대응책이 될 수 있다. **56**

반세기 가까이 작은 정부의 신화를 퍼뜨려 온 신자유주의자들의 믿음과 달리 정부가 제대로 작동하지 못할 때 자본에 의

한 자연과 사회의 균열은 심해질 수밖에 없다. 16년간 독일을 안정적으로 이끈 중도우파 정치인 앙겔라 메르켈은 2020년 3월 팬데믹에 대응하기 위한 사회적 거리두기 정책을 공표하는 대국민 연설에서 새로운 민주주의의 필요성을 강조했다. "이러한 제한은 절대적으로 필요한 경우에만 합법적으로 설정됩니다. 민주주의에서 결코 가볍게 내릴 수 없는 결정이지만, 현재로선 많은 생명을 구하는 데 필수적입니다."57 코로나 팬데믹이 초래한 위기로부터 "생명을 구하기 위해서" 사회적 제한이 "합법적으로 설정"될 수 있다는 보수 정치인의 말은 팬데믹보다 더 큰 규모의 재앙으로 발전할 수 있는 경제 · 환경 · 기후 복합위기를 극복하기 위해서는 기성 정치의 제도와 관행을 초월하는 새로운 정치적 선택이 필요함을 상기시킨다. 메르켈이 얘기한 '제한'을 자유주의자들이 철폐의 대상으로 본 '규제'로만 생각해서는 안 된다. 자연의 한계를 넘어선 과도한 성장으로 지속가능성의 위기에 직면한 인류세에 지구 공동체의 구성원 모두가 공존하기 위해서는 제한된 자원과 환경을 공동자산으로 관리해야 한다. 공존의 터전인 '지구 커먼즈'를 복원하는 노력만이 갈수록 심해질 재난 상황을 극복하게 할 수 있다.

불평등이라는 사회 문제와 함께 기후위기가 핵심적 정치

의제로 부각하고 있는 현실에서 2021년 9월의 독일 총선 결과는 녹색의 환경 이슈를 어떤 정치적 색깔로 제대로 표현할 수 있을지 생각해 보게 한다. 앙겔라 메르켈의 후임자가 된 중도좌파 사회민주당SDP의 올라프 숄츠Olaf Scholz는 "이행기에 도출될 사회적 갈등을 수습하며 기후 정책을 실현"하기 위해서는 "겉은 녹색, 속은 빨강을 추구"해야 한다고 "수박론"을 주장했다. **58** 중도 좌파와 녹색당의 연정이 수정자본주의적 한계를 벗어날 수는 없겠지만, 레드-그린 연합이라는 미약한 지진파는 21세기 정치지형을 뒤흔드는 대변동을 예고하는 분명한 신호이다. 오직 자본주의를 이성적으로 통제할 때만 인류가 처한 재난 상황이 극복될 수 있다는 사실을 더 많은 사람들이 인식하고 위기 극복을 위한 제도적 변화를 요구하는 정치적 실천에 동참할 때 지속가능한 미래를 가능하게 할 새로운 참여 민주주의의 실체가 드러날 것이다.

에너지, 물질대사 및 탄소의 키워드를 중심으로 경제 · 환경 · 기후의 복합위기를 분석하고 대안을 탐색하는 과정에서 재난문명의 지속가능성에 대해 명확한 결론을 제시하는 것은 불가능했다. 추가 연구가 필요한 성장주의의 사상적 기원과 재난문명의 대안에 대해서는 후속 작업을 통해 보다 체계적이며 구체적인 연구결과를 제시하고자 한다. 이 책을 통해 독자 여러분이 프롤로그에 소개된 산업문명의 몰락을 예측한 조지 오웰의 내기에 대응할 수 있는 충분한 근거를 찾을 수 있었기를 바랄 뿐이다. 노련한 예언가나 경제 애널리스트는 종말과 주식시장의 붕괴에 대해 근거를 제시할 뿐 결코 시기를 특정하지 않는다. 현명한 독자는 재난문명의 몰락이 언제 도래할지에 대해서가 아니라 재난을 초래하는 구조적 원인을 파악하고 해결의 실마리를 찾는 일에 더 관심을 가질 것이다.

19세기 말에 이미 윌리스는 "멋진 세기"의 실패를 극복할 유일한 방법을 참된 민주주의에서 찾았다. 자본주의 세계화는 인류 대다수를 빚더미에 올려놓았을 뿐 아니라 환경 및 기후위기를 통해 생태적 채무를 누적하여 경제 · 환경 · 기후 복합재난을 초래했다. 이 재난을 극복하기 위해서는 올바른 정치적 선택이 불가피하다. 부채의 노예와 공생공락의 삶 중에서 당신은 무엇을 선택하기를 원하는가?

> 좋은 정부의 최종적이고 절대적인 테스트는 인민의 웰빙과 만족이지 제국의 규모나 세입과 무역의 풍부함이 아니다.[59]

에필로그

늦게 달리기 경주

> 더 많이, 더 많이, 홀린 영혼의 외침이다. 전부가 아니라면 무엇도 그를 만족시키지 못하리.
> — 윌리엄 블레이크●

인도학자 이거룡이 뉴델리 외곽에 살 때의 일이다. 그는 이웃집에 사는 어린 아이들을 따라 마을 행사에 참여하게 됐다. 아이들은 자전거 경주라고 했지만 아무도 제대로 된 운동복이나 헬멧을 착용하고 있지 않았다. 자전거도 모두 경주

● 블레이크의 초기 시 *There Is No Natural Religion*의 한 구절이며, "mistaken soul"을 책의 주제에 맞춰 "홀린 영혼"으로 번역하였다. 원문 출처: http://erdman.blakearchive.org/

용이라고 하기에는 너무 엉성해 보였다. 출발점에서 도착점까지의 거리도 50미터가 채 되지 않는 단거리 경주인 것 같았는데, 출발선에 모인 선수들에게는 단거리 경주에서 흔히 보이는 긴장감 같은 것을 전혀 느낄 수 없었다. 출발 신호가 울리고 나서야 모든 의문이 풀렸다. 그 경주는 빨리 달리기가 아니라 늦게 달리기 경주였던 것이다.[1] 사실 자전거를 타고 늦게 달리는 것은 빠르게 달리는 것보다 쉬운 일은 아니다. 그래서 느리게 달릴 수 있는 사람이 이긴다는 경주가 가능한 것이다. 그러나 모든 일을 가장 빠른 속도로 해치워야 능력 있는 사람으로 인정받는 과성장 시대를 살고 있는 우리가 늦게 달리기 경주를 이해하기는 쉽지 않다.

앞에서 소개한 제이슨 무어의 말처럼 인류세는 곧 자본세다. 지난 수세기에 걸쳐 자본주의 세계화 과정에서 빠르게 달리기가 낯선 많은 사람들이 자본주의가 강요하는 성장주의의 폭력에 의한 희생자가 되었다. 1492년 콜럼버스가 평화스럽게 살던 카리브해의 원주민들을 폭력적으로 짓밟은 순간부터 오늘날까지 전 세계는 한 가지 논리의 지배를 받아 왔다. "보다 빨리, 보다 멀리, 보다 합리적으로" 생산을 확대하라. 경제사가 미즈노 가즈오는 15세기 말 이후의 제국주의 팽창 과정을 값싼 에너지와 자원을 공급받고 상품시장을 확대하기 위한 자본의 증식 과정으로 설명한다. 15세기 유럽은 자본의 효율적 증식이 불가능한 "갇힌 공간"이었으나, 대항해 시대의 개막으로 인해 유럽의 제국주의자들은 가장 손쉽고 효과적인 방법으로, 바로 폭력을 행사해서 자본주의 세계경제를 급속도로 확대할 수 있었다. 2

46억 년 지구의 역사와 비교하면 찰나에 불과한 지난 500여 년 동안 지구를 정복한 자본주의는 지구의 생물권을 오직 경제성장을 위해 재구성하여 자연의 순환에서 볼 수 없는 빠른 속도로 진화하는 넋누리를 탄생시켰다. 이 인간이 창조한 넋누리는 인간과 자연 사이에서, 그리고 인간사회 내부에서 갈수록 심해지는 분열로 인해 붕괴의 위기에 직면했다. 지금까지 화석연료라는 에너지 선물을 싼값으로 대량 소비해 왔던 탄소문명은 이제 경제·환경·기후 복합재난으로 인해 지속가능성의 위기에 처했다. 탄소문명의 지속가능성을 진지하게 고민하는 사람은 자연 속에서 공존하며 사는 삶이 너무나 당연했던 멀지 않은 과거를 돌아볼 필요가 있다. 지금까지 운좋게 그런 공존의 삶을 살아오던 아마존의 마지막 원주민들이 숲을 파괴하는 외부의 침입자들에게 경고의 메시지를 보냈다. 〈가디언〉에 실린 와오라니Waorani 부족 족장 네몬테 넨퀴모Nemonte Nenquimo의 경고는 단순한 문장에 심오한 진리를 담고 있다. "당신들의 문명이 지구의 생명을 죽이고 있다. 우리 원주민들은 아마존을 지키기 위해 싸우고 있지만, 당신들이 지구를 경외하지 않기 때문에 전 지구가 위험에 처했다."[3]

막스 베버가 생각했던 것과는 달리 근대는 종교의 미몽에서 '깨어난' 사람들이 아니라 물신에게 '홀린' 사람들이 무한성장을 꿈꾸는 자본세로 진화했다. "이성의 사도" 버트런드 러셀은 1959년 BBC의 대담 프로그램인 〈페이스 투 페이스*Face to Face*〉에 출연해서 홀린 사람들의 광기를 경고한다. "광신주의fanaticism는 세계의 위험이다. 그것은 항상 잘 얘기되지 않는 해로움 자체였고, 해를 끼쳐 왔다. 광신주의가 존재하는 가장 큰 위험이라고 생각해서, 나는 광적으로 광신주의에 반대한다고 말할 수밖에 없다." 90년 가까운 삶에서 터득한 진리를 미래세대에게 전해 달라는 요청을 받고 러셀은 두 가지 소중한 가치에 대해 얘기한다. "지성과 도덕one intellectual and one moral."[4] 인간이 생물권의 존립을 위협하며 넋누리의 정복자가 된 인류세에 지성과 도덕을 회복하는 방법은 무엇일까? 무엇보다도 우리는 인간적 가치를 새롭게 정의하여 "인간 우월주

의"를 대신할 "인류의 새 비전"을 수립해야 할 것이다.[5]

블레이크는 선과 악의 이분법에 기초한 기독교적 세계관이 "에너지에서 나오는 능동적" 힘을 죄악시했다고 비판했다. 신의 뜻에 따른다면서 자연과 약자를 정복해 온 서구 문명은 이제 전 세계를 물신의 식민지로 만들었다. "더 많이, 더 많이, 홀린 영혼의 외침"이 커져만 간다. 인류세 전 기간에 걸쳐 세계가 물신의 식민지로 전락함에 따라 세계인의 일상이 폭력적 자본의 속력에 쫓기게 되었다. 자크 아탈리의 말처럼, " '시간'이라는 희소자원을 사용하기 위한 최대한의 자유를 추구"하기 위해 상품의 소비에 몰입하며,[6] 우리는 이제 교회가 아닌 시장에서 영생을 희구하는지 모른다. 이런 시간의 식민화를 극복하기 위해서는 근대가 사라지게 한 자연의 시간을 회복할 필요가 있다. 루이스 멈퍼드는 근대 기계문명의 태동을 수도원과 시계에서 찾았다. 신이 창조한 질서정연한 우주적 질서에 따라 일상인의 '경험적 시간'이 아니라 '천문학적 시간'의 규율을 강조하는 수도원의 시간 관리는 이윤의 극대화를 추구하는 자본주의 인간 경영의 핵심원칙으로 자리 잡았다. 부르주아의 이상이 된 "시계 같은 규칙적인 삶"이 "심장 박동과 호흡이라는 내적 규칙성"에 따르는 인간의 삶을 대체한 것이다.[7]

고대 그리스인들은 시간을 의미하는 두 가지 단어를 사용했다. 크로노스chronos는 연대기적 직선의 시간이지만, 카이로스kairos는 생명이 약동하는 바로 그 순간을 의미한다. 신으로부터 한시적 삶을 부여받았다고 믿는 신앙인은 죽음으로 이어지는 크로노스의 시간에 사로잡혀 카이로스의 삶을 제대로 누리지 못한다. 흥미롭게도 크로노스는 죽음의 신이기도 하다.

〈그의 자식을 삼키는 새턴〉은 프란치스코 고야Francisco Goya가 생전에 본인 집의 거실 벽화로 그린 그림이다. 자식을 잡아먹는 아버지의 모습은 식사하면서 보기에는 너무 잔혹해 보여서 고야의 남다른 기호에 고개를 갸웃거리게 된다. 로마인들이 새턴이라 부른 그리스의 신 크로노스Cronus는 하늘의 신 우라노스와 대지의 여신 가이아 사이에서 태어난 티탄 신족 12신의 막내이다. 그는 아버지 우라노스의 남근을 거세시킨 후 최고신의 자리에 오른다. 자기도 아버지의 전철을 밟게 될 것을 두려워했던 크로노스는 새로운 자식이 태어날 때마다 후환을 없애기 위해 그 자식을 잡아먹는다.

자신을 지키기 위해 새로 태어난 자식을 잡아먹는 크로노스는 불멸을 꿈꾸지만 결국은 망각의 과거 속으로 사라져 가는 모든 유한자의 운명에 대한 알레고리로 읽힐 수 있다. 또한 이 잔혹한 포식자는 경쟁자를 없애고 혼자만 살아남으려는 자본주의 승자독식의 상징이기도 하다. 나 스스로의 존재 이유가 아닌 자본의 필요에 복종하며 살아야 하는 크로노스의 식민지에서 독립하기 위해서는 모두와 공존하면서도 각자가 자유로운 카이로스의 시간을 찾아야 할 것이다.

레이첼 카슨은 《침묵의 봄》 마지막 장에서 프로스트의 유명한 시 〈두 갈래 길〉을 인용하며, 아직 "걸어 보지 않은 다른 길"에 대해 얘기한다. 인류세의 지속가능성을 탐색하면서 "성장 없이 번영할 수 있는가"라는 질문을 마주했지만, 아직 걸어 보지 않은 길에 대해 그 누구도 확신에 찬 대답을 줄 수는 없을 것이다. 그러나 지금까지 걸어 온 길이 파멸로 이어지고 있다는 두려움을 가지게 되었다면, 이제부터는 적극적으로 새로운 길을 찾아 나서야 하지 않을까?

> 우리가 오랫동안 걸어 온 길은 기만적으로 쉬운, 잘 닦인 초고속도로로, 우리는 그 길 위에서 엄청난 속도로 진보해 왔지만 길 끝에는 재난이 놓여 있다. 그 도로의 다른 가지, '걸어 보지 않은' 다른 길은 우리에게 우리의 지구를 보전하도록 보장할 목적지에 도달할 마지막이며 유일한 기회를 제공한다.[8]

미주

프롤로그: 홀린 사람들의 재난문명

1 파울로 코엘료 블로그. https://paulocoelhoblog.com/2013/05/15/the-well-of-madness/

2 유발 하라리, 조현욱 옮김(2015), 《사피엔스》, 김영사, 177쪽.

3 Hardt와 Negri의 책에 나오는 "Republic of Property"를 차용함. Hardt, M. & Negri, A. (2011), *Commonwealth*, Harvard University Press, p. 3.

4 데이비드 하비, 김성호 옮김(2019), 《자본주의와 경제적 이성의 광기》, 창비, 23쪽.

5 Elser, J. & Bennett, E. (2011), "Phosphorus cycle: A broken biogeochemical cycle", *Nature*, 478: 29~31.

6 Harvey, D. (2020. 3. 23), "David Harvey: Anti-capitalist politics in an age of Covid-19", *Tribune*.

7 Engels, F. (1876), "The part played by labour in the transition from ape to man", Marx Engels Archive(https://www.marxists.org/archive/marx/works/1876/partplayed-labour/index.htm).

8 Wallace, R., Liebman, A. & Chaves, L. F. (2020), "COVID-19 and circuits of capital", *Monthly Review*, 72(1): 1~15.

9 Geddes, L. (2020. 10. 15.), "Long Covid: What we know so far", *Guardian*.

10 조지 오웰, 박경서 옮김(2014), 《영국식 살인의 쇠퇴》, 은행나무, 363쪽.

서론: 순환과 무한

1 Melville, H. (1857/2008), *The Confidence-Man: His Masquerade*, Oxford University Press, Oxford, UK, p. 96.

2 막스 베버, 김덕영 옮김(2010), 《프로테스탄티즘의 윤리와 자본주의 정신》, 길, 75쪽.

3 Marx, K. (1847/1955), *The Poverty of Philosophy*, Progress Publishers, Moscow, p. 49. https://www.marxists.org/archive/marx/works/download/pdf/Poverty-Philosophy.pdf

4 Wolff. R. (2013. 3. 16.), "Capitalism efficient? We can do so much better", *Guardian*.

5 임선영(2020. 10. 13.), "'내 우상이 코로나에 걸리다니'…'트럼프 神' 받들던 인도인 심장마비 사망", 〈중앙일보〉.

6 The editorial board(2021. 1. 7.), "Donald Trump's final days", *Wall Street Journal*.

7 '골드러시' 시대에 금처럼 보이지만 아무 가치가 없는 황철석을 "바보의 금"이라 부름. Gelles, D. (2021. 1. 7.), "After riot, business leaders reckon with their support for Trump", *New York Times*.

8 Foster, J. B. & Clark, B. (2009), "The paradox of wealth: Capitalism and ecological destruction", *Monthly Review*, 61(6).

9 유발 하라리, 조현욱 옮김(2015), 《사피엔스》, 김영사, 177쪽.

10 멈퍼드의 *Faith for Living*에 나오는 말을 다음 책에서 재인용함: McCarraher, E. (2019), *The Enchantments of Mammon*, Belknap Press, Cambridge, MA, p. 481.

11 정윤섭(2020. 11. 7.), "〔미 대선〕 '하나님이 승리 주신다'… 트럼프 지지자들 무릎 꿇고 기도", 〈연합뉴스〉.

12 Pew Research Center(2015), *America's Changing Religious Landscape*. https://www.pewforum.org/2015/05/12/americas-changing-religious-landscape/

13 2016년 선거 출구조사에 따르면 백인 복음주의 기독교도 중 79%와 16%

는 각각 트럼프와 힐러리 클린턴에게 투표함. https://www.brookings.edu/blog/fixgov/2020/04/06/why-trump-is-reliant-on-white-evangelicals/

14 Pew Research Center(2020. 3. 12.). https://www.pewforum.org/2020/03/12/white-evangelicals-see-trump-as-fighting-for-their-beliefs-though-many-have-mixed-feelings-about-his-personal-conduct/

15 Lecaque, T. (2019. 11. 26.), "The apocalyptic myth that helps explain evangelical support for Trump", *Washington Post*.

16 Peters, J. W. & Dias, E. (2019. 11. 2.), "Paula White, newest White House aide, is a uniquely Trumpian pastor", *New York Times*.

17 카를 마르크스, 강신준 옮김(2008), 《자본 I-2》, 길, 848쪽.

18 막스 베버, 김덕영 옮김(2010), 《프로테스탄티즘의 윤리와 자본주의 정신》, 길, 77쪽, 86쪽.

19 같은 책, 78쪽.

20 같은 책, 99쪽.

21 같은 책, 354~355쪽.

22 베버와 좀바르트의 논쟁은 《프로테스탄티즘의 윤리와 자본주의 정신》의 번역자 해제(590~596쪽)를 참조.

23 베버의 같은 책, 363쪽.

24 Connolly, W. E. (2008), *Capitalism and Christianity, American Style*, Duke University Press, Durham, pp. 39~67.

25 Benjamin, W. (1921), "Capitalism as Religion", Translated by Kautzer, C. in Mendieta, E. (Ed.), *The Frankfurt School on Religion*, Routledge, New York & London, pp. 259~262.

26 가라타니 고진, 조영일 옮김(2012), 《세계사의 구조》, 도서출판 b, 52쪽.

27 카를 마르크스, 《자본 I-1》, 1장(135쪽).

28 카를 마르크스, 《자본 I-2》, 811쪽.

29 프리드리히 니체, 두행숙 옮김(2016), 《차라투스트라는 이렇게 말했다》, 부북스, 26쪽.

30 같은 책, 71쪽.

31 자크 아탈리, 김보희 옮김(2016), 《자크 아탈리의 미래 대예측》, 세종연구원, 103~104쪽.

32 리비히의 〈타임스〉 기고문 원문〔Von Liebig, J. (1859. 12. 23.), "On English farming and sewers", *Times*〕은 *Monthly Review*에 재수록된 내용을 참고함〔*Monthly Review*, 70(3) : 138~145〕.

33 Angus의 글에서 재인용함. Angus, I. (2018), "Cesspools, sewage, and social murder - Environmental crisis and metabolic rift in nineteenth-century London", *Monthly Review*, 70(3) : 32~68.

34 카를 마르크스, 《자본 I-1》, 672쪽.

35 같은 책, 673쪽.

36 같은 책, 674쪽.

37 Saito, K. (2016), "Marx's ecological notebooks", *Monthly Review*, 67(9). https://monthlyreview.org/2016/02/01/marxs-ecological-notebooks/

38 카를 마르크스, 강신준 옮김(2010), 《자본 III-2》, 47장(1083쪽). 번역문에 사용된 '신진대사'를 용어를 통일하기 위해 '물질대사'로 고침.

39 라이너 마리아 릴케, 손재준 옮김(1973), 《릴케 시집》, 민음사.

40 데이비드 하비, 김성호 옮김(2019), 《자본주의와 경제적 이성의 광기》, 창비, 23쪽.

41 Raworth, K. (2017), *Doughnut Economics - 7 Ways to Think Like a 21st Century Economist*, Chelsea Green Publishing, White River Junction, Vermont, pp. 15~18.

42 같은 책, 15~18쪽.

43 카를 마르크스, 강신준 옮김(2008), 《자본 I-1》, 4장(232쪽).

44 영어 번역본 131쪽을 참조함: Marx, K. (1857~1861), *Foundations of the Critique of Political Economy(Rough Draft)*, Translated by Nicolaus, M. (1973), Penguin Books in association with *New Left Review*. https://www.marxists.org/archive/marx/works/1857/grundrisse/index.htm

45 같은 책, 150~151쪽.

46 같은 책, 195~196쪽.

47 같은 책, 198~199쪽.

48 Daly, H., "Economics for a full world", Great Transition Initiative. https://greattransition.org/publication/economics-for-a-full-world

49 허먼 데일리, 박형준 옮김(2016), 《성장을 넘어서 - 지속가능한 발전의 경제학》, 열린책들, 19~33쪽.

50 게오르게스쿠-뢰겐, 김학진 · 유종일 옮김(2017), 《엔트로피와 경제 - 인간 활동에 관한 또 다른 시간》, 한울 아카데미, 30쪽.

51 Jevons, W. S. (1866), *The Coal Question: An Inquiry Concerning the Progress of the Nation, and the Probable Exhaustion of Our Coal Mines* (2nd edition), Macmillan & Co., London & Cambridge, p. 69. Online Library of Liberty - http://oll.libertyfund.org/title/317

52 Odum, H. T. (2007), *Environment, Power, and Society for the Twenty-First Century*, Columbia University Press, New York, p. 58.

53 같은 책, 263쪽.

54 Crutzen, P. J. & Stoermer, E. F. (2000), "The Anthropocene", *IGBP Global Change Newsletters*, 41, pp. 17~18.

55 Subramanian, M. (2019), "Anthropocene now: influential panel votes to recognize Earth's new epoch", *Nature News*. https://doi.org/10.1038/d41586-019-01641-5F

56 데일리의 같은 책, 45쪽.

57 게오르게스쿠-뢰겐의 같은 책, 412~413쪽.

58 프랭코판의 책에 나오는 '영적 인프라'와 대비시키기 위해 '생태적 인프라'라는 조어를 사용함. Frankopan, P. (2016), *The Silk Roads - A New History of the World*, Bloomsbury Paperbacks, London, p. 29.

59 Commoner, B. (1990), *Making Peace with the Planet*, Pantheon Books, New York.

60 브뤼노 라투르, 박범순 옮김(2021), 《지구와 충돌하지 않고 착륙하는 방법 - 신기후체제의 정치》, 이음, 44, 56쪽.

61 카를 마르크스, 강신준 옮김(2008), 《자본 III-2》, 47장(1082쪽).

62 Lawrence, D. H. (1932), *The Letters of D. H. Lawrence*, W. Heinemann Limited, London, p. 250.

1부. 에너지

1 Wallace, A. R. (1898), *The Wonderful Century*, George N. Morang, Toronto, p. 370. 월리스의 모든 책은 Wallace Memorial Fund 홈페이지에서 찾아볼 수 있음(https://wallacefund.myspecies.info/biblio).

1장. 에너지와 생태계

2 Russell, B. (1927), *An Outline of Philosophy*〔Ayres의 책에서 재인용. Ayres, R. U. (1994), *Information, Entropy, and Progress - A New Evolutionary Paradigm*, AIP Press, New York, p. 119.〕.

3 Véron, J. (2008), "Alfred J. Lotka and the mathematics of population", *Electronic Journal for History of Probability and Statistics*, 4(1). http://www.jehps.net/juin2008/Veron.pdf

4 Kingsland, S. (2015), "Alfred J. Lotka and the origins of theoretical population ecology", *Proceedings of the National Academy of Sciences of United States of America*, 112: 9493~9495.

5 Lotka, A. J. (1922), "Contribution to the energetics of evolution", *Proceedings of the National Academy of Sciences of United States of America*, 8: 147~151; Lotka, A. J. (1922), "Natural selection as a physical principle", *Proceedings of the National Academy of Sciences of United States of America*, 8: 151~154.

6 킹슬랜드의 같은 논문 참조.

7 오스트발트가 1912년에 출판한 *Der Energetische Imperativ*에 나오는 말로 Smil의 책에서 재인용함〔Smil, V. (2018), *Energy and Civilization - A*

History, MIT Press, Cambridge, MA., p. 2].

8 볼츠만의 일화는 Prigogine과 Stengers의 책 240쪽을 참조함. Prigogine, I. & Stengers, I. (1984), *Order out of Chaos: Man's New Dialogue with Nature*, Bantam Books, New York.

9 Ayres의 같은 책, 119쪽.

10 Lenton, T. M., Pichler, P.-P. & Weisz, H. (2016), "Revolutions in energy input and material cycling in Earth history and human history", *Earth System Dynamics*, 7: 353~370.

11 Lotka, A. J. (1922), "Contribution to the energetics of evolution", *Proceedings of the National Academy of Sciences of United States of America*, 8: 147~151.

12 같은 논문.

13 아이레스의 같은 책, 119쪽.

14 Odum, H. T. & Pinkerton, R. C. (1955), "Time's speed regulator: the optimum efficiency for maximum power output in physical and biological systems", *American Scientist*, 43: 331~343.

15 Odum, H. T. (2007), *Environment, Power, and Society for the Twenty-First Century*, Columbia University Press, New York, p. 33.

16 프리고진과 스텡어스의 같은 책, 12쪽.

17 오덤의 같은 논문.

18 Lindeman, R. L. (1942), "The trophic-dynamic aspect of ecology", *Ecology*, 23: 399~418.

19 Cook, R. E. (1977), "Raymond Lindeman and the trophic-dynamic concept in ecology", *Science*, 198: 22~26.

20 Odum, H. T. (1988), "Self-organization, transformity, and information", *Science*, 242: 1132~1139.

21 같은 논문, 1136쪽.

22 오덤의 같은 책(97쪽)에서 인용.

2장. 에너지와 사회

1 Soddy, F. (1933), *Wealth, Virtual Wealth, and Debt: The Solution of the Economic Paradox*(2nd ed.), Britons Publishing Company, London, pp. 47~48. https://www.fadedpage.com/books/20140873/html.php

2 Stempel, J. (2020. 8. 8.), "Coronavirus punishes Warren Buffett as Berkshire Hathaway takes big writedown", *Reuters*.

3 Woods, L. (2017. 12. 15.), "Warren Buffett's failures: 15 investing mistakes he regrets", CNBC.

4 경제의 에너지 제약에 대한 하워드 오덤의 이론은 다음의 책의 핵심 내용을 정리하여 소개함. Odum, H. T. (2007), *Environment, Power, and Society for the Twenty-First Century*, Columbia University Press, New York, 3~9장.

5 같은 책, 43쪽.

6 Cramer, J. S. (2002), *The Origins of Logistic Regression*, Tinbergen Institute Discussion Paper, TI-2002-119/4, University of Amsterdam.

7 Cleveland, C. J., Costanza, R., Hall, C. A. S. & Kaufmann, R. (1984), "Energy and the U.S. economy: A biophysical perspective", *Science*, 225: 890~897.

8 Marx, K. (1847/1955), *The Poverty of Philosophy*, Progress Publishers, p. 49.

9 Hall, C. A. S. & Klitgaard, K. (2018), *Energy and the Wealth of Nations - An Introduction to Biophysical Economics*(2nd Ed.), Springer, Cham, Switzerland, p. 83.

10 소디의 같은 책, 61쪽.

11 Ayres, R. & Voudouris, V. (2014), "The economic growth enigma: Capital, labour and useful energy?", *Energy Policy*, 64: 16~28.

12 카를 마르크스, 강신준 옮김(2010), 《자본 III-2》, 길, 1087쪽.

13 세계 1차 에너지 소비량(*Our World in Data*: https://ourworldindata.org/grapher/global-energy-consumption-source?country=~OWID_

WRL); GDP(World Bank: https://data.worldbank.org/indicator/NY.GDP.MKTP.CD)

14 Ayres, R. (2014), *The Bubble Economy*, The MIT Press, Cambridge, MA.

15 Solow, R. (1956), "A contribution to the theory of economic growth", *Quarterly Journal of Economics*, 70: 65~94.

16 Bolt, J., Inklaar, R., Jong, H. & Zanden, J. L. (2018), *Rebasing 'Maddison': New Income Comparisons and the Shape of Long-Run Economic Development*, Maddison Project Working Paper 10.

17 *BP Statistical Review of World Energy 2020*. https://www.bp.com/en/global/corporate/energy-economics/statistical-review-of-world-energy.html

18 O'Neil, L. (2019. 5. 29.), "US energy department rebrands fossil fuels as 'molecules of freedom'", *Guardian*.

19 O'Connell, M. (2021. 2. 3.), "'A managerial Mephistopheles': inside the mind of Jeff Bezos", *Guardian*.

20 Weir, B. (2021. 2. 5.), "An invisible, odorless gas is pitting Texas against the Biden administration", *Reuters*.

21 Gabbatt, A. (2021. 7. 20.), "Bezos blasted for traveling to space while Amazon workers toil on planet Earth", *Guardian*.

3장. 성장 vs. 쇠퇴

1 Keynes, J. M. (1931/1963), "Economic possibilities for our grandchildren", In Essays in Persuasion, W. W. Norton & Co., New York, pp. 358~373.

2 von Foerster, H., Mora, P. M. & Amiot, L. W. (1960), "Doomsday: Friday, 13 November, A. D. 2026", *Science*, 132: 1292~1295.

3 UN의 공식 인구 예측 자료인 *2019 Revision of World Population Prospects* 에서 확인함. https://population.un.org/wpp/

4 리처드 할러웨이, 이용주 옮김(2018), 《세계종교의 역사》, 소소, 333쪽.

5 백성호(2020. 3. 10.), "〔백성호의 현문우답〕 과천 장막성전, 18세 교주 유재열, 그리고 이만희 신천지", 〈중앙일보〉.

6 Turchin 연구진은 지난 1만 년의 기간 동안에 등장했던 세계 30개 지역의 414개 사회에 대한 고고학 및 역사자료를 분석함. Turchin, P., Currie, T. E. & Whitehouse, H. et al. (2018), "Quantitative historical analysis uncovers a single dimension of complexity that structures global variation in human social organization", *Proceedings of the National Academy of Sciences of the United Sates of America*, 115(2): E144~E151.

7 엔트로피 관점에서 자본주의 문명의 성쇠를 분석한 연구사례는 다음 참조. Matutinović, I., Salthe, S. N. & Ulanowicz, R. E. (2016), "The mature stage of capitalist development: Models, signs and policy implications", *Structural Change and Economic Dynamics*, 39: 17~30.

8 Mokyr, J. (2016. 12. 17.), "Progress isn't natural", *The Atlantic*.

9 성장주의 패러다임을 리뷰한 논문에서 인용함. Schmelzer, M. (2015), "The growth paradigm: history, hegemony, and the contested making of economic growthmanship", *Ecological Economics*, 118: 262~271.

10 Marx, K. (1857~1861/1973), *Grundrisse*, Penguin Books in association with *New Left Review*, p. 198~199. https://www.marxists.org/archive/marx/works/1857/grundrisse/

11 슈멜처의 같은 논문.

12 Maddison, A. (2001), *The World Economy: A Millennial Perspective*, *Development Centre Studies*, OECD.

13 케인스의 같은 글.

14 Fouquet, R. & Broadberry, S. (2015), "Seven centuries of European economic growth and decline", *Journal of Economic Perspectives*, 29: 227~244.

15 케인스의 같은 글.

16 Maddison Project의 원 자료를 활용해 분석함. Maddison Project Data 출처: https://ourworldindata.org/economic-growth#economic-

growth-over-the-long-run

17 한국경제연구원(2021. 10. 27.), 〈성장률 제고를 위한 전략과 비전〉.

18 Kambayashi, S. (2021. 10. 2.), "How a housing downturn could wreck China's growth model", *Economist*.

19 Minsky, H. P. (1974), "Op-Ed Piece", *Hyman P. Minsky Archive*, 275. http://digitalcommons.bard.edu/hm_archive/275

20 Keen, S. (2020), "Emergent macroeconomics: Deriving Minsky's Financial Instability Hypothesis directly from macroeconomic definitions", *Review of Political Economy*, 32: 342~370.

21 킨 교수의 온라인 기고문에서 재인용. *Introduction to The New Economics: A Manifesto* posted on Patreon. https://www.patreon.com/posts/introduction-to-43848097

22 다음 기사에서 재인용함. Shaw, J. (2021. January-February), "Can financial crises be predicted?", *Harvard Magazine*.

23 Greenwood, R., Hanson, S. G., Shleifer, A. & Sørensen, J. A. (2020), *Predictable Financial Crises*, Working Paper 20-130, Harvard Business School.

24 IMF, Global Debt Database. https://www.imf.org/external/datamapper/datasets/GDD

25 김은정(2021. 1. 6.), "4,900조 빚 시한폭탄, 韓銀 경고 날렸다", 〈조선일보〉.

26 김은정의 같은 기사에 나오는 통계자료를 인용함.

27 김지섭(2021. 1. 22.), "〔Mint〕 한국 정부·기업·가계 부채 합치면 5천조 원, GDP의 3배 육박", 〈조선일보〉.

28 박현(2020. 9. 13.), "'가계대출 위기론' 또? 이번엔 다르다", 〈한겨레〉.

29 신진대사에 필요한 산소와 금융 시스템의 신용 간의 비유는 Ayres의 책 33~34쪽을 참고함. Ayres, R. (2014), *The Bubble Economy*, The MIT Press, Cambridge, MA.

30 Steffen, W., Broadgate, W., Deutsch, L., Gaffney, O. & Ludwig, C. (2015), "The trajectory of the Anthropocene: The great accelera-

tion", *Anthropocene Review*, 2: 81~98.

31 배리 카머너, 고동욱 옮김(2014), 《원은 닫혀야 한다 - 자연과 인간과 기술》, 이음, 263쪽.

32 같은 책, 265쪽.

33 Wallace, A. R. (1898), *The Wonderful Century*, Alfred Russel Wallace Website. https://wallacefund. myspecies. info/biblic

34 Wallace, A. R. (1913), *Social Environment and Moral Progress*, Alfred Russel Wallace Website. https://wallacefund. myspecies. info/biblio

35 원자료 출처: IMF, *Our World in Data*.

36 Baran, P. & Sweezy, P. (2020), "The quality of monopoly capitalist society: Mental health", *Monthly Review*, 71(10).

37 IMF, *Annual Report 2020*. https://www. imf. org/external/pubs/ft/ar/2020eng/

38 McCormick, L. C., Torres, C., Benhamou, M. & Pogkas, D. (2021. 1. 27.), "The Covid-19 pandemic has added $19. 5 trillion to global debt", *Bloomberg*.

39 Gould, S. J. (1990. 4. 22.), "It is not too late, if we're not too crazy", *New York Times*.

40 Huxley, T. H. (1863/2003), *Evidence as to Man's Place in Nature*, Dover, Mineola, NY, p. 71.

2부. 물질대사

1 산토리오 및 라부아지에 관련 출처는 다음의 책을 참고. Baccini, P. & Brunner, P. H. (2012), *Metabolism of the Anthroposphere - Analysis, Evaluation, Design* (2nd ed.), The MIT Press, Cambridge, MA, pp. 21~25.

4장. 생태계의 물질대사

2 Kahn, C. H. (1979), *The Art and Thought of Heraclitus*, Cambridge University Press, Cambridge, UK, p. 71. (원문: *Immortals are mortal, mortals immortal, living the others' death, dead in the others' life.*)

3 Randerson, J. (2006. 10. 21.), "Levi's memoir beats Darwin to win science book title", *Guardian*.

4 '항성 핵합성'을 포함한 원소의 기원에 대한 설명은 다음의 생지화학 교과서를 참조. Schlesinger, W. H. & Bernhardt, E. S. (2013), *Biogeochemistry - An Analysis of Global Change* (3rd Ed), Academic Press. pp. 15~23.

5 Fowler, W. A. (1984), "The quest for the origin of the elements", *Science*, 226: 922~935.

6 Leopold, A. A. (1949), *Sand County Almanac and Sketches Here and There*, Oxford University Press, New York, pp. 104~105.

7 같은 책, p. 107.

8 Kalusová, V. et al. (2017), "Naturalization of European plants", *Proceedings of the National Academy of Sciences of the United States of America*, 114: 13756~13761.

9 Usinowicz, J. et al. (2017), "Temporal coexistence mechanisms contribute to the latitudinal gradient in forest diversity", *Nature*, 550: 105~108.

10 Bar-On, Y. M., Phillips, R. & Milo, R. (2018), "The biomass distribution on Earth", *Proceedings of the National Academy of Sciences of the United States of America*, 115: 6506~6511.

11 Millennium Ecosystem Assessment (2005), *Ecosystems and Human Well-being: Biodiversity Synthesis*, World Resources Institute, Washington, DC.

12 Hutchinson, G. E. (1959), "Homage to Santa Rosalia or why are there so many kinds of animals?", *The American Naturalist*, 93: 145~159.

13 Darwin, C. (1859), *The Origin of Species by Means of Natural Selection*, Penguin Classics (1985), Penguin Books, London, UK, p. 129.

14 Hutchinson, G. E. (1957), "Concluding remarks", *Cold Spring Harbor Symposia on Quantitative Biology*, 22 (2) : 415～427.

15 Hutchinson의 1959년 논문을 참조함.

16 Cardinale, B. J. (2013), "Towards a general theory of biodiversity for the Anthropocene", *Elementa*, 1 : 000014.

5장. 사회의 물질대사

1 에피쿠로스, 오유석 옮김(1998), 《쾌락》, 문학과지성사, 17쪽.

2 '화장실 철학가' 블로그. https://blog.naver.com/typhoondad/220949520632

3 Angus, I. (2018), "Cesspools, sewage, and social murder - Environmental crisis and metabolic rift in nineteenth-century London", *Monthly Review*, 70 (3) : 32～68.

4 Foster, J. B. (2000), *Marx's Ecology - Materialism and Nature*, Monthly Review Press, New York, pp. 147～163.

5 가라타니 고진, 조영일 옮김(2012), 《세계사의 구조》, 도서출판 b, 50쪽.

6 포스터의 같은 책, 160쪽.

7 카를 마르크스, 강신준 옮김(2008), 《자본 I-1》, 13장(672～673쪽).

8 Tocqueville, A. (1835/1958), *Journeys to England and Ireland*, translated by Lawrence, G. & Mayer, J. P. http://www.pitt.edu/~syd/toq.html

9 Montgomery, D. R. (2007), "Soil erosion and agricultural sustainability", *Proceedings of The National Academy of Sciences of the USA*, 104 : 13268～13272.

10 Magdoff, F. (2021), "Repairing the soil carbon rift - Enhancing agriculture and environment", *Monthly Review*, 72 (11).

11 마크 트웨인의 인용문과 인과 지능의 관계에 대한 관련 내용은 다음 자료를

참고함. Dronsfield, A. & Ellis, P. (2009), "Phosphorus - Food for thought", RSC Education, Royal Society of Chemistry. https://edu.rsc.org/feature/phosphorus-food-for-thought/2020208.article

12 Chen, M. & Graedel, T. E. (2016), "A half-century of global phosphorus flows, stocks, production, consumption, recycling, and environmental impacts", *Global Environmental Change*, 36: 139~152.

13 Yuan, Z., Jiang, S., Sheng, H., Liu, X., Hua, H. & Zhang, Y. (2018), "Human perturbation of the global phosphorus cycle: Changes and consequences", *Environmental Science and Technology*, 52: 2438~2450.

14 Elser, J. & Bennett, E. (2011), "Phosphorus cycle: A broken biogeochemical cycle", *Nature*, 478: 29~31.

15 같은 논문.

16 Cordell, D. & White, S. (2014), "Life's bottleneck: Sustaining the world's phosphorus for a food secure future", *Annual Review of Environment and Resources*, 39: 161~188.

17 Cordell, D., Drangert, J.-O. & White, S. (2009), "The story of phosphorus: Global food security and food for thought", *Global Environmental Change*, 19: 292~305.

18 엘저와 베넷의 같은 논문.

19 USGS (2021. 1.), *Mineral Commodity Summaries*. https://pubs.usgs.gov/periodicals/mcs2021/mcs2021-phosphate.pdf

20 엘저와 베넷의 같은 논문.

21 코델과 화이트의 같은 논문에서 재인용.

22 Foster, J. B. & Suwandi, I. (2020), "COVID-19 and catastrophe capitalism - Commodity chains and ecological-epidemiological-economic crises", *Monthly Review*, 72(2).

23 Wallace, R., Liebman, A., Chaves, L. F. & Wallace, R. (2020), "COVID-19 and circuits of capital". *Monthly Review*, 72(1).

24 카를 마르크스, 강신준 옮김 (2008), 《자본 I-1》, 길, 87쪽.

25 같은 책, 134~135쪽.

26 카를 마르크스, 강신준 옮김(2008), 《자본 I-2》, 810~811쪽.

27 하비의 책에서 재인용. 데이비드 하비, 김성호 옮김(2019), 《자본주의와 경제적 이성의 광기》, 창비, 213~214쪽.

28 Commoner, B. (1971), *The Closing Circle - Nature, Man & Technology*, Random House Inc, New York, p. 177.

29 Elhacham, E., Ben-Uri, L. & Grozovski, J. et al. (2020), "Global human-made mass exceeds all living biomass", *Nature*, 588: 442~444.

30 Krausmann, K., Lauk, C., Haas, W. & Wiedenhofer, D. (2018), "From resource extraction to outflows of wastes and emissions: The socioeconomic metabolism of the global economy, 1900~2015", *Global Environmental Change*, 52: 131~140.

31 마르크스의 같은 책, 1019쪽.

6장. 공존 vs. 독점

1 Kropotkin, P. A. (1902/2009), *Mutual Aid*, Cosimo Classics, New York, p.75.

2 대한성서공회 개역개정. https://www.bskorea.or.kr/index_3.php

3 다윈의 《종의 기원》에 나오는 원문을 저자가 번역함. Darwin, C. (1859), *On the Origin of Species by Means of Natural Selection, or the Preservation of Favoured Races in the Struggle for Life*, J. Murray, London, p. 102.

4 Gould, S. J. (1977), *Ever Since Darwin: Reflections in Natural History*, W. W. Norton, New York, p. 12.

5 Biberg, I. (1749), *The Economy of Nature*, translated by Stillingfleet, B., Section 19. https://erenow.net/common/history-philosophy-science-reader/85.php

6 Cardinale, B. J., Srivastava, D. S. & Duffy, J. E. et al. (2006), "Effects of biodiversity on the functioning of trophic groups and ecosystems", *Nature*, 443: 989~992.

7 Hillebrand, H., Bennett, D. M. & Cadotte, M. W. (2008), "Consequences of dominance: A review of evenness effects on local and regional ecosystem processes", *Ecology*, 89: 1510~1520.

8 신준섭(2015. 8. 21.), "'한강녹조 '범인'은 서울시 하수처리장' - 윤성규 환경부 장관", 〈환경TV〉.

9 이하 서술되는 한강 녹조 연구의 출처: Kim, D., Lim, J-H., Chun, Y., Nayna, O. K., Begum, M. S. & Park, J-H. (2021), "Phytoplankton nutrient use and CO_2 dynamics responding to long-term changes in riverine N and P availability", *Water Research*, 203: 117510.

10 Connell, J. H. (1978), "Diversity in tropical rain forests and coral reefs", *Science*, 199: 1302~1310.

11 Ptacnik, R., Solimini, A. G. & Andersen, T. et al. (2008), "Diversity predicts stability and resource use efficiency in natural phytoplankton communities", *Proceedings of the National Academy of Sciences of the United States of America*, 105: 5134~5138.

12 김영배(2021. 1. 18.), "개미들 올 2주 14조 원 '폭풍 순매수' 작년 1년 치의 5분의 1", 〈한겨레〉.

13 Thorbecke, C. (2021. 2. 13.), "GameStop timeline: A closer look at the saga that upended Wall Street", *ABC News*.

14 Chalabi, M. (2021. 2. 16.), "Who really owns the largest slice of Wall Street?", *Guardian*.

15 Credit Suisse, *The Global Wealth Report 2020*. https://www.credit-suisse.com/about-us/en/reports-research/global-wealth-report.html

16 같은 보고서.

17 Credit Suisse, *The Global Wealth Report 2021*. https://www.credit-suisse.com/about-us/en/reports-research/global-wealth-report.html

18 Merton, R. K. (1968), "The Matthew effect in science", *Science*, 159: 56~63.

19 Odum, H. T. (2007), *Environment, Power, and Society for the Twenty-First Century*, Columbia University Press, New York, p. 255.

20 카를 마르크스, 강신준 옮김(2008), 《자본 I-2》, 853쪽.

21 Ayres, R. U. (2020), *On Capitalism and Inequality: Progress and Poverty Revisited*, Springer Nature Switzerland, Cham, Switzerland, p. 191.

22 제이슨 켈리, 정인국 옮김(2016), 《새로운 거물들 - 21세기 자본의 지형을 바꾼 사모펀드의 모든 것》, 한국경제신문사.

23 아이레스의 같은 책, 192쪽.

24 Oguh, C. (2021. 3. 16.), "Analysis: Private equity investors fret over record U. S. buyout prices", *Reuters*.

25 Egan, M. (2020. 6. 29.), "Risky deals boomed during the bull market. Now some are blowing up", CNN.

26 Friedman, M. (1970. 9. 13.), "A Friedman doctrine - The social responsibility of business is to increase its profits", *New York Times*.

27 김창우(2020. 7. 11.), "지방으로 보내면 해결되나", 〈중앙일보〉.

28 West, G. (2017), *Scale - The Universal Laws of Growth, Innovation, Sustainability, and the Pace of Life in Organisms, Cities, Economies, and Companies*, Penguin Press, New York, p. 103.

29 오덤의 같은 책, 204쪽.

30 UN Population Division, *World Urbanization Prospects 2018*. https://population.un.org/wup/

31 Kennedy, C. A., Stewart, I. & Facchini, A. et al. (2015), "Energy and material flows of megacities", *Proceedings of the National Academy of Sciences of the United States of America*, 112: 5985~5990.

32 비베르크의 1749년 논문, Section 21.

3부. 탄소

7장. 화석연료와 국내총문제

1 Jevons, W. S. (1866), *The Coal Question: An Inquiry Concerning the Progress of the Nation, and the Probable Exhaustion of Our Coal Mines*, 2nd edition, Macmillan & Co., London & Cambridge, p. 69. Online Library of Liberty, http://oll.libertyfund.org/title/317

2 존 이블린이 1661년에 출간한 논문("Fumifugium: Or, the Inconvenience of the Aer and Smoake of London Dissipated")을 다음 출처에서 재인용함. 존 벨라미 포스터, 김민정·황정규 옮김(2016), 《마르크스의 생태학 - 유물론과 자연》, 인간사랑, 111쪽.

3 제본스의 같은 책.

4 Ayres, R. (2014), *The Bubble Economy*, The MIT Press, Cambridge, MA, p. 44.

5 허버트의 생애에 대해서는 예긴의 책 233~235쪽을 참고함. Yergin, D. (2011), *The Quest - Energy, Security, and the Remaking of the Modern World*, The Penguin Press, New York.

6 BP. https://www.bp.com/en_az/azerbaijan/home/who-we-are/operationsprojects/pipelines/btc.html

7 예긴의 같은 책, 62쪽.

8 Bejan, A. & Lorente, S. (2011), "The constructal law origin of the logistics S curve", *Journal of Applied Physics*, 110: 024901.

9 Hubbert, M. K. (1949), "Energy from fossil fuels", *Science*, 109: 103~109. 허버트는 이 논문에서 셰일 오일("oil shale")을 세 번째 화석연료로 분류하고 "이제 막 빠른 개발의 단계에 접근하고 있다"고 평가했다.

10 *Our World in Data*. https://ourworldindata.org/how-long-before-we-run-out-of-fossil-fuels

11 Hall, C. A. S., Lambert, J. G. & Balogh, S. B. (2014), "EROI of different fuels and the implications for society", *Energy Policy*, 64: 141

~152.

12 같은 논문.

13 Court, V. & Fizaine, F. (2017), "Long-term estimates of the energy-return-on-investment(EROI) of coal, oil, and gas global productions, Ecological Economics", 138: 145~159.

14 Fioramonti, L. (2013), *Gross Domestic Problem: The Politics behind the World's Most Powerful Number*, Zed Books, London/New York.

15 같은 책, 3쪽.

16 Heblich, S., Trew, A. & Zylberberg, Y. (2021), "East-side story: Historical pollution and persistent neighbourhood sorting", *Journal of Political Economy*, 129: 1508~1552.

17 김승욱(2019. 3. 5.), "초미세먼지 한반도 점령한 날… 오늘 '사상 최악' 신기록", 〈연합뉴스〉.

18 IQAir, *2019 World Air Quality Report*. https://www.iqair.com/world-most-polluted-cities

19 Griffith, D. R., Barnes, R. T. & Raymond, P. A. (2009), "Inputs of fossil carbon from wastewater treatment plants to US rivers and oceans", *Environmental Science and Technology*, 43: 5647~5651.

20 Jin, H., Yoon, T. K. & Begum, M. S. et al. (2018), "Longitudinal discontinuities in riverine greenhouse gas dynamics generated by dams and urban wastewater", *Biogeosciences*, 15: 6349~6369.

21 Geyer, R., Jambeck, J. R. & Law, K. L. (2017), "Production, use, and fate of all plastics ever made", *Science Advance*, 3: e1700782.

22 Rebelein, A., Int-Veen, I., Kammann, U. & Scharsack, J. P. (2021), "Microplastic fibers - Underestimated threat to aquatic organisms?", *Science of The Total Environment*, 777: 146045.

23 Ro., C. (2020. 3. 11.), "Can fashion ever be sustainable?", BBC Future. https://www.bbc.com/future/article/20200310-sustainable-fashion-how-to-buy-clothes-good-for-the-climate

24 패스트 패션의 문제를 고발한 2015년 다큐멘터리 *The True Cost* 참고.

25 PlasticsEurope(2020. 12. 10.), *Plastics - the Facts 2020.* https://issuu.com/plasticseuropeebook/docs/plastics_the_facts-web-dec2020

26 루이스 멈퍼드, 문종만 옮김(2013), 《기술과 문명》, 책세상, 233~236쪽.

27 Moore, J. W. (Ed.) (2016), *Anthropocene or Capitalocene? Nature, History, and the Crisis of Capitalism*, PM Press, Oakland, p. 78.

28 Soddy, F. (1921. 11.), *Cartesian Economics: The Bearing of Physical Science upon State Stewardship*, Public Lectures. http://habitat.aq.upm.es/boletin/n37/afsod.en.html

8장. 탄소문명과 기후위기

1 조지 오웰, 구세희 옮김(2011), 《위건 부두로 가는 길》, 청하, 29쪽.

2 기사에서 재인용. Blum, D. (2010. 1. 13.), "Civilization on a fault line", *New York Times*.

3 프리모 레비, 이현경 옮김(2007), 《주기율표》, 돌베개, 326쪽.

4 같은 책, 187쪽.

5 같은 책, 327쪽.

6 Senese, F., General Chemistry Online, "Who Discovered Carbon". https://antoine.frostburg.edu/chem/senese/101/inorganic/faq/discovery-of-carbon.shtml

7 Fower, W. A. (1984), "The quest for the origin of the elements", *Science*, 226: 922~935.

8 킬링 박사와 마우나 로아 관측소에 대한 내용은 뉴욕타임스 기사를 참고함. Gillis, J. (2010. 12. 21.), "A scientist, his work and a climate reckoning", *New York Times*.

9 Spencer Weart의 책 *Discovery of Global Warming* 홈페이지 버전을 참고. https://history.aip.org/climate/index.htm

10 강찬수(2021. 2. 12.), "오죽하면 '방귀세' 생길 뻔 … 자동차 가스보다 독한 소 방귀", 〈중앙일보〉.

11 Fickling, D. (2003. 9. 5.), "Farmers raise stink over New Zealand 'fart

tax'", *Guardian*.

12 한국미생물학회, 미생물학백과, "반추위".

13 Food and Agriculture Organization (FAO), "Key Facts and Findings". http://www.fao.org/news/story/en/item/197623/icode/

14 Gates, B. (2021), *How to Avoid a Climate Disaster*, Alfred A. Knopf, New York.

15 WMO, *United in Science 2020*. https://public.wmo.int/en/resources/united_in_science

16 *United in Science 2020*에서 포함되지 않은 산림 파괴로 인한 이산화탄소 배출은 Global Carbon Project의 *Global Carbon Budget 2020* (https://www.globalcarbonproject.org/carbonbudget/)를 참고함.

17 Myhre, G. et al. (2013), "Anthropogenic and Natural Radiative Forcing". In: Stocker, T. F. et al. (Eds.), *Climate Change 2013: The Physical Science Basis*. Contribution of Working Group I to the Fifth Assessment Report of the Intergovernmental Panel on Climate Change.

18 Global Carbon Project, *Global Nitrous Oxide Budget 2020*. https://www.globalcarbonproject.org/nitrousoxidebudget/

19 유엔환경계획(UNEP)의 *Emissions Gap Report 2020* (https://www.unep.org/emissions-gap-report-2020)는 2019년 세계 온실기체 배출량을 토지 이용 변화까지 고려하여 591억 이산화탄소 환산톤으로 추정함.

20 Elmer-Dewitt, P. (1993. 7. 19.), "A Season in Hell", *Time*.

21 Schär, C. & Jendritzky, G. (2004), "Hot news from summer 2003", *Nature*, 432: 559~560.

22 Januta, A. (2021. 7. 8.), "Pacific Northwest heat wave 'virtually impossible' without climate change-research", *Reuter*.

23 Eilperin, J. (2006. 8. 20.), "Scientists disagree on link between storms, warming: Same data, different conclusions", *Washington Post*.

24 Munich Re 2006년 보고서(*Annual Review: Natural catastrophes 2005*) 및 홈페이지 참고("Extreme Weather Risks", https://www.munichre.com/en/risks/extreme-weather.html).

25 Milly, P. C. D., Dunne, K. A. & Vecchia, A. V. (2005), "Global pattern of trends in streamflow and water availability in a changing climate", *Nature*, 438: 347~350.

26 Munich Re의 같은 보고서.

27 최현준(2021. 7. 22.), "태풍 · 고기압 · 지형 맞물려 … 중국 정저우 '천 년 만의 폭우'", 〈한겨레〉.

28 Becker, A. & Grünewald, U. (2003). "Flood risk in Central Europe", *Science*, 300: 1099.

29 Rahmstorf, S. (2021. 7. 16.), "Wie der Klimawandel mit den Überschwemmungen zusammenhängt", *Spiegel*.

30 Dansgaard, W. et al. (1993), "Evidence for general instability of past climate from a 250-kyr ice-core record", *Nature*, 364: 218~220.

31 White, J. W. C. (1993), "Don't touch that dial", *Nature*, 364: 186.

32 McDonough, W. (2016), "Carbon is not the enemy", *Nature*, 539: 349~351.

33 최우리(2021. 1. 5.), "'코로나시대, 기후위기 체감' 청소년이 성인의 2배", 〈한겨레〉.

34 Global Carbon Project, *Global Carbon Budget 2020*. https://www.globalcarbonproject.org/carbonbudget/

35 Chancel, L. (2021), "Climate change and the global inequality of carbon emissions, 1990~2020", World Inequality Lab. https://wid.world/news-article/climate-change-the-global-inequality-of-carbon-emissions/

36 Wagstyl, S. (2021. 5. 21.), "Climate change is becoming less a battle of nations than rich vs poor", *Financial Times*.

37 McKie, R. (2020. 1. 5.), "Britons reach Africans' annual carbon emissions in just two weeks", *Guardian*.

38 Hertwich, E. G. (2021), "Increased carbon footprint of materials production driven by rise in investments", *Nature Geoscience*, 14: 151~155.

39 이매뉴얼 월러스틴 외, 성백용 옮김(2014), 《자본주의는 미래가 있는가》, 창비, 10쪽.

9장. 녹색 성장 vs. 탈성장

1 O'Connell, M. (2021. 2. 3.), "'A managerial Mephistopheles': inside the mind of Jeff Bezos", *Guardian*.

2 Miller, H. (1945), *The Air-Conditioned Nightmare*, New Directions, New York, pp. 22~23.

3 Klebnikov, S. (2020. 12. 8.), "Elon Musk passes Bernard Arnault to become the world's second richest person", *Forbes*.

4 Friedman, G. (2020. 1. 7.), "Elon Musk has become the world's richest person, as Tesla's stock rallies", *New York Times*.

5 Blunt, K. & McFarlane, S. (2020. 12. 11.), "The new green energy giants challenging Exxon and BP", *Wall Street Journal*.

6 이재은(2021. 1. 2.), "'석유시대 종말' 예고에 … 세계 1위 석유공룡 위협하는 신재생 기업 부상", 〈조선비즈〉.

7 BP(2020), *Energy Outlook 2020*. https://www.bp.com/en/global/corporate/energy-economics/energy-outlook.html

8 Shaw, M. (2021. 2. 5.), "Billionaire capitalists are designing humanity's future. Don't let them", *Guardian*.

9 Yergin, D. (2011), *The Quest: Energy, Security, and the Remaking of the Modern World*, The Penguin Press, New York, p. 645.

10 Rifkin, J. (2019), *The Green New Deal*, St. Martin's Griffin, New York, p. 8.

11 Editorial team(2018. 5. 15.), "Switching to renewables will not be as rapid as many hope", *Economist*.

12 Way, R., Ives, M., Mealy, P. & Farmer, J. D. (2021), *Empirically Grounded Technology Forecasts and the Energy Transition*, INET(Institute for New Economic Thinking) Oxford Working Paper, 2021-01.

13 Segers, G. (2021. 5. 13.), "Green New Deal advocates see imprint on Biden's climate agenda", *CBS News*.

14 한국판 뉴딜 정부 공식 홈페이지. http://www.knewdeal.go.kr/

15 김한솔·노정연(2021. 10. 8.), "2030년 온실가스 배출량, '1억 톤' 더 줄인다", 〈경향〉.

16 IPCC(기후변화에 관한 정부간 협의체) (2018), "Global Warming of 1.5℃". https://www.ipcc.ch/report/sr15/

17 UNFCCC(2021), *Nationally Determined Contributions under the Paris Agreement - Synthesis Report*. https://unfccc.int/documents/306848

18 같은 보고서.

19 Welsby, D., Price, J. & Pye, S. et al. (2021), "Unextractable fossil fuels in a 1.5℃ world", *Nature*, 597: 230~234.

20 한국에너지공단(2020. 11. 30.), 2019년 신·재생 에너지 보급 통계. https://www.knrec.or.kr/pds/statistics_read.aspx?no=99&searchfield=&searchword=&page=1

21 The Royal Society & Royal Academy of Engineering(2018), *Greenhouse Gas Removal*. https://royalsociety.org/topics-policy/projects/greenhouse-gas-removal/

22 Cusack, D. F., Axsen, J. & Shwom, R. et al. (2014), "An interdisciplinary assessment of climate engineering strategies", *Frontiers in Ecology and the Environment*, 12: 280~287.

23 Friends of the Earth International(2021), *Chasing Carbon Unicorns*. https://www.foei.org/resources/publications/chasing-carbon-unicorns-carbon-markets-net-zero-report

24 Rogelj, J., Forster, P. M., Kriegler, E., Smith, C. J. & Séférian, R. (2019), "Estimating and tracking the remaining carbon budgets to guide climate policy", *Nature*, 573: 357~363.

25 Monbiot, J. (2021. 10. 30.), "Capitalism is killing the planet - it's time to stop buying into our own destruction", *Guardian*.

26 Sachs, W. (1999), "Sustainable development and the crisis of nature:

On the political anatomy of an oxymoron", In Fischer, F., Hajer, M. (Eds.), *Living with Nature: Environmental Politics as Cultural Discourse*, Oxford University Press, Oxford, p. 41.

27 Carrington, D. (2018. 3. 22.), "Paul Ehrlich: 'Collapse of civilisation is a near certainty within decades'", *Guardian*.

28 Alexander, S. (2021. 2. 26.), "Beyond capitalist realism: The politics, energetics, and aesthetics of degrowth", *Resilience*.

29 Kallis, G. et al. (2018), "Research on degrowth", *Annual Review of Environment and Resources*, 43: 4. 1-4. 26.

30 Foster, J. B. (2011), "Capitalism and degrowth: An impossibility theorem", *Monthly Review*, 62(8).

31 소디의 삶과 이론에 대한 개요는 데일리의 같은 책(12장)을 참고함.

32 데일리의 같은 책(329, 330쪽)과 소디의 원저를 참고함. Soddy, F. (1933), *Wealth, Virtual Wealth and Debt: The Solution of the Economic Paradox* (2nd ed.), Britons Publishing Company, London. https://www.fadedpage.com/books/20140873/html.php

33 소디의 같은 책, 85쪽.

34 소디의 같은 책 내용을 데일리의 책(331쪽)에서 재인용함.

35 데일리의 같은 책, 340쪽.

36 Latouche, L. (2004, 11), "Degrowth economics - Why less should be so much more", *Le Monde diplomatique*.

37 알렉산더의 같은 글.

38 라투슈의 같은 논문.

39 Kallis, G. (2017), "Radical dematerialization and degrowth", *Philosophical Transactions of Royal Society*, A 375, 20160383.

40 Steffen, W. et al. (2015), "Planetary boundaries: Guiding human development on a changing planet", *Science*, 347, 1259855.

41 O'Neill, D. W., Fanning, A. L., Lamb, W. F. & Steinberger, J. K. (2018), "A good life for all within planetary boundaries", *Nature Sustainability*, 1: 88~95.

42 김윤수(2020. 11. 25.), "'도넛경제학' 창시자가 진단한 한국…'생태적 한계 한참 초과'", 〈조선비즈〉.

43 Moore, J. W. (Ed.) (2016), *Anthropocene or Capitalocene? Nature, History, and the Crisis of Capitalism*, PM Press, Oakland, p. 6.

44 Jackson, T. & Victor, P. A. (2019), "Unraveling the claims for (and against) green growth", *Science*, 366: 950~951.

45 Kallis, G. (2019), *Limits - Why Malthus Was Wrong and Why Environmentalists Should Care*, Stanford University Press, p. 104.

46 Işıkara, G. (2020. 1. 5.), "Is degrowth an alternative to capitalism?", MRonline. https://mronline.org/2020/01/08/is-degrowth-an-alternative-to-capitalism/

47 포스터의 같은 논문.

48 Löwy, M. (2018), "Why ecosocialism: For a red-green future, Great Transition Initiative". https://greattransition.org/publication/why-ecosocialism-red-green-future

49 카를 마르크스, 강신준 옮김(2010), 《자본 III-2》, 48장(1095쪽).

50 게오르게스쿠-뢰겐의 같은 책, 414~415쪽.

51 리카르도 페트렐라·세르주 라투슈·엔리케 두셀, 안성헌 옮김(2021), 《탈성장 - 경제 체제 연구》, 대장간, 128~131쪽.

52 게오르게스쿠-뢰겐의 같은 책, 412쪽.

53 Hickel, J. (2020), *Less Is More - How Degrowth Will Save the World*, Penguin Random House, New York, pp. 245~250.

54 뢰비의 같은 글.

55 Odum, H. T. (2007), *Environment, Power, and Society for the Twenty-First Century*, Columbia University Press, New York, pp. 270~271.

56 Hornborg, A. (2015), "The political ecology of the technocene", In Hamilton, C., Bonneuil, C. & Gemenne, F. (Eds.), *The Anthropocene and the Global Environmental Crisis*, Routledge, New York, pp. 57~69.

57 KBS 뉴스(2021. 9. 24.), "〔지구촌 IN〕 16년 메르켈 시대와 작별하는 독

일", 〈KBS〉.

58 남은주·이진(2021. 9. 24.), "메르켈 계승한 라셰트냐, 진보축 숄츠냐…독 총선 막판 초접전", 〈한겨레〉.

59 Wallace, A. R. (1898), *The Wonderful Century*, George N. Morang, Toronto, p. 377. https://wallacefund.myspecies.info/biblio

에필로그: 늦게 달리기 경주

1 이거룡(2010), 《아름다운 파괴》, 한길사, 211~213쪽.

2 미즈노 가즈오(2016), "자본주의와 민주주의 싸움", 〈녹색평론〉, 7-8월호, 22~24쪽.

3 Nenquimo, N. (2020. 10. 12), "This is my message to the western world - your civilisation is killing life on Earth", *Guardian*.

4 버트런드 러셀이 1959년 BBC 대담 프로그램 〈페이스 투 페이스〉에 출연해서 한 말로, 다음 출처에서 재인용함. https://www.brainpickings.org/2020/09/27/bertrand-russell-bbc-face-to-face/

5 Crist, E. (2018), "Reimaging the humane", *Science*, 362: 1242~1244.

6 자크 아탈리, 김보희 옮김(2016), 《자크 아탈리의 미래 대예측》, 세종연구원, 103쪽.

7 루이스 멈퍼드(1934), 문종만 옮김(2013), 《기술과 문명》, 책세상, 35~43쪽.

8 Carson, R. (1962/2000), *Silent Spring*, Penguin Books, London, p. 240.